"十四五"职业教育国家规划教材

21世纪高等职业教育精品教材·金融类

金融学基础

（第七版）

钱晔 崔宏伟 主编

JINRONGXUE

JICHU

东北财经大学出版社
Dongbei University of Finance & Economics Press

大连

图书在版编目（CIP）数据

金融学基础 / 钱晔，崔宏伟主编 . —7版 . —大连：东北财经大学出版社，2022.8（2024.8重印）

（21世纪高等职业教育精品教材·金融类）

ISBN 978-7-5654-4622-1

Ⅰ.金⋯　Ⅱ.①钱⋯ ②崔⋯　Ⅲ.金融学-高等职业教育-教材　Ⅳ.F830

中国版本图书馆CIP数据核字（2022）第141618号

东北财经大学出版社出版

（大连市黑石礁尖山街217号　邮政编码　116025）

网　　　址：http://www.dufep.cn

读者信箱：dufep@dufe.edu.cn

大连天骄彩色印刷有限公司印刷　东北财经大学出版社发行

幅面尺寸：185mm×260mm　　字数：308千字　　印张：14.75

2022年8月第7版　　　　　　2024年8月第4次印刷

责任编辑：李丽娟　徐　群　　　　　责任校对：韩敌非

封面设计：冀贵收　　　　　　　　　版式设计：原　皓

定价：39.00元

教学支持　售后服务　　联系电话：（0411）84710309

版权所有　侵权必究　　举报电话：（0411）84710523

如有印装质量问题，请联系营销部：（0411）84710711

第七版前言

本教材（曾用书名《货币银行学》）自出版以来，受到广大师生的普遍欢迎，已修订、重印多次，现已修订至第七版。党的二十大报告指出："教育是国之大计、党之大计。培养什么人、怎样培养人、为谁培养人是教育的根本问题。育人的根本在于立德。全面贯彻党的教育方针，落实立德树人根本任务，培养德智体美劳全面发展的社会主义建设者和接班人。"本次我们以二十大报告精神为指引，在秉承上几版教材特色的基础上，根据当前教学中信息化技术的应用以及金融行业改革发展的变化，对教材进行了必要的修订，力争向读者奉献更好、更新的教材。

教材修订后突出以下几个特点：

1）结构合理——突出教学逻辑性

修订后的教材仍然以分"篇"的形式把跨度大、纷繁复杂的金融知识体系按照理论与实践、微观与宏观的划分方法呈现出来，体现出教学中十分重要的局部与整体统一的逻辑性，从教和学的角度突出了层次感，给人以直观清新、一目了然的感觉。本次修订在体现科学性、逻辑性、层次性的同时，还充分体现了适用性。

2）内容新、实——突出实践应用性

（1）除部分经典案例以外，其他案例均更新为近几年的最新案例，并对数据、表格等资料进行了更新，从而保证了相关内容的时效性。

（2）把握改革脉搏，吸纳习近平新时代中国特色社会主义思想的有关理论，增加了"金融观察"栏目。本教材注重以新理论、新案例，体现我国深化金融体制改革中出现的新法律法规、新政策制度、新机制、新做法，把学生的学习与现实的形势紧密结合起来，为适应现代金融工作和参与各项金融改革的实践培养创新型、应用型人才。

（3）在教材内容量和度的把握上注重实用性，依托现代金融产业学院校企合作项目、金融科技创新能力、职业教育银行综合技能大赛以及"1+X"金融产品数字化证书考试等，将岗位技能要求、职业技能竞赛、职业技能等级证书标准有关内容要求有机融入教材之中，体现"岗课赛证"融通。理论讲求必需、够用，微观讲求实用和操作，宏观讲求原理分析和政策机制效果。

3）形式多样——注重教学生动性

在栏目形式上体现丰富互动性，每章均设有学习目标、引例、知识链接、小思考、案例分析、实践训练项目安排等教学实践性强的栏目，为教师教学和学生更好地掌握知识内容提供了首尾呼应、层层展开、步步递进的可操作性教学方法。此外，本次修订在内容中增加了微课、视频，以二维码形式体现，充分利用现代信息化教学技术和手段，丰富教学形式，增强学生学习的积极性和主动性。

4）配套教学资源丰富——提供立体化教学解决方案

　　本教材提供较为丰富的配套教学及学习资料，包括教学大纲、课程标准、电子课件、章后习题答案、题库及模拟试卷等，同时上线云教材，读者通过加入云班课（班课号1324333）即可学习线上数字教材内容，力求提供立体化教学解决方案，更好地服务于教学。

　　本教材适用于高等职业教育教学以及一般的应用型本科教学及成人教育。

　　本教材编写团队为省级教学团队，成员均为吉林工商学院双师型教师。本次教材修订由钱晔教授和崔宏伟教授担任主编，由钱晔进行总纂、定稿。本次修订具体分工为：钱晔修订第1章，崔宏伟修订第3、4、8章，付艳修订第2、5章，孙文博修订第6、7章，于晶波修订第10、12章，王晓丹修订第9、11章。本教材在修订过程中参考和借鉴了有关书刊的相关知识和观点，在此谨向相关作者表示感谢！

　　本教材在编写过程中努力在特色和适用性上做了大量有益的尝试和探索，在修订时也力求做到科学把握、精益求精，但是由于编者水平有限，疏漏之处在所难免，恳请读者不吝指教。

编　者

2023 年 7 月

目　录

第1篇
货币与信用

第1章
货币职能与货币制度

【学习目标】 ● 学习完本章之后，你应该能够：了解货币制度从银本位制到金银复本位制再到金本位制，发展到现在的不兑现的信用货币制的演变过程；明确货币制度构成要素的基本内容；熟知我国现行货币制度；掌握货币的本质和职能。

● 引例　　　　　　　　　中国清朝第一大贪官

　　嘉庆四年（1799年），太上皇乾隆驾崩之后，嘉庆皇帝宣布和珅的20条大罪，下旨抄家。抄家时发现，和珅在当权的20多年中，贪污了2亿多两白银，兼并了千百万顷土地，占据了几百处房产。和珅聚敛的财富，竟超过了清朝政府15年财政收入的总和。10天以后，嘉庆皇帝以一条白绫赐予和珅上吊自尽。时至中年的大贪官和珅，终于在"和珅跌倒，嘉庆吃饱"的童谣声中落得了应有的下场。由于清朝与现代的时间较接近，因此，和珅成为中国历史上比较有名的贪官。

　　资料来源：作者根据相关资料整理。

　　这一案例表明：金钱对人们有着巨大的吸引力。马克思早在《资本论》中就阐述过，金钱交易关系的普遍化所产生的最大负面影响就是产生了"拜金主义"，即所谓的"货币拜物教"。在现代经济社会中，人们天天跟货币打交道，货币以其特有的渗透力影响着社会经济的方方面面。尽管人们对货币十分熟悉，但在经济学中，货币这个看似简单的问题却曾难倒了包括经济学家在内的很多人。本章将揭开货币的面纱，对于货币的本质及形态、货币的职能、货币制度等进行详细介绍。

1.1　货币的本质及形态

　　剩余产品出现以后，产生了最初的交换形式——物物交换。但物物交换是以需要为前提的，当商品交换扩大以后，出现了交换困难，这就需要在交换时先与一种市场上大家都认可并接受的商品相交换，然后再用这种商品与自己需要的商品相交换。这样，在漫长的商品交换发展过程中自然而然地从商品世界中分离出了一种特殊商品，其在交换中固定地充当一般等价物，这就是货币。

1.1.1　货币的本质

视频 1-1

货币的产生

　　货币是固定地充当一般等价物的特殊商品，反映了一定的社会生产关系。

　　1）货币是固定地充当一般等价物的特殊商品

　　货币之所以能成为一般等价物，是因为货币首先是商品，但它又不是一般商品，而是特殊商品。这种特殊性表现在货币是一切商品价值的表现材料，在商品交换中直接体现商品的价值。另外，货币具有直接与所有商品相交换的能力，是财富的代表，拥有它就意味着能够去换取各种使用价值。

　　2）货币反映了一定的社会生产关系

　　货币作为一般等价物，无论是表现在金银上，还是表现在某种价值符号上，都只是一种表面现象，其实质是反映商品生产者之间的关系。商品生产者相互交换商品，实际上是相互交换各自的劳动，只不过因为他们之间的劳动不能直接表现出来，所以才采取了商品的形式来进行交换。随着社会分工越来越细，商品交换也日益频繁，而货币作为商品交换的媒介和手段，有力地促进了商品交换的发展。因此，货币作为商品的一般等价物，也就使商品的不同所有者通过等价交换，实现了他们之间的相互交换劳动的关系，这种关系就是人和人之间一定的社会生产关系。

1.1.2 货币的形态

货币自产生以来，随着商品交换和信用制度的发展而不断演进，货币形态大致经历了实物货币、金属货币、代用货币、信用货币、存款货币以及电子货币几个阶段。

1）实物货币

实物货币是人类历史上最古老的一种货币形态。在早期简单商品交换时代，生产力不发达，交换的目的是以满足人们某种生活和生产的需要为主，在当时的社会组织下，最能代表财富的并具有特殊使用价值的物品自然成为当时的货币。牲畜、盐、稀有的贝壳、珍稀鸟类羽毛、宝石、沙金、石头等不容易大量获取的物品，都曾经作为货币使用过。一般近海地区人们多用海贝和盐充当货币；游牧民族多用牲畜、皮革充当货币；农业区人们多用农具、布帛充当货币等。

这些物品既是普通商品，可随时直接用于消费，又是特殊货币商品，可用来进行间接交换。但是多数实物货币都不易分割、不易保存、不便携带，因而不利于行使货币职能。

● 知识链接1-1　　　　　　　　　　原始贝币

原始贝币产生于距今3 000多年的商代，是钱币的始祖，是一种由天然海贝加工而成的贝类货币。经过加工的天然贝币形体一面有槽齿，贝币具有光洁美观、小巧玲珑、坚固耐磨、便于携带、便于计数等特点，逐渐充当了商品交换的一般等价物。天然贝币的计量单位是"朋"。"朋"的古字本义是指一串或两串相连的"贝"，后来逐渐演化成计量单位，一般认为两串5个的贝或两串10个的贝为1朋。这类贝币主要出产于我国的东海、南海等海域，反映了商代商业交流的情况。

资料来源：佚名. 原始贝币［EB/OL］.［2022-04-10］. http：//baike.baidu.com/view/307898.htm. 有删减。

2）金属货币

金属货币是指以金属作为货币材料，充当一般等价物的货币。金属货币具有价值比较稳定、易于分割、易于保存、便于携带等优点，于是在交换中逐渐代替非金属实物货币成为主要对象，最终成为通行的货币。金属货币的金属最初是贱金属，多数国家和地区使用的是铜。随着生产力的提高，参加交换的商品数量增加，需要包含价值量大的贵金属充当货币，币材也由铜过渡到金和银。

3）代用货币

代用货币就是代替金属货币在市场上流通的货币。它作为可流通的金属货币的收据代替金属货币流通，其本身的价值就是所替代的货币的价值。代用货币的代表形式是银行券，即银行发行的一种不定期的债务凭证。它以十足的金银作为保证，可以兑换成真实货币金或银。

货币只是交换的手段，而不是交换的目的，在货币不断转手的过程中，单有货币的象征存在就够了，这就产生了由价值符号或代用货币替代真实货币的可能性。代用货币是与金属货币共生共存的，当金属货币消亡时，代用货币自然也就消亡了。由于代用货币有一定的信用保证，可以自由兑换黄金，故也称为可兑现的信用货币。代用货币的出现是货币币材的一大转折，为其后不兑现的信用货币的产生奠定了基础。

交子是中国最早的纸币，也是世界上最早使用的纸币。最初的交子由商人自由发行。北宋初年，四川成都出现了专为携带巨款的商人经营现金保管业务的"交子铺户"。存款人把现金交付给铺户，铺户把存款人存放现金的数额临时填写在用楮纸制作的券面上，再交还存款人，当存款人提取现金时，每贯付给铺户30文钱的利息，即付3%的保管费。这种临时填写存款金额的楮纸券便称为"交子"，如图1-1所示。这时的交子只是一种存款和取款凭据，而非货币。

图1-1　交子

随着商品经济的发展，交子的使用也越来越广泛，许多商人联合成立专营发行和兑换交子的交子铺，并在各地设交子分铺。由于交子铺户恪守信用，随到随取，所印交子图案讲究，隐做记号，黑红间错，亲笔押字，他人难以伪造，所以交子赢得了很高的信誉。商人之间的大额交易，为了避免铸币搬运的麻烦，直接用随时可变成现钱的交子来支付货款的事例也日渐增多。正是在反复进行的流通过程中，交子逐渐具备了信用货币的职能。后来，交子铺户在经营中发现，只动用部分存款，并不会危及交子的信誉。于是他们便开始印刷有统一面额和格式的交子，作为一种新的流通手段向市场发行。这种交子已经是铸币的符号，真正成了纸币。但此时的交子尚未取得政府的认可，还是民间发行的"私交"。交子是在北宋当时社会政治经济发展条件下的必然产物。

资料来源：佚名. 交子 [EB/OL]. [2022-04-10]. http：//baike.baidu.com/view/30120.htm.有改动。

4）信用货币

信用货币是以信用作为保证，通过信用程序发行和创造的货币。信用货币是货币进一步发展的产物，它不再代表任何贵金属，目前世界上几乎所有国家都采用这一货币形态。由于信用货币完全割断了与贵金属的联系，已成为纯粹的价值符号，本身不足值甚至没有内在价值，其发行不以金银作为准备，也不被承诺可兑现金银，所以信用货币作为交换媒介必须满足两个条件：一是货币发行的立法保障和国家垄断；二是公众对此种货币具有信心。

在现代经济中，信用货币存在的形式主要是现金和银行存款。现金是指流通中的现钞通货，一般用于日常消费品、零星开支及劳务等小额交易。银行存款是指各单位、个人在银行账户上的存款，包括活期存款、定期存款和储蓄存款等。

5）存款货币

存款货币是指可用于转账结算的活期存款。20世纪50年代以来，社会商品交换更加频繁，交换的数量更加庞大，同时随着信用制度的发展，银行结算手段的改进，现金流通逐渐减少，货币形式主要采取存款形式，货币概念得以扩展。存款货币表现为银行存款账户上的存款余额，银行活期存款的存款人可以签发支票付款或委托开户银行将款项支付给收款人，而不必费时费力地取现金支付。存款货币与其他货币形态相比较，最显著的一个特点就是它没有一定的实物形态，不具有可触摸性、可持有性，只不过是在银行存款账户上的一串数字。

6）电子货币

电子货币是指通过电子计算机自动转账系统而发挥支付货币的职能的信用工具。电子计算机的普及运用对各行各业都起到了极大的促进作用，使货币飞跃发展，货币由记在纸制凭证上的金额变成了储存在计算机系统中的一组加密数据。电子货币的出现，大大方便了顾客，既节约了流通费用，又加速了资金周转。由中央电子计算机和终端机及通信卫星、电话、电传、电视等组成的电子通信网络，使客户可以随时随地存款、取款或要求银行提供各种服务。美国经济学界把电子货币称为继金属铸币、纸币之后的"第三代货币"。

视频 1-2

数字人民币

● 知识链接 1-3　　　　　　　　　　电子货币的类型

目前，我国的电子货币主要有4种类型：

一是储值卡型电子货币。其一般以磁卡或IC卡形式出现，发行主体除了商业银行之外，还有电信部门（普通电话卡、IC电话卡）、IC企业（上网卡）、商业零售企业（各类消费卡）、政府机关（内部消费IC卡）和学校（校园IC卡）等。发行主体在预收客户资金后，发行等值储值卡，使储值卡成为独立于银行存款之外新的"存款账户"。同时，储值卡在客户消费时以扣减方式支付费用，也就相当于存款账户支付货币。储值卡中的存款目前尚未在中央银行征存准备金之列，因此，储值卡可使现金和活期储蓄需求减少。

二是信用卡应用型电子货币。这主要是指商业银行、信用卡公司等发行主体发行的贷记卡或准贷记卡。其可在发行主体规定的信用额度内贷款消费，之后于规定时间还款。信用卡的普及使用可扩大消费信贷，影响货币供给量。

三是存款利用型电子货币。这主要有借记卡、电子支票等，用于对银行存款以电子化方式支取现金、转账结算、划拨资金。该类电子化支付方法的普及使用能减少消费者往返于银行的费用，致使现金需求余额减少，并可加快货币的流通速度。

四是现金模拟型电子货币。这主要有两种：一种是基于Internet网络环境使用的且将代表货币价值的二进制数据保管在微机终端硬盘内的电子现金；另一种是将货币价值保存在IC卡内并可脱离银行支付系统流通的电子钱包。该类电子货币具备现金的匿名性，可用于个人间支付，并可多次转手，是以代替实体现金为目的而开发的。该类电子货币的扩大使用，能影响通货的发行机制、缩减中央银行的资产负债规模等。

资料来源：佚名. 电子货币的类型［EB/OL］.［2022-04-10］. http://zhidao.baidu.com/question/29764451.html.

从货币发展的各个阶段可以看出，一种货币形态能否被另一种货币形态所取代，是由货币作为一般等价物的性质、社会生产的发展、各种币材的优劣和科学技术进步等所决定的，是社会经济向前发展的必然结果。

头脑风暴1-1

　　虚拟货币是否影响经济生活？

1.2　货币的职能

货币的本质决定货币的职能，货币的职能是货币本质的具体表现。货币在商品交换发展过程中，逐渐形成了价值尺度、流通手段、贮藏手段、支付手段和世界货币的职能。

1.2.1　价值尺度

价值尺度是货币最基本的职能，是货币在表现商品价值并测量商品价值量大小时所发挥的一种功能。

做衣服需要量布，量布需要用尺子，没有尺子，不可能做一身合适的衣服。商品交换需要度量商品价值的大小，货币就是衡量商品价值的尺子。用货币作为尺度来衡量和表现其他一切商品的价值，就是货币的价值尺度的职能。充当价值尺度的货币可以是本身具有价值的特殊商品，如金银作为货币，一件衣服的价值可能是20克黄金；也可以是本身无价值但代表一定价值量的一般等价物，如信用货币制度下的纸币计量，一个书包值60元人民币等。

商品价值的货币表现是价格。商品价格同商品本身物质形态不同，它是一种观念形态，可以用口头或书面形式表达出来，不必用相应数量的货币摆在商品旁。如一辆奥迪A6汽车标价30万元，并不需要将30万元现金摆在车旁。因此货币执行价值尺度的职能，并不需要真实的货币出场，只需要想象的观念上的货币就可以了。

1.2.2　流通手段

货币的流通手段职能是指货币在商品流通过程中起媒介作用时发挥的职能。它与价值尺度一样，是货币最基本的职能之一。

充当流通手段的货币不能是观念上的货币，而必须是现实存在的货币。因为货币作为商品交换的媒介时，它是代表一定价值量来同商品相交换，交易双方必须一手交钱、一手交货，按照等价交换原则，买卖行为才能完成。当然我们所说的现实存在的货币，并不单指有形的货币，它也可以是无形的存款货币、电子货币等。

充当流通手段的货币不一定是具有十足价值的货币。因为货币作为流通手段时只是一种交易的媒介，是一种有权威证明的符号，商品所有者出售商品，换取货币，其目的是用货币去购买自己所需要的商品，只要货币能购得自己所需要的商品，货币本身的价值对商品所有者而言并不重要。这种事实使不足值的货币甚至无价值的货币开始登上舞台，发挥交易媒介职能。历史上的不足值铸币、无价值的纸币、存款货币乃至电子货币都是凭借这一点才能够执行流通手段的职能。

微课1-1

流通手段职能

1.2.3 贮藏手段

● 小思考1-1

　　如果你家院子里的树下挖出一个很旧的瓷罐，你希望里面是什么？金子？银子？还是已经烂了的纸币？

　　答：当然是金银，因为金银能保值、不腐烂，能用于流通或储存。货币暂时退出流通领域，被人们保存、收藏起来，处于静止状态时，货币就执行了贮藏手段的职能。

　　由于货币是价值的化身，可以用它换取自己需要的任何商品，使人们感到它就是财富的代表，而且可以提高自己的社会地位和获得支配他人的权力，于是，积累、贮藏货币的欲望也日益膨胀起来。对于商品生产者来说，为了维持自己的再生产持续不断，必须随时从市场上买进他们所需要的商品，而自己的商品并不能保证随时换取货币，因此，就必须把一部分货币贮藏起来以备不时之需。由此可见，作为贮藏手段的货币，既不能是观念上的货币，也不能是货币的符号，而必须是自身有真正价值的金属货币或充当币材的贵金属。

　　在金属货币制度下，货币的贮藏手段职能具有自发地调节货币流通的作用。当流通中的货币量过多时，多余的金属货币会退出流通领域成为贮藏货币；当流通中的货币量过少时，贮藏中的货币又会重新进入流通领域成为流通手段。这样，货币的贮藏手段职能就像"蓄水池"一样，可以自发地调节流通中的货币量，使它与商品流通的需要量相适应。

　　在不兑现的信用货币流通条件下，信用货币是纸质的价值符号，本身并无内在价值，也不能兑现金银，因此，它不具有典型意义上的贮藏手段职能。货币所有者把现金暂时沉淀在手里，只是用来充当流通手段和支付手段的准备金，是一种潜在的货币购买力；把现钞存入银行，从持币人的角度看，货币似乎是退出了流通，但银行在吸收存款之后，将该笔存款以贷款方式贷放到生产和流通领域，形成新的购买力，从这个流通角度来看，这种货币并没有退出流通。

● 小思考1-2

　　人们把现金存入银行，货币是否就发挥了贮藏手段的职能呢？

　　答：不是，因为货币并没有真正退出流通领域。

1.2.4 支付手段

　　当货币用于单方面的支付，如用于偿还债务、缴纳税费、支付工资、支付租金、银行借贷、捐赠等，即货币价值进行单方面转移时，货币便发挥了支付手段职能。

　　一般来说，买东西都是现钱交易，但在现实经济生活中，经常遇到赊账买卖。在进行赊销交易时，货币充当价值尺度，计算、衡量商品的价值，并表现出一定的价格；在交易完成时，购买者不需要用货币而是用一定的付款承诺将商品从卖出者手中转移到自己手中，只是到了约定的付款期，购买者才用货币向卖出者清偿债务。这时，商品流通早已结束，只剩下单独的货币流通，货币所执行的就不是一手交货、一手交钱的流通手段职能，而是单方面支付的支付手段职能。

执行支付手段职能的货币同执行流通手段职能的货币一样，必须是现实的货币，但不一定足值。但是，如果到期的债权债务可以相互抵消，那么就不再需要现实的货币，因而会减少流通中货币的必要量。

货币充当支付手段，首先促进了商品生产和商品流通的发展。因为货币支付手段职能可以实现货币借贷，从而扩大商品生产者的资本；货币支付手段职能服务于财政税务，有利于国家对国民收入实现再分配，以促进国民经济发展和进行必要的宏观调控，但另一方面也扩大了商品经济的矛盾。在赊销交易出现以后，货币和商品不再在买卖过程中同时出现，购买者取得了商品，但没有同时支付货币。商品的转移和商品价值的实现，在时间上分开了，在商品生产者之间形成错综复杂的债权债务关系。一旦其中某个人不能按期付款，一个环节中断，就会使其他人发生支付上的困难，造成连锁反应，甚至使一些人破产。

1.2.5 世界货币

当货币超越国界，在世界市场上作为一般等价物发挥作用时，就执行着世界货币的职能。

各国经济政策中重要的一项是出口创汇，而商品流通一旦超越国界，扩大到世界范围，货币的职能也随之跨越国内流通领域，在国际市场上执行世界货币的职能，即货币在世界市场上发挥一般等价物的作用时，就会在世界范围内执行价值尺度、流通手段、支付手段等职能。

在贵金属货币流通条件下，一般以金银为世界货币，以重量为单位，各国流通无障碍。在当代，由于世界各国普遍采用不兑现的信用货币，没有代替金银的统一的国际货币，所以一些经济发达国家或经济体的货币便担当起该项重任，如美元、欧元、英镑、日元等。这些国家的法定货币之所以能在世界市场上被公认，一是这些国家具有相当的经济实力；二是币值相对稳定，信用较好；三是具有雄厚的外汇储备。

货币发挥世界货币职能，主要表现在以下三个方面：一是作为国际上的支付手段，用来支付国际收支的差额，这是世界货币的主要职能。二是作为国际上的一般购买手段，用来购买国外商品。在这里，世界货币主要是直接同另一国的一般商品相交换，是一国单方面向另一国购买，而不是商品相互交换。三是作为国际上的财富转移手段，由一国转移到另一国，充当一般的价值转移手段，如对外援助、战争赔款、资本的转移等。

● 小思考1-3

目前，人民币可以执行世界货币职能吗？

答：目前不能，虽然从2016年10月1日起人民币正式被纳入国际货币基金组织创设的特别提款权（SDR）货币篮子，但人民币还不是国际结算的主要货币。

1.3 货币制度

1.3.1 货币制度的构成要素

货币制度是指一个国家以法律形式所规定的货币流通的结构和组织形式。它包括四个方面的内容：

1）货币材料和货币单位的确定

（1）货币材料的确定。货币材料是指国家以法律的形式明确规定哪一种或哪几种材料做货币材料。货币材料是整个货币制度的基础，确定不同的材料做货币材料，就构成不同的货币本位。现在世界各国都实行不兑现的信用货币制度，法律中都没有何种材料充当货币材料的规定，也就是说，过去货币制度中最重要的一个构成因素已经消失了。

（2）货币单位的确定。在金属货币时期，货币单位的确定不仅要规定单位名称，还要规定其所含的货币金属的重量，也称为价格标准。例如，英国的货币单位定名为"镑"，1816年5月的《金本位制度法案》规定，1英镑含成色11/12的黄金123.27447格令（合7.97克）。美国的货币单位定名为"元"，1934年1月的法令规定，1美元含金量为13.714格令（合0.888671克）。中国1914年的"国币条例"规定，货币单位名称为"圆"，1圆含纯银6钱4分8厘（合23.977克）。

在不兑现的信用货币制度下，信用货币完全割断了与贵金属的联系，此时货币单位的确定也就只是确定其单位名称而已。有的国家货币名称是货币单位直接冠以国家名，如美元、日元等。中国有些特殊，货币名称和单位名称并不一致，货币名称是人民币，而货币单位是元。

2）本位币和辅币

本位币又称主币，是一国的基本通货和法定的计价、结算货币。所谓基本通货，是指一个国家的计价标准单位，如美元、英镑等。本位币的最小规格是1个货币单位，如我国的元。本位币是无限法偿货币。本位币具有无限的法定支付能力，即无限法偿。本位币是法定作为价格标准的基本通货。法律规定，在货币收付中无论每次支付的金额多大，如用本位币支付时，收款人都不得拒绝接受，故称为无限法偿货币。

辅币是本位币以下的小额货币，供日常零星交易和找零之用。辅币可以与本位币自由兑换。辅币是有限法偿货币。国家对辅币规定了有限的支付能力，即在每一次支付行为中使用辅币的数量受到限制，超过限额的部分，收款人可以拒绝接受，但向国家纳税或向银行兑换时不受数量限制。在信用货币流通的时代，由于货币制度的变化，我国规定辅币和主币一样具有无限法偿能力。

● 小思考1-4

辅币是否可以取消？

答：不可以。

3）银行券和纸币的发行流通程序

银行券和纸币虽然都是没有内在价值的纸制的货币符号，但因为它们的产生和性质各不相同，所以其发行和流通程序也有所不同。

在银行业发展的早期，银行券由商业银行分散发行，19世纪以后各国才集中统一由中央银行发行。国家以法律形式规定中央银行发行的银行券为法定支付手段，拒绝接受者被视为违法。西方国家在1929—1933年经济危机后，各国的银行券都不再兑现，从而演变为不兑现的纸币。

纸币是本身没有价值又不能兑现的货币符号，它产生于货币的流通手段职能。货币在发挥流通手段职能时，只是交换的媒介，不是交换的目的，只要有货币的象征和符号就可以了，这就意味着货币符号可以替代货币进行流通。后来政府根据货币的这一特性，有意识地铸造和发行不足值铸币，直至发行本身几乎没有价值的纸币，并通过国家法律强制其流通。可见，纸币产生的前提不是发达的信用制度，而是中央集权的国家政权和统一的国内市场。

4）准备金制度

在实行金属货币制度下，准备金制度主要是建立国家的黄金储备，这种黄金储备保存在中央银行或国库。它的用途主要有以下三种：一是作为国际支付的准备金，也就是作为世界货币的准备金；二是作为扩大和收缩国内金属货币流通的准备金；三是作为支付存款和兑换银行券的准备金。

当今世界各国均实行不兑现的信用货币流通制度，金银已退出货币流通领域，黄金准备的后两个作用已经消失。黄金作为国际支付准备金的作用依然存在，但形式发生了变化，不再用黄金作为最后弥补国际收支逆差的手段，当一个国家出现巨额国际收支逆差时，可以在国际市场上抛售黄金，换取自由外汇，以平衡国际收支。

目前，各国中央银行发行的信用货币虽然不能再兑换黄金，但仍然保留着发行准备金制度。各国准备金制度不同，归纳起来，作为发行准备金的有黄金、国家债券、商业票据、外汇等。

1.3.2 货币制度的演变

货币制度历史上存在两大类型——金属货币制度和不兑现的信用货币制度。前者可分为银本位制、金银复本位制及金本位制，后者又称为纸币本位制（如图1-1所示）。

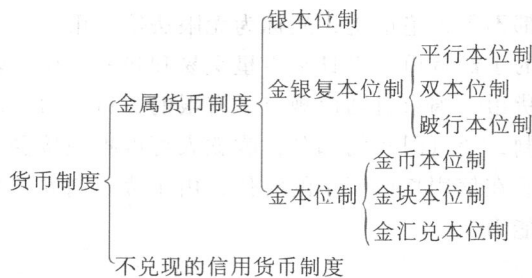

图1-1 货币制度的类型

1）金属货币制度

一国一旦选定了某种货币单位，就将其货币单位用法律形式规定其与某一特定金属商品保持固定关系，以此作为衡量该商品价值的标准，进而建立起一国的商品价格体系。在任何一种货币制度中，均有多种货币同时流通，但是，商品和劳务交换会以一种货币单位作为计算单位或基本单位。这种作为计算单位的货币，被称为"本位币"或"主币"。在货币近代史上，按照各国本位币所采用的金属类别，存在过银本位制、金银复本位制和金本位制。

（1）银本位制。

银本位制就是以白银作为本位币币材的一种货币制度。

银本位制有银两本位制和银币本位制两种类型：银两本位制是实行银块流通的货币制

度，以白银的重量单位——两作为价格标准；银币本位制是实行银铸币流通的货币制度，以一定重量和成色的白银熔化成一定形状的本位币来流通。在银本位制下，银币可以自由铸造和熔化，具有无限法偿能力，白银及银币可以自由输出、输入，银币的名义价值与其作为白银的实际价值相等。同时，银行券可以自由兑换银币或等量白银。

● 知识链接1-4　　　　　　　　中国历史上的银本位制

　　在我国货币史上，白银自汉代起逐渐成为货币金属，我国实行的是银两制，以金属的重量计值，属于称量货币制度。宣统二年（公元1910年）颁布《币制则例》，正式采用银本位，以"元"为货币单位，重量为库平七钱二分，成色是90%，名为"大清银币"。但市面上银元和银两仍然并用。辛亥革命后，政府于1914年颁布《国币条例》，正式规定重量七钱二分、成色89%的银元为我国的货币单位，"袁大头"银元就是这样铸造成的，但银元和银两仍然并用。1933年3月8日，国民政府公布的《银本位币铸造条例》规定，银本位币定名为"元"，总重26.6971克，银八八、铜一二，即含纯银23.493448克；银本位币每元重量及成色，与法定重量、成色相比之下公差不得超过0.3%；并规定一切公私交易用银本位币授受，其用数每次均无限制。同年3月10日，国民政府实行"废两改元"，之后发行了全国统一的银币——"孙中山头像银元"。1935年，国民政府实行币制改革，宣布废止银本位。

　　资料来源：佚名. 银本位制 [EB/OL]. [2020-04-12]. http://baike.baidu.com/view/237810.htm. 有删减。

　　（2）金银复本位制。

　　随着商品货币经济的发展，在商品交易中，对金银两种贵金属的需求都增加了，白银主要用于小额交易，黄金则用于大宗买卖，这样就形成了白银与黄金都作为主币流通的局面，客观上产生了建立金银复本位制的要求。

　　金银复本位制又称金银两本位制，是以金币和银币同时作为本位货币的货币制度。在金银复本位制下，金币和银币同时被确定为主币；金币和银币均可自由铸造，并且都具有无限法偿能力；金币、银币可自由兑换；金银可自由输出、输入国境。

　　金银复本位制先后经历了平行本位制、双本位制和跛行本位制三种类型。

　　① 平行本位制。平行本位制是两种货币均按其所含金属的实际价值流通的币制。在平行本位制下，金、银货币的交换比率完全由市场上生金、银的比价自由确定，国家对此不加任何规定。这样，市场上的各种商品价格就会有两种标价方式——按金币标价和按银币标价，而金银的市场比价频繁发生变动，从而引起价格混乱，使市场交易陷入非常混乱的困难境地。为弥补平行本位制的不足，采用了双本位制。

　　② 双本位制。双本位制是使两种货币按法定比价流通的货币制度。在双本位制下，国家依据市场上的金银比价将金银兑换比率用法律条文固定下来，使金币和银币的交换比率不受市场上生金银价格波动的影响。在这种货币制度下，当金银的法定比价与市场比价不一致时，市价较法定比价高的货币（良币）会被人们熔化、输出而退出流通，而市价较法定比价低的货币（劣币）则会逐渐增加，充斥市场。这种现象被称为"劣币驱逐良币"，即在一国内有两种面值相同而实际价值不等的货币同时流通时，实际价值较低的货币（劣币）必将实际价值较高的货币（良币）驱逐于市场之外。"劣币驱逐良币"规律，

是英国经济学家汤姆斯·格雷欣最早发现的，因此又被称为"格雷欣法则"。

③跛行本位制。跛行本位制是双本位制的变体。在这一制度下，金币与银币仍然同时为本位货币，仍按照法定比价同时流通，都具有无限法偿能力，但只有金币可以自由铸造，银币则不得自由铸造。人们形象地把金和银比作人的两只脚，银这只脚不能行走了，这种货币制度运转起来就像跛了一只脚的人走路一样，所以称为"跛行本位制"。从科学的划分标准来看，跛行本位制实质上已经不是金银复本位制，而是由金银复本位制向金本位制过渡的一种货币制度。

金银复本位制有其自身的优缺点。其优点主要表现为：一是币材充足，货币储备扩大；二是可分别用于大宗交易和小额交易，便于商品流通；三是币值稳定。其缺点主要有：一是违背了货币的排他性、独占性要求。在平行本位制下，金、银同时充当币材，当国内金银比价发生波动时，会导致商品价格的波动，不能很好地发挥价值尺度职能。二是在双本位制下，由于受"劣币驱逐良币"规律的影响，银贱则银币充斥市场，金贱则金币充斥市场，必然引起货币流通的混乱。金银复本位制因其是一种不稳定的货币制度，阻碍了资本主义经济的发展，甚至导致货币制度事实上的倒退而被淘汰。

（3）金本位制。

金本位制是以黄金为本位币币材的一种货币制度，包括金币本位制、金块本位制和金汇兑本位制。

①金币本位制。金币本位制又称金铸币本位制，是以金铸币作为本位货币的一种货币制度，是最典型的金本位制。金币本位制有以下三个特征：第一，金币可以自由铸造，自由熔化；第二，金币可以自由流通，价值符号（辅币和银行券）可以自由兑换为金币；第三，黄金在各国之间可以自由地输出、输入。

金币本位制对当时经济的发展发挥了重要作用。其崩溃的主要原因是：第一，世界黄金存量分配极不平衡，使得金币自由铸造与自由流通的基础受到削弱；第二，因黄金储备的减少使价值符号对金币自由兑换的可能性受到削弱。

②金块本位制。金块本位制又称生金本位制，是指国内不铸造金币，也不流通金币，中央银行只发行代表一定重量黄金的纸币或银行券的货币制度。在这种货币制度下，纸币或银行券只能按一定条件向发行银行兑换金块。如英国1925年规定，银行券与金块一次兑换数量不少于1 700英镑；法国规定，法郎与金块一次兑换至少215 000法郎。实行金块本位制节省了黄金使用量，降低了对黄金的发行准备要求，暂时缓解了黄金短缺与商品经济发展的矛盾，但并未从根本上解决问题。

③金汇兑本位制。金汇兑本位制又称虚金本位制，是指国内不流通金币，只流通银行券，而银行券可以在政府规定的汇率下自由地兑换另一种采用金币本位制或金块本位制国家的货币，再兑换黄金的一种货币制度。在这种货币制度下，国家规定货币单位的含金量，但国内不铸造金币，也不使用金币，并且国内没有或只有部分黄金储备，只在该国存放外汇准备金，通过无限制供应外汇来维持本国币值的稳定。

金块本位制和金汇兑本位制两种货币制度都是既不稳定又残缺不全的货币制度。它们的特征是：第一，两种币制都没有黄金投入实际流通，难以发挥黄金的自发调节作用，不利于币值稳定。第二，实行金汇兑本位制的国家，又大大限制了兑换黄金，这就从根本上动摇了金本位制的基础。第三，实行金汇兑本位制的国家，把本国货币依附于他国，无法独立自主地保持本国货币的稳定。

20世纪30年代的经济大危机摧毁了这两种残缺不全的金本位制，各国都先后实行了不兑现的信用货币制度。

2）不兑现的信用货币制度

不兑现的信用货币制度是指以不兑换黄金的纸币为本位币的货币制度。它是当今世界各国普遍推行的一种货币制度，这种货币制度以本身没有价值的信用货币作为流通中的一般等价物，其主要特点是：

（1）货币是以国家信用为基础的信用货币，无论是现金还是存款，都是国家对货币持有者的一种债务关系。存款货币是银行代表国家对存款人的负债；流通中的现金是中央银行信贷资金的来源，是中央银行代表国家对持有者的负债。

（2）信用货币不规定含金量，不能兑换黄金，不建立准备金制度，它只是流通中商品价值的符号。

（3）货币通过银行信贷程序发行和回笼，通过银行贷款、票据贴现、买入黄金或外汇及有价证券等渠道，投放到流通中去；通过收回贷款、收回贴现票款、卖出黄金或外汇及有价证券等渠道，使流通中的货币向银行回笼。

（4）纸币是没有内在价值的价值符号，不能自发适应经济运行的需要。信用货币制度的稳定性取决于国家的货币政策，中央银行必须按经济原则发行货币，并以其作为调控国民经济的重要工具，既控制通货膨胀，又防范通货紧缩。

（5）从世界范围看，信用货币制度下的存款货币、电子货币流通发展较快，而现金货币流通呈日渐缩小的趋势。

1.3.3 我国现行的货币制度

我国现行的货币制度是一种"一国多币"的特殊货币制度，即在大陆（内地）实行人民币制度，而在香港特别行政区、澳门特别行政区、台湾地区实行不同的货币制度。其表现为不同地区各有自己的法定货币，各种货币只限于本地区流通，各种货币之间可以兑换，人民币与港币、澳门币之间按以市场供求为基础决定的汇价进行兑换，澳门币与港币直接挂钩，新台币主要与美元挂钩。

1）人民币制度

（1）人民币是我国的本位货币。人民币由中国人民银行于1948年12月1日开始发行，至今共发行了五套。人民币的单位为"元"，"元"是主币，"角"和"分"是辅币。人民币依其面额支付，人民币的纸币、铸币种类由国务院决定，人民币的符号为"￥"。人民币元是我国法定计价、结算的货币单位，具有无限法偿能力。

（2）人民币是我国（指大陆（内地），下同）唯一的法定货币。在我国境内，以人民币支付一切公共和私人债务，任何单位和个人不得拒收。为了保证人民币的唯一合法地位，国家规定：严禁金银计价流通，严禁外币计价流通，严禁伪造、变造人民币，严禁任何单位和个人印制、发售代币票券以代替人民币在市场上流通，违者予以法律制裁。一切企事业单位和机关团体印刷和使用内部核算的凭证，必须报经上级机关批准，并且一律不准模仿人民币样式。

（3）人民币由中国人民银行统一印制、发行和管理。中国人民银行是国务院授权的人民币的唯一合法发行机构，它根据国内经济增长和商品流通扩大的客观需要掌管和调控发行货币的数量。在中国人民银行内部发行权集中于总行，内设人民币发行库，在其分支机构设立分支库，负责保管人民币发行基金。分支库调拨人民币发行基金，应当按照上级库的调拨命令办理，任何单位和个人不得违反规定，动用发行基金。

（4）人民币的发行保证。人民币的发行要按照经济发行的原则，人民币的发行量要以适应生产的发展和商品流通规模扩大的需要作为基础。人民币的发行还要有一定量的黄金外汇储备作保证。我国建立的黄金储备和外汇储备是国际支付的准备金，主要不是作为货币发行的准备，但对稳定币值、保证国内货币正常流通可以起到一定的作用。这两项储备由中国人民银行集中掌管，储备情况定期公布。此部分内容将在第9章中详述。

（5）人民币是独立自主的货币。中国的人民币是不依附于任何国家的货币，也不与任何国家的货币保持固定比价。人民币外汇价格由银行间外汇交易市场上的外汇供求关系所决定，是外汇市场外汇交易的结果。

2）中国香港特别行政区货币制度

（1）港元或称港币是中华人民共和国香港特别行政区的法定流通货币。按照香港基本法和中英联合声明，香港的自治权包括自行发行货币的权力。港元正式的简称为 HKD（Hong Kong Dollar），货币符号为 HK$。

（2）港元的纸币绝大部分是在香港金融管理局监管下由三家发钞银行发行的。三家发钞银行包括汇丰银行、渣打银行和中国银行（香港），另有少部分新款10元钞票，由香港金融管理局自行发行，硬币由香港金融管理局负责发行。

（3）港元纸币的发行制度是采取联系汇率制度。自1983年起，香港建立了港元发行与美元挂钩的联系汇率制度。发钞行在发行任何数量的港币时，必须按7.80港元兑1美元的汇率向金融管理局交出美元，登记或录入外汇基金账目，同时领取负债证明书后才可以开始印钞。这样一来，外汇基金所持的美元就为港元纸币的稳定提供了支持。

（4）虽然港元只在香港有法定地位，但在澳门港元也是主要流通货币。在2007年前，深圳和广州等地区的出租车司机和商户也曾接受港元交易，但由于近年来人民币升值，目前他们一般不接受港元。

3）中国澳门特别行政区货币制度

（1）澳门币，或称澳门元，是中华人民共和国澳门特别行政区的法定流通货币，其正式简称为 MOP（Macau Pataca），货币符号为 MOP$。澳门币中的1元可以分为10毫，而每1毫可以再分为10仙。

（2）澳门的货币政策由澳门金融管理局管理。澳门币的纸币由澳门金融管理局授权大西洋银行与中国银行澳门分行发行（1995年之前一直由大西洋银行发行），由香港印钞有限公司负责印制，硬币则由澳门金融管理局负责发行。

（3）澳门的货币制度规定，澳门元的发行，必须选择一种外国货币作为挂钩货币，并制定一个中心汇价，保证按此中心汇价自由兑换外币，发钞要有十足的储备金（主要是美元和港元）。具体的发钞程序是，澳门的两家发钞银行在发行钞票的第二个月，按照当时澳门元汇率将等值的美元或港元存入澳门货币暨汇兑监理署（AMCM），换取等值的负债证明书，作为对所发行的澳门元的汇兑能力的保障。

（4）澳门货币制度的特殊性表现为澳门元的流通范围狭窄，多限于日常消费的小额开支和官方指定的使用范围。而港元在澳门的货币流通中发挥重要作用，成为大宗交易的计价货币和交易媒介。因此，在澳门关于货币供应量的官方统计中，活期存款和储蓄存款部分除澳门元本身外，还包括各类非澳门元组成的存款。对于外币在澳门的流通，澳门管理当局一度采取了放任自流的政策。但是，自1988年起，澳门政府把强化澳门元在本地区的使用作为其基本政策和任务，先后采取了明确规定在澳门交易中必须以澳门元结算及信用卡在本地支付账款时必须以澳门元结算等措施，在一定程度上提高了澳门元在流通中的比重。

4）中国台湾地区货币制度

（1）新台币（New Taiwan Dollar）于1949年6月15日起开始发行流通，其正式简称为TWD，货币符号为NT$。新台币基本单位为"圆"，但一般都写成"元"。1圆=10角=100分。

（2）中国台湾地区采取的是管理式浮动汇率的汇率制度。新台币汇率原则上由外汇市场供需决定，但其汇率浮动并不完全由此决定，而是对美元汇率设立"中心汇率"及浮动范围的上下限干预点。若有季节性、偶发性因素，使汇率波动过大，无法反映台湾地区的基本经济形势时，则对外汇市场进行强有力的干预，使汇率维持在一个合理的水平上。

知识掌握

1.1 重要概念

货币 信用货币 货币制度

1.2 单项选择题

1）现在最先进的货币形式是（ ）。
A.实物货币   B.代用货币   C.信用货币   D.电子货币
2）货币执行支付手段职能的特点是（ ）。
A.货币是商品交换的媒介
B.货币运动伴随商品运动
C.货币是一般等价物
D.货币作为价值的独立形式进行单方面转移
3）在一国货币制度中，（ ）是不具有无限法偿能力的货币。
A.主币   B.本位币   C.辅币   D.支票存款
4）格雷欣法则起作用于（ ）。
A.平行本位制   B.双本位制   C.跛行本位制   D.银本位制
5）信用货币制度不具有的性质是（ ）。
A.主币集中发行   B.辅币集中发行
C.信用货币在流通中使用   D.流通中主币为金属铸币

1.3 判断题

1）从货币发展的历史看，最早的货币形式是铸币。   （   ）

2）目前世界上几乎所有国家都采用电子货币。 （　　）

3）货币作为流通手段必须是足值的货币。 （　　）

4）金币本位制、金汇兑本位制和金块本位制条件下，金铸币都是流通中的货币。

（　　）

5）我国人民币的流通在于人们对国家银行的信赖，并非国家规定的强制流通。 （　　）

1.4　简答题

1）货币在发展演变过程中经历了哪些不同形态？

2）货币有哪些职能？

3）货币制度的主要内容是什么？

4）我国现行的货币制度是怎样的？

知识应用

□ 案例分析

网游虚拟货币只能用法定货币购买

50万虚拟币兑换成10元人民币，500万虚拟币就能换成100元，一个月收入不低于3 000元，在虚拟的游戏中竟然能谋生，这就是目前网络上以虚拟货币交易为生的"游戏商人"的写照。

从表面上看，虚拟货币和虚拟装备与人民币没有必然联系。但实际上，几乎所有虚拟货币都能兑换成现金。大话西游的"大话币"3 200万可换得100元人民币，一个Q币等于1元人民币，魔兽世界的装备和金币只要肯花时间就能得到，利润是300%甚至400%。现在国内的大型休闲网站，基本上都可以用声讯电话、手机短信、游戏点卡等充值，直接将现实的人民币兑换为虚拟货币。在获得相关奖励的虚拟货币和虚拟装备之后，玩家就可以将各种游戏币在论坛、C2C平台等渠道进行交易。

问题：网游虚拟货币是否可以像人民币一样流通？

分析提示：在我国境内，以人民币支付一切公共和私人债务，任何单位和个人不得拒收。为了保证人民币的唯一合法地位，国家规定：严禁金银计价流通，严禁外币计价流通，严禁伪造、变造人民币，严禁任何单位和个人印制、发售代币票券以代替人民币在市场上流通，违者予以法律制裁。一切企事业单位和机关团体印刷和使用内部核算的凭证，必须报经上级机关批准，并且一律不准模仿人民币样式。

□ 实践训练

实训项目：收集不同面值的人民币

实训目的：认识人民币是由中国人民银行统一发行的，尝试辨别伪币和变相货币。

实训步骤：

1）收集或认识我国已发行过的五套人民币（包括主币和辅币）；

2）学会分辨人民币的真伪；

3）收集或发现可能遇到的假币或变相货币。

第2章
货币层次与货币流通

【学习目标】 ● 在学习完本章之后，你应该能够：了解 IMF、美国和日本的货币层次划分情况；明确货币层次划分的含义和依据及我国货币层次的划分标准；熟知货币流通的两种形式及它们之间的关系；掌握金属货币流通规律及纸币流通规律。

● 引例　　　　　　　　消费者支付新选择

现在，人们常常出门不带现金，不带银行卡，只带手机。购买商品付款时，多数人已经习惯拿起手机扫码支付，坐公交车也可以用移动 NFC 手机一卡通应用来完成车票款的支付。这是伴随着移动支付市场的迅速发展而兴起的支付方式、支付终端、支付渠道的不断创新。

资料来源：作者根据相关资料整理。

这一案例表明：信用制度发展到一定程度，货币形式就绝不仅仅局限于现金或存款了，而是会出现多种金融工具，即准货币。那么在现代信用制度条件下，货币的范围究竟有多大？货币包括哪些层次的内容？这些货币流通的基本形式有哪些？如何控制这庞大而又复杂的货币流通，使其保持基本的正常与稳定？这就是本章所要学习的货币层次的划分及货币流通规律的内容。

2.1　货币层次划分

货币量理应是现实经济生活中的货币总量，然而，随着市场经济的不断发展，特别是金融创新的兴起，新的金融工具层出不穷，许多新的金融工具都不同程度地具有"货币性"。这就使货币流通的范围不断扩大，流通中的货币形式也多种多样，从而给货币量的计算带来新的问题——货币的口径问题，因而就有了货币层次划分。

2.1.1　货币层次划分的含义

所谓货币层次划分，是指将流通中的货币按照其流动性的强弱进行排列，分成若干层次并用符号代表的一种方法。实际上，货币的不同层次就是不同范围的货币概念。

划分货币层次，其目的是掌握流通中各类货币的特定性质、运行规律以及它们在整个货币体系中的地位，进而探索货币流通和商品流通在结构上的依存关系和适应程度，以使中央银行制定正确的货币政策，实施及时、有效、有重点的金融宏观调控。

2.1.2　货币层次划分的依据

长期以来，人们对货币层次划分有很多不同的观点，但在把金融资产的流动性作为划分货币层次的主要依据这点上，看法是一致的。因此，货币层次划分的主要依据就是流动性。

所谓流动性，是指将金融资产转变为现实购买力，并使持有人不遭受损失的能力。换言之，流动性是一种金融资产的变现能力。

流动性越强的金融资产，现实购买力就越强；反之，则越弱。例如，现金具有直接的现实购买力，因此它是流动性最强的金融资产；定期存款则需要经过提现或转成活期存款才有现实购买力，故流动性较现金弱。流动性程度不同的金融资产在流通中周转的便利程度不同，形成的购买力强弱不同，从而对商品、劳务流通和其他各种经济活动的影响程度也就不同。

当然，以流动性作为货币层次划分的主要依据，并不排斥各国的实际情况。在划分货币层次时，应把握两个原则：一是现实性，即层次指标体系的划分宜粗不宜细，这样既能为实际工作者所接受，又可避免因各货币层次间组距过小而不能明确反映其质的规定性之弊端；二是可测性，即各层次的排列内容有准确可靠的资料来源。

2.1.3 货币层次的划分

在实际工作中，各国中央银行依据金融资产的流动性，并按照本国的具体情况和货币政策要求，规定了各自的货币层次划分，公布了并不雷同的"货币层次指标系列"，而且根据理论进展状况和实际操作经验做适当的调整。以下主要介绍国际货币基金组织、美国、日本和中国的货币层次划分情况。

1）国际货币基金组织的货币层次划分

国际货币基金组织把货币划分为最基本的三个层次，即：

M0=现金

M1=M0+商业银行活期存款（支票存款）

M2=M1+准货币（定期存款、储蓄存款、外币存款、各种短期信用工具）

● 知识链接2-1   国际货币基金组织

国际货币基金组织（International Monetary Fund，IMF），于1945年12月27日在华盛顿成立，与世界银行并称为世界两大金融机构。其职责是监察货币汇率和各国贸易情况，提供技术和资金协助，确保全球金融制度运作正常。

资料来源：佚名. 国际货币基金组织［EB/OL］. ［2022-04-02］. https://baike.baidu.com/item/% E5%9B% BD% E9%99%85%E8%B4%A7%E5%B8%81%E5%9F% BA% E9%87%91%E7%BB% 84%E7%BB% 87/386540? fromtitle=imf&fromid=102924&fr=aladdin.有删减。

2）美国的货币层次划分

1944年美联储开始统计公布M1数据，包括银行体系外货币和银行活期存款的狭义货币；1971年美联储增加了货币层次M2和M3的统计和公布；1975年又扩大到M4和M5；1980年美联储将部分金融创新产品纳入货币层次，同时调整了各层次货币包含的内容；1982年美联储简化了货币层次；2006年停止统计公布M3层次。目前，美国货币层次简化为两个层次。

$$M1=\frac{流通中}{现金}+\frac{非银行机构}{发行的旅行支票}+\frac{活期}{存款}+\frac{其他支票存款（包括存款机构的可转让支付命令}{账户、自动转账账户、信用合作社股金提款账户）}$$

$$M2=M1+\frac{储蓄存款}{（包括货币市场存款账户）}+\frac{小额定期存款}{（金额小于10万美元的定期存款）}+\frac{零售货币市场}{共同基金余额}$$

3）日本的货币层次划分

1949年以前，日本中央银行仅统计现金规模；1949年以后，活期存款纳入货币供应量统计范围；1955年，储蓄存款和通知存款纳入货币统计范围；1967年，开始统计定期存款，建立了M1和M2两个货币层次；1977年以后，增加了M3层次；1989年，又新增了广义流动性统计。目前日本中央银行（日本银行）对货币层次是这样划分的：

M1=流通中现金+即付存款（包括活期存款、普通存款、储蓄存款、通知存款、特别存款、纳税准备存款）

M2=M1+准货币（国内银行和信用金库的定期存款）+定期存单

M3=M2+邮政储蓄存款、信用合作社存款、劳动金库存款、农业合作社存款、渔业合作社存款+金钱信托

4）中国的货币层次划分

我国从1994年第三季度起定期向社会公布货币供应量的统计监测指标。我国货币层次一直稳定保持M0、M1、M2、M3四个层次，但是其间中国人民银行对广义货币所包含的金融资产的内容进行过几次调整：2001年6月起，证券公司客户保证金存款计入M2层次；2011年10月起，住房公积金中心存款和非存款类金融机构在存款类金融机构中的存款计入M2层次；2018年1月，中国人民银行完善货币供应量中货币市场基金部分的统计方法，用非存款机构部门持有的货币市场基金取代货币市场基金存款（含存单）。

M0=流通中的现金

M1=M0+活期存款

M2=M1+准货币（企业单位定期存款+储蓄存款+证券公司客户保证金存款+其他存款）

在上述各层次中，M1是通常所说的狭义货币量（货币供应量），其流动性较强；M2是广义货币量；M2与M1的差额为准货币，其流动性较弱；M3是考虑到金融不断创新的现状而增设的，因此不公布M3。目前本外币的金融统计尚未并账，M2中的外币存款暂无法合并，因而不包括在公布的货币供应量中。

● 知识链接2-2

中国货币供应量见表2-1。

表2-1　　　　　　　　　中国货币供应量（Money Supply）　　　　　　单位：亿元人民币

时间 货币层次	2021年9月 余额	2021年10月 余额	2021年11月 余额	2021年12月 余额	2022年1月 余额	2022年2月 余额
M0	86 867.09	86 085.78	87 433.41	90 825.15	106 188.87	97 227.70
M1	624 645.68	626 082.12	637 482.04	647 443.35	613 859.35	621 612.11
M2	2 342 829.70	2 336 160.48	2 356 012.76	2 382 899.56	2 431 022.72	2 441 488.90

资料来源：作者根据中国人民银行网站相关资料整理。

划分货币层次，并进而统计和公布各层次的货币供应量，对研究货币供应量的增减、促进社会总需求与总供给的平衡、加强和改善我国宏观调控均具有重要意义。

需要指出的是，各国中央银行在划分货币层次的基础上，还要确定货币量相关层次指标系列中的观察和控制重点。然而，由于各国商品范围、货币概念、金融机构等有所不同，以及中央银行调控能力的差异，其观察和控制重点也不完全一样，即使在一国内，随着经济发展和新金融工具的涌现，其重点也会有所变化。从西方国家控制货币量的实践经验和总的趋势来看，初期的货币量控制大多以M1为主，近年来更多的国家则从M1转向M2。美国目前以M1、M2两个层次为控制重点，而日本中央银行则始终把M2作为控制重点。我国中央银行应根据我国的实际情况及金融市场的发展，短期以M0和M1为控制重点，中长期以M2为控制重点。

2.2 货币流通及规律

货币流通是指货币作为流通手段和支付手段，在流通中所形成的连续不断的运动。货币的连续不断的运动，具体表现为货币的不断收支活动。这些收支活动既包括商品流通引起的货币收支运动，又包括非商品流通引起的货币收支运动。为正确理解货币流通，必须掌握货币流通自身的四个特点：①在货币流通中，作为流通主体的货币形态始终不变；②在货币流通中，作为媒介的货币不会退出流通，而是在媒介商品交换中不断运动；③货币流通取决于交换的发展程度和社会对流通手段、支付手段的需要程度；④货币流通具有相对独立性，它可以超越商品流通形成自身的运动。

微课 2-1

货币流通

2.2.1 货币流通的形式

现代的货币流通有两种形式：现金流通和非现金流通。现金流通是指以现款（纸币和铸币）直接完成的货币收付行为。非现金流通是指各经济主体在银行存款的基础上，通过在银行存款账户上转移存款的办法来进行的货币收付行为。现金流通和非现金流通构成统一的货币流通。货币流通的两种形式是商品交换和银行制度发展的结果。

现金流通和非现金流通实际上是统一的、相互联系的，但两者之间也有一些区别。

1）现金流通与非现金流通之间的联系

（1）无论是现金流通中的现金（现金通货），还是非现金流通中的银行存款（存款通货），都是在银行信用基础上产生的信用货币，两者在性质上是一致的。

（2）两者在一定条件下可以相互转化，即现金的收付可以转化为存款货币收付，存款货币收付也可转化为现金的收付。对于商品、劳务交易，购买方可要求银行将货款转给卖方，进行转账结算，这是非现金流通。卖方收到货款后，可以提取现金，用于日常的小额支付，这又转化成现金流通。这种转化会引起两种形式货币量的此增彼减，也会对银行信用扩张和收缩带来影响。当现金流通转化为非现金流通时，银行的存款来源就会增加。银行据此发放贷款，就会造成信用扩张；反之，则会造成信用收缩。

2）现金流通和非现金流通的区别

（1）两者的服务对象不同。现金流通主要服务于与居民个人有关的货币收付和单位的小额零星货币收支；而非现金流通（转账结算）主要服务于经济主体之间的大额货币收支，如生产资料的交易、消费品的批发贸易、货币资金的缴拨等。

（2）两者受银行控制的程度和调节方式不同。现金流通是在银行体系之外，单位、个人之间进行的货币收付，银行不能干预，也难以直接控制；银行对现金流通的调节，必须以自愿为基础进行间接调节。非现金流通则是货币周转和银行信用业务交织在一起，由于每一笔存款货币的流通都集中在银行办理，因此，非现金流通直接处于银行的监督和管理之下，银行可以根据国家要求进行适当的直接控制。

值得注意的是，现金流通和非现金流通的区别是相对的。在发达的市场经济中，经济主体在两种货币流通中究竟采用何种形式，是没有任何限制性规定的。经济主体完全可以根据自身意愿和方便程度来选择货币收付的方式。随着经济、金融的发展，非现金流通日益成为主要的货币流通形式。

● 小思考 2-1

数字人民币来了，现金会被取代吗？

答：不能，数字人民币就是对流通中现金的替代，功能等同于纸钞和硬币，只不过形态是数字化的。

2.2.2 货币流通规律

货币流通规律是商品经济条件下的基本经济规律，只要存在商品和货币，货币流通规律就客观存在并发挥作用。自觉地认识、利用这一客观经济规律，对于调控好货币流通，保持货币流通的正常与稳定，促进国民经济的持续、快速发展有着重要意义。由于金属货币流通在货币流通史上占有重要位置，是纸币流通的基础，所以尽管当今世界处在不兑现的信用货币制度时代，各国实行的是纸币制度，均是纸币流通，我们也要对货币流通分别从金属货币流通和纸币流通两方面进行研究，以探求其运动规律。

1）金属货币流通规律

所谓金属货币流通规律，是指在金属货币流通条件下，商品流通对金属货币的需要量规律。

按照马克思理论，在一定时期流通中到底需要多少货币量，取决于三个因素：一是一定时期待实现的商品总量；二是商品的价格水平；三是货币流通速度。其用公式表示为：

$$执行货币流通手段职能的货币需求量（M）= \frac{商品价格水平（P）\times 待实现的商品总量（Q）}{同名货币的流通次数（速度）（V）}$$

这是货币流通规律的基本公式。货币流通规律的基本内容是：流通中的货币需求量与商品价格总额成正比，与货币流通速度成反比。该规律表明了决定货币需求量的各种因素及各个因素之间的关系，也反映了商品流通与货币流通在数量方面相互联系、相互制约的关系。实质上，货币流通规律的基本要求是：流通中的货币量应与流通中的货币需求量相适应。

随着商品经济和信用关系的发展，出现了以信用方式进行的商品交易（赊销或预付），于是便发生债权债务的抵销和延期支付等情况，从而引起货币需求量的变化。综合这些因素，列成公式便为：

$$流通中货币需求量 = \frac{商品价格总额 + 到期支付总额 - 本期赊销商品总额 - 相互抵销的支付总额}{单位货币作为流动手段和支付手段的平均流通速度}$$

这一公式对货币流通规律的基本公式作了某些调整，它所确定的货币需求量既包括作为流通手段的货币需求量，又包括作为支付手段的货币需求量。因此，两个公式的经济实质是完全一致的。

2）纸币流通规律

纸币产生于货币的流通手段职能，其典型特征是不能与金银自由兑换，不存在自我调节的机制。因为纸币本身没有价值，在流通中只是作为价值符号而存在，代表金银执行货币的某些职能，当流通中纸币数量过多时，多余的那部分纸币不可能自动退出流通。换句话说，已经发行的纸币，不论其数量是否与商品流通的需要量相适应，将始终处于流通中，若让它完全退出流通，它就会变成毫无价值的纸片。

纸币不同于金属货币的特殊性，决定了纸币必然有它自身特殊的运动规律。所谓纸币流通规律，就是指纸币发行量取决于流通中所必需的金属货币量的规律。换句话说，纸币的发行总量限于它所代表着的金或银的实际数量。如果用公式表示，则为：

流通中全部纸币所代表的价值量=流通中金属货币必要量

其中：流通中全部纸币所代表的价值量=单位纸币所代表的价值量×纸币发行总量

所以，有以下公式：

$$单位纸币所代表的价值量（单位纸币的币值）=\frac{流通中金属货币必要量}{纸币发行总量}$$

以上公式表明，纸币流通规律的内容实际上体现着纸币同金属货币之间的比例关系。纸币的发行数量，决定纸币名义价值是否与它所代表的金属货币价值相符。根据"流通中金属货币必要量"与"纸币发行总量"之间的对比关系，单位纸币的币值可呈现以下三种状态：①平值，即纸币发行量与流通中的金属货币必要量相等。该状态下，物价稳定，货币流通正常，生产、流通秩序正常。②升值，即纸币发行量少于流通中的金属货币必要量。该状态下，物价下跌，通货升值，生产和消费受到抑制。③贬值，即纸币发行量超过它所代表的金属货币必要量。该状态下，纸币贬值，物价上涨，生产和流通受到破坏。

纸币贬值是纸币流通规律发挥作用最主要的表现形式，也是一种普遍的经济现象。但是，纸币平值才是纸币流通规律的基本要求。

综合以上分析，纸币流通规律实质上是货币流通规律（金属货币流通规律）在纸币流通条件下的一种特殊的表现形式，所以不应该把这两个规律对立或分割开。

● **金融观察**　　推动经济可持续发展，需要金融业的引领和支持

2016年，人民币被正式纳入国际货币基金组织特别提款权（SDR）的货币篮子，这是人民币国际化具有里程碑意义的一步。中国数字人民币的研发和应用，使社会公众在数字经济条件下享受零售支付的便捷性、安全性和防伪性。截至2022年2月，人民币在全球支付中的占比已升至3.2%，居世界第四位。中国人民银行通过"普惠小微企业信用贷款支持计划"，直接带动地方法人银行发放普惠小微信用贷款；通过推出碳减排支持工具，采用"先贷后借"的直达机制，对发放碳减排贷款的金融机构提供低息再贷款支持，助力双碳目标的实现。

资料来源：彭芸. 思政元素融入"货币金融学"教学的探索与实践 [J]. 湖北经济学院学报（人文社会科学版），2022（7）. 有删减。

分析点评：

中国共产党带领中国人民从站起来到富起来，再到强起来，开启了中华民族伟大复兴新征程。中国货币政策直达实体经济的创新，在普惠、碳减排等多个领域发挥着强有力的引导作用。案例中的每一个鲜活的文字无不彰显着中国制度和中国道路的力量。

2.2.3　货币需求量和货币流通量

货币需求量和货币流通量将在第10章中详细介绍，在此只对两者作概括性阐述。

货币需求量，亦称"货币必要量"，是指一定时期内，为保证生产和流通正常运行所

需要的货币量，是货币流通规律的主要内容。

根据上文所述，货币流通规律的一般公式可写为：

M=PQ／V

式中：M为流通中货币必要量；Q为待实现商品总量；P为商品价格水平；V为货币流通速度。

该公式在严格的数学意义上应写成：

M=f（P，Q，V）

在金属货币流通的条件下，公式的左边单纯地由右边决定。但在纸币流通制度下，不仅公式右边的因素制约M，而且M也能影响公式右边的因素。因为在以货币政策为主调节经济运行过程的经济体制下，调控货币流通的目的，不再是为恢复和保持货币流通过程自身的平衡，而是为了实现既定的宏观经济目标。M受人为调节，在一定程度上是外生的。这意味着任何水平的M都能使公式平衡，为此需要增加某些约束条件使该公式右边的值确定于理想的水平，如"适度的经济增长率""充分就业""价格水平稳定""稳定的货币流通速度"等，货币必要量便能最终确定。

货币流通量，通常又称为"货币供给量"，是指流通中实际存在的货币数量，或者说，是流通中现存的货币数量。

必须注意的是，货币需求量和货币流通量是两个不同的概念。货币流通量是流通中实际存在的货币量，主要受人为控制；而货币需求量是流通过程对货币的客观需要量，它是客观性质的量，不取决于人们的主观意志。实际存在的货币流通量并不等于货币必要量，为保证货币流通量与货币必要量相适应，必须掌握流通过程对货币的需求量，以便调控货币供给，使货币流通量满足经济发展的客观需要。

● 案例分析2-1　　　　　　　　货币需求量和货币流通量

假设某年某国实现商品价格总额为10 000亿单位货币，货币需求量为2 500亿单位货币，为保证生产和流通正常运行，请问：（1）客观需要以每单位货币平均媒介商品交换次数是多少？（2）若该国同期投放货币2 000亿单位货币，会出现什么情况？（3）若同期该国投放货币量为2 500亿单位货币，但随着基础设施的改善，货币周转速度加快，一单位货币媒介商品交换的次数为5，又会出现什么情况？

分析：（1）10 000÷2 500=4（次），即客观需要以每单位货币平均媒介商品交换4次。

（2）2 000亿<2 500亿，即纸币发行量少于流通中的金属货币必要量。该状态下，物价下跌，通货升值，生产和消费受到抑制。

（3）10 000÷5=2 000（亿），即客观需要投放2 000亿单位货币。2 500亿>2 000亿，即纸币发行量超过流通中的金属货币必要量，该状态下，纸币贬值，物价上涨，生产和流通受到破坏。

知识掌握

2.1　重要概念

现金流通　非现金流通

2.2　单项选择题

1）我国M1层次的货币口径是（　　　）。

A.M1 = 流通中现金

B.M1 = 流通中现金+活期存款

C.M1 = 流通中现金+活期存款+定期存款

D.M1 = 流通中现金+准货币（企业单位定期存款+储蓄存款+证券公司客户保证金存款+其他存款）

2）我国中央银行短期以（　　　）为控制重点，中长期应以（　　　）为控制重点。

A.M0；M2　　　　　　B.M2；M1　　　　　　C.M1；M2　　　　　　D.M0；M1

3）流通中所需的金属货币量与（　　　）成反比。

A.商品价格总额　　　B.货币流通速度　　　C.商品的价值　　　D.人们持币愿望

4）纸币发行量多于流通中的金属货币必要量，说明单位纸币的币值呈现（　　　）状态。

A.平值　　　　　　　B.升值　　　　　　　C.贬值　　　　　　　D.都不正确

2.3　判断题

1）货币层次划分的依据是金融资产的流动性。　　　　　　　　　　　　　（　　）

2）每个国家货币层次的划分都是一样的。　　　　　　　　　　　　　　　（　　）

3）现金流通和非现金流通的性质不同，现金流通是建立在中央银行信用基础上产生的信用货币，而非现金流通只是代替现金流通的符号或数字。　　　　　　　（　　）

4）马克思认为，金币流通条件下的货币数量由商品的价格总额决定。　　（　　）

5）纸币流通需求量应与流通所需的金属货币需求量同增同减。　　　　　（　　）

2.4　简答题

1）货币流通有哪些形式？它们之间的关系怎样？

2）纸币流通规律的内容和几种主要的表现状态是什么？

知识应用

□ 案例分析

想有钱是不是多印钞票就能解决？

让自己兜里的钱越来越多是每个人的愿望，对于个人而言，兜里的钱多了就代表拥有了更多的财富。那么，一个国家要想富强是不是加大印钞机的功率多印纸币就可以了呢？

在商品流通过程中，纸币发行的多少并不是随意决定的，流通中所需要的货币量与商品总量和商品价格水平成正比，与货币流通速度成反比，货币周转次数越多，流通速度也就越快。而如果所发行的纸币超过了实际流通过程中所需要的货币量，就会引起纸币的贬值和通货膨胀。

假设市场上有价值1亿元的商品，货币周转速度为1次，那么发行1亿元的纸币，便可以达到 1 元纸币具有 1 元购买力的标准。但如果发行了 2 亿元的纸币，1 元纸币就只有 0.5 元货币的购买力了，也就只能买到 0.5 元的商品。因此，原来 1 元价值的商品就需要 2 元的纸币才能买到，这样纸币就会贬值，物价也会随之上涨。

问题：1）纸币的发行要坚持什么原则?

2）过多的纸币发行会导致什么后果呢?

分析提示：1）纸币的发行要坚持经济发行的原则，即根据经济增长、商品流通扩大的规模发行货币。另外，能够作为媒介商品流通的货币形态不仅仅是现金，在银行信用发达的现在，使用银行存款货币的数量大大超过使用现金的数量，国家在提供货币供给时，要充分考虑到各个层次的货币供给量，并加以有效的控制和管理。

2）过多发行的货币并不能增加人们的财富和商品的价值，反而会使纸币的购买力下降。当政府制造了越来越多的纸币时，也就意味着人们手中的钱越来越"不值钱"了，最终只能导致物价飞快上涨。

□ 实践训练

实训项目：到银行办理存款和银行卡

实训目的：真实体验现金流通与非现金流通转换。

实训步骤：

1）开立存款账户，将父母给的生活费现金存入银行;

2）刷卡消费结算;

3）需要用现金时到银行支取。

第3章
信用与利率

【学习目标】 ● 在学习完本章之后，你应该能够：了解信用的含义以及利率的概念和种类；明确信用的作用以及利率的作用；熟知几种主要信用形式的特点及融资方式；掌握利息的计算方法和影响利率变动的因素。

● 引例　　　　　　　　　　　　　信用卡诞生记

　　故事发生在距今70余年前的美国。有一天，一位叫弗兰克·麦克纳马拉的商人在纽约一家饭店招待客人用餐，就餐后发现未带钱包，他深觉尴尬难堪，不得不打电话叫妻子带着现金来饭店结账。随后，他就产生了创建信用卡公司的念头。1950年，麦克纳马拉和他的一位朋友创建了"大莱俱乐部"，发行信用卡。会员只需每年交3美元会费，就可以在纽约27家饭店中的任何一家记账用餐。最初这种信用卡还没有多大影响力，只有几百人被说服加入俱乐部。可没过几年，俱乐部会员人数猛增，信用卡交易额急剧扩大，麦克纳马拉顺势将大莱俱乐部改组成大莱信用卡公司。这位精明的商人可能连做梦都没有想到，几十年后，信用卡在发达国家几乎人手一张，成了人们日常生活不可或缺的支付工具。

　　资料来源：郭晖. 金融学概论［M］. 北京：人民邮电出版社，2016.有改动。

　　这一案例表明：信用卡一方面使得商品交换的规模进一步扩大，可适当缓解消费者有限的购买力与对现代化生活需求的矛盾；另一方面可以节约交易和流通成本，提高商品交换的效率。现代经济是货币信用经济，信用在经济活动中具有非常重要的作用。那么，什么是信用？信用具有什么样的功能？信用都有怎样的形式？这些问题将在本章的学习中得到解答。

3.1　信用

3.1.1　信用的含义

　　"信用"一词在日常生活中使用得非常广泛，它具有信任、恪守诺言、兑现合约等含义。经济学中所说的信用是指经济活动中的借贷行为，是以偿还为条件的价值运动的特殊形式。信用的含义可以从以下几个方面深入理解：

　　（1）信用是以偿还和付息为条件的借贷行为。具体来说，就是贷方把一定数量的货币或商品贷放给借方，借方可以在一定时期内使用这些货币或商品，但到期必须偿还，并按规定支付一定的利息。

● 小思考3-1

借贷都有利息吗？

西方不少国家的银行对企业的活期存款往往不付利息，而且国家间的贷款有时也是无利息的，这是不是说明贷款可以没有利息呢？

答：西方国家企业的活期存款虽然没有利息，但存款者可以享受银行的有关服务和取得贷款的某些权利，所以实际上还是有利息的。至于国家间的贷款，是出于政治目的或某种经济目的而采取的免除利息的优惠，属于特殊情况。

　　（2）信用是价值运动的特殊形式。在单纯的商品交换关系中，一手交钱，一手交货，双方是对等的交换。在信用活动中，一定数量的商品或货币从贷方手中转移到借方手中，并没有同等价值的对立运动，贷出的商品或货币的所有权并未改变，只是使用权的让渡。所以，信用是价值单方面的转移，是价值运动的特殊形式。

　　（3）信用是一种债权债务关系。信用与债务是同时发生的，是借贷活动这同一事物的两个方面。在借贷活动中，债权人将商品或货币借出，称为授信；债务人接受商品或货币，称为受信；债务人遵守承诺按期偿还商品或货币，称为守信。

3.1.2 信用的作用

现代经济是货币信用经济，信用在经济活动中具有非常重要的作用，成为动员和分配社会资金、调节经济活动、优化资源配置的重要工具和杠杆。具体地讲，信用具有以下作用：

1）配置资金

运用信用能够最大程度地动员和组织社会上暂时闲置的资金，积少成多，续短为长，在社会资本总量不变的情况下，改变资本的分配关系，变消费基金为生产资金，从而满足经济建设的资金需要，促进生产力的发展。

在以信用的方式进行资金分配时，资金往往流入到那些经济效益好、管理水平高的企业，而经济效益差的企业往往得不到资金，因此，信用在对资金重新分配的过程中，对社会生产过程产生重要影响，改变了原有生产格局，起到了对产业结构和经济结构优化调整的作用。

2）节省流通费用

信用的产生，一方面使得商品交换的规模得以进一步扩大，原来需要一手交钱一手交货的商品交易，现在可以采用延期付款的方式先行取得商品，而后进行货款的收付，从而缩短了人们储币和持币的时间，也降低了持币成本；另一方面，银行信用的产生，使得即使是一手交钱、一手交货的交易也不需要用现钞进行支付，而是通过支票账户的存款划转就可以完成，这样，在同样的商品交换规模条件下，全社会可以大大地节约印制、运送、保管货币现钞的费用，从而节约了交易和流通成本，提高了商品交换的效率。

3）宏观调控

现代经济是建立在信用基础之上的，信用关系是现代经济中最普遍、最基本的经济关系。国家可以通过信用对经济进行宏观调控。首先，这种宏观调控表现在总量的调控上，银行通过信用规模的扩张和收缩，有效控制社会的货币流通量，使得货币供给量和需求量趋向均衡。其次，信用的宏观调控功能表现在结构的调节上。这主要是运用利率杠杆，通过信贷方向的调整，对国民经济结构、产业结构施加影响，使国民经济各部门均衡、协调发展，从而实现宏观经济的良性循环。

微课 3-1

信用融资实现
愿望

3.1.3 信用形式

信用形式是信用活动的具体表现形式。随着商品货币关系的发展，信用形式也不断发展和完善，主要有商业信用、银行信用、国家信用、消费信用、民间信用等具体形式。

1）商业信用

商业信用是指工商企业之间相互提供的与商品交易直接相联系的信用活动。商业信用的具体形式有赊购、赊销、分期付款、预付货款、经销、代销及补偿贸易等。

（1）商业信用的特点。首先，商业信用的债权人与债务人都是企业，反映的是不同的商品生产企业或商品流通企业之间因商品交易而引起的债权债务关系。其次，商业信用是以商品形态提供的信用，其资金来源是企业资金循环过程中的商品资金，是企业生产经营资金的一部分，而不是闲置的货币资金。再次，商业信用的运动在经济周期的各个阶段中与产业资本的运动状态相一致。经济繁荣时期，商业信用的规模会扩大；经济衰退时期，商业信用的规模会缩小。最后，商业信用是一种直接信用，资金供求双方直接达成协议建立信用关系，不需要信用中介机构的介入。

（2）商业信用的局限性。商业信用对于加速资本的循环和周转、保证再生产过程顺利进行起到了积极的作用，但受其自身特点的影响，又具有一定的局限性：第一，信用规模上的局限性。商业信用的规模受到提供信用的企业所拥有的资金数额的限制，企业能赊销的商品只能是商品资金的一部分。第二，信用方向上的局限性。商业信用受商品流向的限制，只能向需要该种商品的企业提供。第三，信用范围上的局限性。商业信用是直接信用，借贷双方只有在相互了解对方的信誉和偿还能力的基础上才可能确立商业信用关系。第四，信用期限上的局限性。商业信用所贷出的资本是商品资本，是再生产过程的一部分，期限一般受企业生产周转时间的限制，所以商业信用只能解决短期资金融通的需要，而不能用于长期投资。

2）银行信用

银行信用是指银行以及非银行金融机构以货币形式通过贷款、贴现等方式向社会和个人提供的信用。银行信用活动包括两个方面：一是以吸收存款等形式集中各方面的闲散资金；二是通过贷款等形式运用这些资金。

银行信用是在商业信用的基础上产生的一种信用形式，它克服了商业信用的局限性，具有以下特点：

（1）银行信用是一种间接信用。银行信用的主体是银行和其他金融机构，它们在信用活动中充当信用中介。银行以其特有的负债业务获得资金来源，然后加以运用，充当了资金供给者和需求者的中介，起到桥梁的作用。

（2）银行信用是以货币形态提供的。一方面，银行信用能够以信用形式集中社会各方的闲置资金，形成巨额的借贷资本，克服商业信用在规模上的局限性；另一方面，银行信用是以货币形态提供的，可以不受商品流转方向的限制，从而克服商业信用方向上的局限性。

（3）银行信用期限灵活。银行吸收的各项存款由于存取时间不一致，存取交错在一起，形成银行账户上稳定的余额，为银行发放长期贷款提供了资金来源，因而银行既可以提供短期信用，也可以提供长期信用，克服商业信用在期限上的局限性。

（4）银行信用作用范围不断扩大。由于银行实力强、信誉好、安全稳定，能与社会各方面发生比较广泛的信用关系，因此克服了商业信用在作用范围上的局限性。

银行信用在借贷数量、范围、期限、成本上都优于商业信用，可以在更大程度上满足经济发展的需要，所以银行信用是现代市场经济条件下最主要的信用形式。加上银行信用具有集中性、计划性、安全性、稳定性的特点，银行信用在信用体系中居于主导地位。

3）国家信用

国家信用是指以国家为主体的借贷行为，它包括国家以债务人的身份取得信用和以债权人的身份提供信用两个方面。其中，国家取得信用包括两种形式：国家以债务人的身份向国内居民、企业、团体取得信用，它形成国家的内债；国家以债务人的身份向国外居民、企业、团体、政府和国际金融组织取得信用，它形成国家的外债。国家提供信用包括两种形式：国家以债权人的身份向国内企业、居民提供贷款；国家以债权人的身份向外国企业、政府和金融机构提供贷款。

国家以债务人身份取得信用是国家信用的主要形式，也是通常所说的典型的国家信用形式。国家信用具有以下特点：

（1）国家信用的信誉度高。国债、国库券等以政府的财政收入作为偿还担保，并以一些优惠条件如税收减免、高利息等优惠条件吸引人们购买，因此在必要时，国家信用可以动员更多的资金。

（2）国家信用与银行信用具有相同的资金来源，二者在社会闲散资金总量一定的条件下，存在此消彼长的关系。

（3）国家信用是一种直接信用形式，国家直接向社会成员借款，信用主体与发行单位直接联系，购买债券的社会成员为债权人，发行债券的国家为债务人。

（4）国家信用不以营利为目的。国家信用通常是为了弥补财政赤字，促进国民经济的均衡发展，并且所筹资金主要投向社会效益高而本身盈利比较低的项目。

4）消费信用

消费信用是指银行、非银行金融机构、工商企业以货币或商品的形式向消费者个人提供的、用于生活消费的信用。消费信用有两种类型：一种是由工商企业以赊销、分期付款等形式向消费者提供商品或劳务；另一种是由银行直接向消费者个人发放贷款，用以购买耐用消费品、住房及支付旅游费用等。

消费信用对经济有很多积极影响，例如，可以提高人们的消费水平；在一定条件下可以促进消费品的生产与销售，甚至在某种条件下可以促进经济增长；可以引导消费，调节消费结构；可以调节市场供求关系；促进新技术的应用、新产品的推广以及产品更新换代等。但是，消费信用在一定情况下也会对经济发展产生消极作用，它的过度发展会增加经济的不稳定，造成通货膨胀和债务危机。

5）民间信用

民间信用也称个人信用，是指个人之间相互以货币或实物所提供的信用。民间信用的形式有直接的货币借贷或实物借贷，也有通过自发组织的协会、互助储金会等进行的借贷，还有由中介人担保的借贷等。民间信用借贷利率由双方议定，一般较高，且信用风险大，容易发生违约纠纷。但它具有面广、点多的优越性，能够广泛吸引资金，满足广大城乡经济、个体经济、民营经济等的大量资金需求，是银行信用等信用形式的有力补充。不过，民间信用的自发性和盲目性加大了国家控制资金的难度；同时，民间信用中的金融投机和高利盘剥现象，破坏了国家正常的金融秩序和社会秩序。因此，民间信用是金融监管当局亟须规范的信用形式。

3.2 利率

3.2.1 利率的概念及利息的计算方法

1）利率的概念

利息是借款人使用借入资金所付出的代价，也是资金的所有者因让渡货币的使用权而从借款人处取得的超过本金部分的一种报酬。

利率即利息率，是指借贷期内所形成的利息额与所贷资金额的比率。

微课 3-2

利息的含义与
计算方法

2）利息的计算方法

利息的计算有两种基本方法：单利法与复利法。

（1）单利法。

单利法是指在计算利息额时，只按本金计算利息，而对利息不再付息。其计算公式是：

$I=P×i×n$

$S=P×（1+i×n）$

式中：I为利息额；P为本金；i为利率；n为借贷期限；S为本金和利息之和，简称本利和。

例如，一笔为期5年、年利率为4%的10万元贷款，利息总额为20 000元（100 000×4%×5），本利和为120 000元（100 000×（1+4%×5））。

（2）复利法。

复利法是一种将上期利息转为本金一并计息的方法。例如按年计息，第一年按本金计息；第一年末所得的利息并入本金，第二年则按第一年末的本利和计息；第二年末的利息又并入本金，第三年则按第二年末的本利和计息；依此类推，直至信用契约期满。其计算公式是：

$S=P×（1+i）^n$

$I=S-P$

若将上述实例按复利计算，则：

$S=100\ 000×（1+4\%）^5=121\ 665.29（元）$

$I=121\ 665.29-100\ 000=21\ 665.29（元）$

即按复利计息，可多得利息1 665.29元。

● **案例分析3-1** 　　　　　　　　胡雪岩向乞丐借钱的故事

这里讲的是著名的红顶商人胡雪岩向一个小叫花子借钱的故事。一次，胡雪岩外出办事过江的时候，由于渡船拥挤，不小心把一个孩子的竹篮撞翻了，篮里的豆腐全泼在船头上，孩子哭着要他赔钱。可胡雪岩身边没有零钱，一个小叫花子主动借钱给他。胡雪岩便借了钱，写了一张借据递给小叫花子，让他次日取钱。小叫花子名叫俞小毛。数年后，他带了借据去见胡雪岩。胡雪岩便吩咐账房先生把本息一起算给他。只见借据上写着："借钱6文，本息隔日加倍奉还。"账房先生拿起算盘拨了起来，可是，只算到第30天，本息和已经达到6 442 445 824文。账房先生吓了一跳，急忙告诉胡雪岩这笔账数额巨大，胡雪岩大吃一惊。后来，俞小毛表示希望胡雪岩为钱塘江办一个义渡，在胡雪岩同意后，他就把借据烧了。据说，这就是胡雪岩办义渡的缘由。

分析：这个小故事体现出了复利计息的最突出的特点——利息负担较重。如果借款期限较短，单利计息和复利计息的差别不大；但如果借款期限较长，同一水平的利率，按单利计算和按复利计算的利息会有巨大的差额。

资料来源：佚名. 胡雪岩向乞丐借钱的故事［EB/OL］.［2022-04-22］. http：//futures.money.hexun.com/detail.aspx？id=1790865.有改动。

3.2.2 利率的种类及作用

1）利率的种类

按照不同的划分方法，利率可以划分成不同的种类。

（1）长期利率和短期利率。此分类以信用行为期限长短为划分标准。一般地说，1年期以下（含1年）的信用行为，通常叫短期信用，相应的利率就是短期利率；1年期以上的信用行为通常称为长期信用，相应的利率就是长期利率。利率的高低与期限长短、风险大小有直接的联系，一般来说，期限越长，投资风险越大，其利率也越高；期限越短，投资风险越小，其利率越低。

● 小思考 3-2

商业银行的利率是否均是短期利率低于长期利率？

答：不是。有些外资银行的利率就是倒挂的。

● 知识链接 3-1

中国工商银行现行人民币存款利率见表3-1。

表3-1　　　　　　　　　　　中国工商银行人民币存款利率表

日期：2022年4月31日

项目	年利率（%）
一、城乡居民及单位存款	
（一）活期	0.3
（二）定期	
1.整存整取	
三个月	1.35
半年	1.55
一年	1.75
二年	2.25
三年	2.75
五年	2.75
2.零存整取、整存零取、存本取息	
一年	1.35
三年	1.55
五年	1.55
3.定活两便	按一年以内定期整存整取同档次利率打6折
二、协定存款	1
三、通知存款	
一天	0.55
七天	1.1

资料来源：作者根据中国工商银行官网资料整理。

（2）名义利率和实际利率。此分类以利率是否剔除了通货膨胀率的影响为划分标准。名义利率是直接以货币表示的、市场通行使用的利率。实际利率是名义利率剔除通货膨胀因素以后的真实利率，即在物价不变、从而货币购买力不变条件下的利息率。由于一般以物价上涨率来代替通货膨胀率，且不考虑利息的贬值因素，则：实际利率=名义利率-物价上涨率。因此，判断利率水平的高低，不能只看名义利率，必须以实际利率为依据。当物价上涨率高于名义利率时，实际利率就成为负数，称为负利率。负利率对经济起着逆向调节的作用。

（3）市场利率、公定利率和官定利率。此分类以利率是否按市场规律自由变动为划分标准。市场利率是按市场规律自由变动的利率，即由借贷资本的供求关系直接决定并由借贷双方自由议定的利率。公定利率是指由非政府的金融行业自律性组织确定的利率，如银行公会等所确定的要求各会员银行必须执行的利率。官定利率，也叫法定利率，是政府金融管理部门或者中央银行确定的，要求强制执行的各种名义利率，它是国家实现宏观调控目标的一种政策手段。

● 金融观察　　　　　　　　　深化利率市场化改革

2021年以来，央行继续深化利率市场化改革，持续释放改革促进降低贷款利率的潜力，优化存款利率监管，推动实际贷款利率进一步降低。一是推动金融机构健全运用LPR定价机制，持续释放LPR改革潜力。引导银行将LPR嵌入内部资金转移定价（FTP），增强LPR在金融机构内外部定价中的基准作用。二是优化存款利率监管，保持银行负债成本基本稳定。2021年6月21日，市场利率定价自律机制优化了存款利率自律上限确定方式，将原来的存款基准利率乘以一定倍数，改为存款基准利率加上一定基点。这既维护了银行存款利率的自主定价权，也有利于促进市场有序竞争，引导存款回归合理的期限结构，稳定银行负债成本。目前各金融机构均已落实了利率自律机制的有关要求，新的存款利率自律上限实施情况良好，落地平稳有序。从挂牌利率来看，全国性银行存款挂牌利率基本保持不变，部分地方法人金融机构的中长期限存款挂牌利率有所下调。当前我国经济稳中向好，货币供应量和社会融资规模增速同名义经济增速基本匹配，这说明从宏观上看，我国利率总体处于合理水平，为经济平稳运行和高质量发展提供了适宜的利率环境。

资料来源：中国人民银行. 货币政策执行报告［EB/OL］.［2021-12-18］. http://www.pbc.gov.cn/zhengcehuobisi/125207/125227/index.html.

分析点评：

我国的利率市场化改革是基于中国国情的、立足中国现实的、政府自上而下推动的典范。实践证明，渐进式利率市场化改革减少了金融抑制行为，完成了金融深化的目标。我国利率市场化改革是社会主义市场经济的有机构成部分，是中国特色社会主义市场经济发展的内在要求，是中国特色社会主义道路的有益探索，是中国制度自信的成功典范，充分体现了中国特色社会主义道路自信。

（4）基准利率与非基准利率。此分类以该利率在整个利率体系中的地位为划分标准。基准利率是指在整个金融市场上和整个利率体系中处于关键地位，起决定性作用的利率。当它变动时，其他利率也相应发生变动。一般以中央银行的再贴现利率为基准利率。非基准利率是指基准利率以外的所有利率。非基准利率在利率体系中均不处于关键地位，不起决定性作用。

（5）固定利率与浮动利率。此分类以借贷期内利率是否调整为划分标准。固定利率是指在借贷期内不做调整的利率。固定利率的最大特点是利率不随市场利率的变化而变化，借贷双方可以十分方便地计算成本与收益。因此，固定利率适用于借贷期限较短或市场利率变化不大的情况。浮动利率是一种在借贷期内可定期调整的利率。根据借贷双方的协定，由一方在规定的时间依据某种市场利率进行调整，一般调整期为半年。实行浮动利率，借款人在计算借款成本时比较复杂和困难，但由于借款双方可以共同承担利率变化的风险，利息负担与资金供求状况密切结合，因此，浮动利率适用于中长期贷款。

2）利率的作用

视频 3-1

利率的作用

在现代经济中，利率发挥着极其重要的调节作用，主要表现在以下几个方面：

（1）激励企业提高资金使用效率。在经济生活中，工商企业向商业银行借款，而商业银行和其他金融机构又向中央银行借款。对于它们来说，利息始终是利润的抵减因素。为了取得最大的经济效益，企业（包括金融机构）一定会加强经营管理，加速资金周转，努力节约资金的使用和占用，减少利息支出。

（2）引导个人的投资行为。一方面，合理的利率能够增强人们储蓄的愿望和热情，因此，利率的变动在一定程度上可以调节个人的消费倾向和储蓄倾向，引导人们的储蓄行为。另一方面，在保证一定安全性、流动性的前提下，决定收益性的利率就成为人们投资时着重考虑的因素。因此，利率可以引导人们选择金融资产，如图 3-1 所示。

$$M^S\uparrow\rightarrow i\downarrow\rightarrow P_{证券}\uparrow\rightarrow 银行出售证券\rightarrow 银行超额准备金（ER）\uparrow$$
$$\rightarrow 贷款\uparrow\rightarrow i\downarrow\rightarrow 真实资本价格\uparrow\rightarrow 新产品开发\uparrow\rightarrow I\uparrow$$
$$\rightarrow 新产品市场扩大\rightarrow Y\uparrow$$

图3-1　利率引导个人的投资行为

（3）聚集社会闲置资金。在市场经济条件下，资金的短缺制约着一国经济的发展。但同时，社会上也存在着一定数量的闲置资金。银行通过合适的利率可把社会再生产过程中暂时闲置的货币资金和社会各阶层闲置的货币收入集中起来，形成巨大的社会资金，通过信贷资金的分配，满足生产发展的资金需要，促进经济快速发展。

（4）合理配置资源，优化产业结构。利率对于社会资源的配置、国民经济结构的调节作用，主要是通过采取差别利率政策来实现的。对国家急需重点发展的产业、企业及有关的项目和产品，可以采取优惠利率予以支持；对于国家要限制或压缩的产业、企业及有关项目和产品，可以通过采取惩罚利率予以限制。在利率机制的驱动下，企业投资会逐渐转向高收益的产业、部门和产品，从而优化产业结构，实现社会资源的优化配置，进而促进国民经济的协调、稳定发展。

● 知识链接 3-2　　　　　　　贷款市场报价利率

为深化利率市场化改革，提高利率传导效率，推动降低实体经济融资成本，中国人民银行决定改革完善贷款市场报价利率（LPR）形成机制：

一、自 2019 年 8 月 20 日起，中国人民银行授权全国银行间同业拆借中心于每月 20 日（遇节假日顺延）9 时 30 分公布贷款市场报价利率，公众可在全国银行间同业拆借中心和中国人民银行网站查询。

二、贷款市场报价利率报价行应于每月 20 日（遇节假日顺延）9 时前，按公开市场操作利率（主要指中期借贷便利利率）加点形成的方式，向全国银行间同业拆借中心报价。

全国银行间同业拆借中心按去掉最高和最低报价后算术平均的方式计算得出贷款市场报价利率。

三、为提高贷款市场报价利率的代表性，贷款市场报价利率报价行类型在原有的全国性银行基础上增加城市商业银行、农村商业银行、外资银行和民营银行，此次由10家扩大至18家，今后将定期评估调整。

四、贷款市场报价利率由原有1年期一个期限品种扩大至1年期和5年期以上两个期限品种。银行的1年期和5年期以上贷款参照相应期限的贷款市场报价利率定价，1年期以内、1年至5年期贷款利率由银行自主选择参考的期限品种定价。

五、自即日起，各银行应在新发放的贷款中主要参考贷款市场报价利率定价，并在浮动利率贷款合同中采用贷款市场报价利率作为定价基准。存量贷款的利率仍按原合同约定执行。各银行不得通过协同行为以任何形式设定贷款利率定价的隐性下限。

六、中国人民银行将指导市场利率定价自律机制，加强对贷款市场报价利率的监督管理，对报价行的报价质量进行考核，督促各银行运用贷款市场报价利率定价，严肃处理银行协同设定贷款利率隐性下限等扰乱市场秩序的违规行为。中国人民银行将银行的贷款市场报价利率应用情况及贷款利率竞争行为纳入宏观审慎评估（MPA）。

资料来源：中国人民银行. 中国人民银行公告〔2019〕第15号〔EB/OL〕.〔2019-08-16〕. http://www.pbc.gov.cn/goutongjiaoliu/113456/113469/3876490/index.html.

（5）稳定物价。利率稳定物价的作用可从货币和商品两方面来体现：①调节货币供求。利率的高低直接影响银行的信贷总规模，而信贷规模又直接决定货币供应量。当通货膨胀发生或预期通货膨胀将要发生时，通过提高贷款利率，调节货币需求量，使得货币需求减少，信贷规模收缩，促使物价趋于稳定。②调节商品供求。如果通货膨胀不是由于货币总量不平衡所致，而是由于商品供求结构失衡所致，则对于供不应求的短线产品的生产可降低对其贷款的利率，促使企业扩大再生产，增加有效供给，迫使价格回落。

（6）平衡国际收支。当国际收支逆差较严重时，可以提高本国利率以吸引外国短期资金流入本国，同时也可以阻止本国资金的流出。当国内经济衰退与国际收支逆差并存时，就不能简单地调高利率水平，而应调整利率结构：一方面降低长期利率，鼓励投资，刺激经济复苏；另一方面提高短期利率，阻止国内资金外流并吸引外资流入，从而达到内外部同时均衡。

3.2.3　影响利率变动的因素

影响利率变动的因素有很多，主要有借贷资金的供求状况、通货膨胀、国际市场利率水平、国家的经济政策和利率管理体制等。

1）借贷资金的供求状况

在市场经济条件下，利率作为借贷资金的价格，其水平要受资金市场的供求状况影响。在整个资金市场中，当借贷资金供过于求时，利率下降；当借贷资金供不应求时，利率上升。所以，资金的供求状况是影响利率变动的最直接、最重要的因素。

2）通货膨胀

在信用货币流通的条件下，有可能产生通货膨胀。在通货膨胀条件下，如果名义利率不变，实际利率必然下降，资金的贷出方必然遭受经济损失。因此，在确定利率时，就要考虑物价上涨对借贷资金本金和利息的影响，采取提高利率水平或采用附加条件等方式来减少通货膨胀带来的损失。另外，国家也常将利率作为抑制通货膨胀、稳定物价的重要手段。因此，利率水平必然要受到通货膨胀的影响。

3）国际利率水平

国际利率水平对一国利率水平的影响与一国的开放程度有关。一个国家开放程度越高，国际利率水平对其国内利率的影响就越大。国际利率水平对国内利率水平的影响是通过国际资本流动实现的。当国际利率水平高于国内利率水平时，资本会外流，资本外流将造成本国资本供给减少，在需求不变的前提下，国内利率水平上升；相反，国内利率水平下降。

4）国家的经济政策

国家实行不同的经济政策，对利率水平会产生不同的影响。例如，国家实行紧缩的货币政策会使市场利率上升；实行扩张的货币政策会使市场利率下降。另外，国家可以根据其产业发展、地区发展策略对扶植发展的产业给予优惠利率，对不同的行业还可以实行差别利率，对不同的地区也可实行差别利率。

5）利率管理体制

利率管理体制是经济体制的组成部分，它规定金融管理当局或中央银行的利率管理权限、范围和程度，是影响利率的重要因素。利率管理体制有管制利率和市场利率化两种类型，各国因国情不同实行不同的利率管理体制。我国目前正处在管制利率向市场化利率过渡阶段。

此外，影响利率变化的因素还有银行经营成本、传统习惯、法律规定、国际协议等。总之，影响利率波动的原因很多，往往是多种因素交错在一起，综合影响利率的变动。

头脑风暴 3-1

　　通过学习有关利率的知识，对于评价利息率是高是低，你认为应该怎样把握？

知识掌握

3.1　重要概念

信用　商业信用　银行信用　利率　实际利率

3.2　单项选择题

1）下列不属于商业信用的是（　　　　）。

A.补偿贸易　　　　　B.赊销　　　　　　　C.代销　　　　　　　D.抵押贷款

2）下列一定属于间接信用形式的是（　　　　）。

A.商业信用　　　　　B.银行信用　　　　　C.国家信用　　　　　D.民间信用

3）下列信用形式中信誉度最高的是（　　　　）。

A.银行信用　　　　　B.商业信用　　　　　C.民间信用　　　　　D.国家信用

4）按市场规律自由变动的利率为（　　　　）。

A.公定利率　　　　　B.法定利率　　　　　C.基准利率　　　　　D.市场利率

5）按（　　）计息，借款双方可以共同承担利率变化的风险。

A.固定利率　　　　　B.浮动利率　　　　　C.名义利率　　　　　D.实际利率

6）利率对于国民经济结构的调节作用，主要是通过采取（　　）政策实现的。

A.优惠利率　　　　　B.惩罚利率　　　　　C.差别利率　　　　　D.公平利率

3.3　判断题

1）信用关系是现代经济中最普遍、最基本的经济关系。　　　　　　　　（　　）

2）国家信用与银行信用具有不同的资金来源。　　　　　　　　　　　（　　）

3）消费信用可以引导消费，调节消费结构。　　　　　　　　　　　　（　　）

4）固定利率不随市场利率的变化而变化，适用于中长期贷款。　　　　（　　）

5）在整个资金市场中，当借贷资金供过于求时，利率上升。　　　　　（　　）

3.4　简答题

1）信用有哪些作用？

2）银行信用的特点是什么？

3）利率有哪些作用？

4）影响利率变动的因素有哪些？

3.5　计算题

王某存入银行 10 000 元 5 年期定期存款，以现行的存款利率为标准，试回答如下问题：

1）他 5 年后应得利息多少元？

2）如他存入 1 年后，全部提前支取，可得利息多少元？

3）如银行按复利计息，以现行的 1 年期利率为标准，5 年期的定期存款可获利息多少元？

4）根据计算得出的数据说明我国单利制度的合理性。

知识应用

案例分析

美联储宣布将基准利率上调

2022 年 3 月 16 日，美联储联邦公开市场委员会（FOMC）发布政策声明，宣布将基准利率上调至 0.25% ~ 0.5% 的区间。美联储主席鲍威尔在当天召开的新闻发布会上表示，美联储将在接下来的政策会议上开始减持近 9 万亿美元资产负债表上的资产。美联储当天发出信号，预计今年还将加息 6 次，市场普遍认为到 2022 年底基准利率很可能达到 1.9%。美联储政策制定委员会暗示，2023 年还将加息 3 次，并上调了 2022 年、2023 年和 2024 年的通胀预期。

资料来源：刘旭. 美联储宣布将基准利率上调至 0.25% ~ 0.5% 的区间，预计今年还将加息 6 次 [EB/OL]. [2022-03-17]. https://www.163.com/dy/article/H2LG5C0N0519DKDI.html.有删减。

问题：此案例中体现了哪些影响利率变动的因素？

分析提示：此案例中体现了借贷资金的供求状况、国家的经济政策、利率管理体制及通货膨胀等影响利率变动的因素。

□ 实践训练

实训项目：模拟各种信用交易

实训目的：通过不同信用形式交易过程的模拟，深入理解各种信用形式的作用。

实训步骤：

1）将同学们分组；

2）各组选定不同的信用方式；

3）各组信用交易过程设计及具体模拟；

4）各组总结不同信用交易的特点，分析其过程和结果。

第2篇
金融市场与金融机构

第4章
金融商品与金融市场

【学习目标】 ● 在学习完本章之后，你应该能够：了解金融商品的特征和分类；明确金融市场的一般构成及在经济中的功能和作用；熟知金融市场的各个子市场；掌握如何运用适当的金融市场业务来解决实际的投融资问题。

● 引例 新中国第一只股票诞生记

  1984年11月14日，经中国人民银行上海分行批准，由上海飞乐电声总厂、飞乐电声总厂三分厂、上海电子元件工业公司、工商银行上海市分行信托公司静安分部发起成立上海飞乐音响股份有限公司，向社会公众及职工发行股票。总股本1万股，每股面值50元，共筹集50万元股金，其中35%由法人认购，65%向社会公众公开发行。上海飞乐音响股份有限公司成为上海市第一家股份制企业，而且上海飞乐音响股份有限公司这次发行的股票没有期限限制，不能退股，可以流通转让。也可以说这是我国改革开放新时期第一只真正意义上的股票，人们习惯上称其为"小飞乐"。发行股票的那天，许多热心人早早来排队购买股票，队伍排成了一眼望不到头的长龙，人头攒动，人心沸腾，盛况空前。

  资料来源：佚名. 新中国第一只股票诞生记［EB/OL］.［2009-11-18］. http://www.china.com.cn/aboutchina/zhuanti/zg365/2009-11/18/content_18897963.htm.有改动。

  这一案例表明：金融市场能够有效动用和筹集资金，能够把社会上暂时闲置的货币资金聚集起来，将社会储蓄转化为生产资金。金融市场可以实现资源的优化配置和有效利用。本章将揭开金融市场的面纱，对金融商品、货币市场以及资本市场进行详细介绍。

4.1 金融商品

4.1.1 金融商品概述

1）金融商品的概念

  金融商品也可以称为金融工具，是指在信用活动中产生的能够证明债权债务关系或资金所有权关系的、具有法律效力的"书面文件"，它对于债权债务双方所应承担的义务与享有的权利均有法律约束意义。

2）金融商品的特征

  （1）期限性。期限性是指一般金融商品都规定了偿还期。偿还期是指债务人必须全部归还本金之前所经历的时间，一般情况下各种金融商品上都明确载明偿还的期限、本金偿还方式和利息支付方式，金融商品的偿还期有零期限和无期限两个极端。例如，活期存款的期限可以看作零期限，而普通股票或永久性债务的偿还则是无期限的。

  （2）流动性。流动性是指金融商品在金融市场上迅速变为现金而不致遭受损失的能力。金融商品越容易变现，成本越低，流动性就越好；反之，流动性越差。一般来说，金融商品的流动性与偿还期成反比，偿还期越短，流动性越好；偿还期越长，流动性越差。但这不是绝对的，金融商品的流动性还受其盈利水平高低的影响，一个国家的金融市场如果比较发达，一些盈利水平高的金融商品即使偿还期比较长，往往也具有很强的流动性，很容易在金融市场出售。另外，金融商品的流动性与发行者的资信程度成正比，发行者信誉越高，金融商品流动性越好；反之，则金融商品流动性越差。

  （3）风险性。风险性是指购买金融商品的本金遭受损失的可能性。一般情况下，存在两种风险：一是信用风险，即债务人不履行合约，不按期归还本金的风险。这种风险的大小主要取决于债务人的信誉和经营状况。二是市场风险，即由于金融商品市场价格的下跌所带来的风险。金融市场瞬息万变，这类风险很难准确预测，比如股票的市价经常会发生变化，一旦价格下跌，会给投资者带来损失。因此，在金融投资中，采取必要的保值措施非常重要。

（4）收益性。收益性是指金融商品能够给持有者带来一定的收入。金融商品的总收益由资本利得和资本增益两部分组成，前者是持有金融商品期间获得的利息收入，后者是金融商品取得价格与卖出价格（或赎回价格）的差额。金融商品之间在收益上存在差异，其主要决定因素包括产品性质（债券、股票）、收益计算方式、发行人情况、产品期限以及金融市场状况等。

4.1.2　金融商品的分类

1）按金融商品的期限划分

按金融商品的期限划分，金融商品可分为短期金融商品和长期金融商品。短期金融商品主要有商业票据、短期公债、银行承兑汇票、大额可转让定期存单等；长期金融商品主要包括股票、公司债券、金融债券以及中长期公债等。

2）按发行者的性质划分

按发行者的性质划分，金融商品可分为直接金融商品和间接金融商品。商业票据、股票、国库券、公司债券等属于直接金融商品；银行承兑汇票、大额可转让定期存单、保险单等属于间接金融商品。

3）按是否与实际信用活动直接相关划分

按是否与实际信用活动直接相关划分，金融商品可分为基础性金融商品和衍生金融商品。基础性金融商品是指在实际信用活动中出具的能证明信用关系的合法凭证，如商业票据、股票、债券等；衍生金融商品则是在基础性金融商品之上派生出来的可交易凭证，如各种金融期货合约、期权合约等。

4.1.3　短期金融商品

短期金融商品是指期限在1年以内（含1年）的信用凭证。它主要有以下几种：

1）商业票据

商业票据是企业之间由于信用关系形成的短期无担保债务凭证的总称。它是在商业信用的基础上产生的。传统的商业票据有商业汇票和商业本票两种。

商业汇票是由债权人签发的要求债务人按约定的期限向持票人或第三人无条件支付一定款项的命令书。商业汇票必须经过债务人承认才有效。债务人承认付款的手续叫承兑。由债务人承兑的汇票叫商业承兑汇票，由银行受债务人委托承兑的汇票称为银行承兑汇票，如图4-1所示。

商业本票又称期票，是债务人向债权人签发的承诺在约定的期限内无条件支付一定款项的债务凭证。

2）银行票据

银行票据是在银行信用的基础上由银行签发的或由银行承担付款义务的信用凭证。它包括银行汇票、银行本票和银行支票。

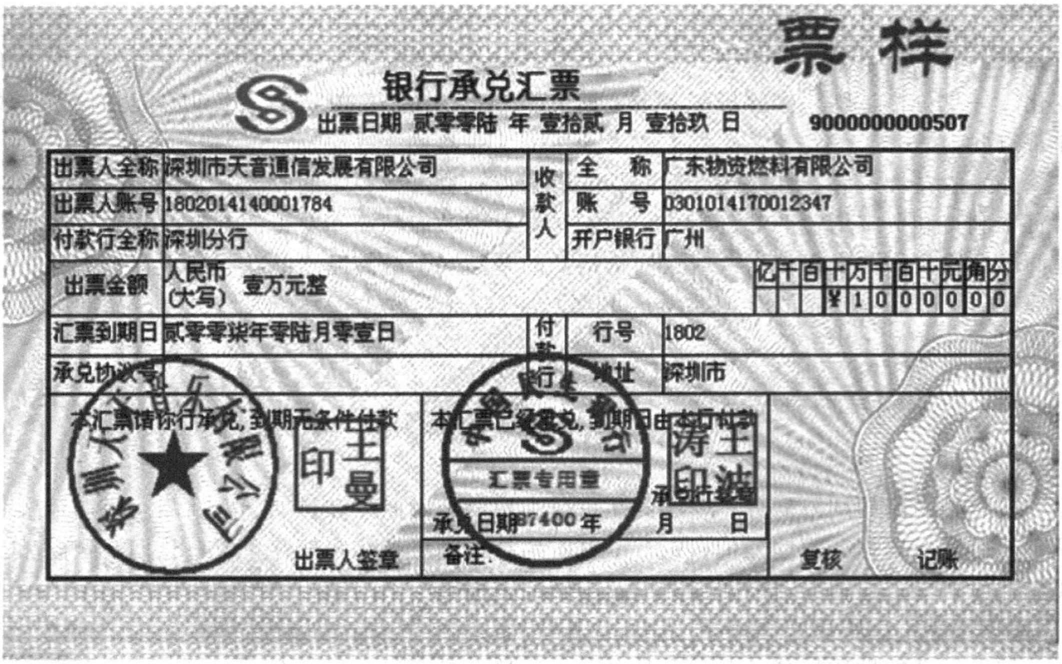
票样

银行承兑汇票

出票日期 贰零零陆 年 壹拾贰 月 壹拾玖 日

9000000000507

出票人全称	深圳市天音通信发展有限公司	收款人	全　称	广东物资燃料有限公司
出票人账号	1802014140001784		账　号	0301014170012347
付款行全称	深圳分行		开户银行	广州
出票金额	人民币（大写） 壹万元整		亿千百十万千百十元角分	¥1000000
汇票到期日	贰零零柒年零陆月零壹日	付款行	行号	1802
承兑协议号			地址	深圳市

本汇票请你行承兑，到期无条件付款

出票人签章

本汇票已经承兑，到期日由本行付款

汇票专用章

承兑日期 2007 年 月 日

备注：

复核　记账

图4-1　银行承兑汇票

银行汇票是汇款人将款项交存当地银行由银行签发给汇款人持往异地办理转账结算或支取现金的票据，如图4-2所示。

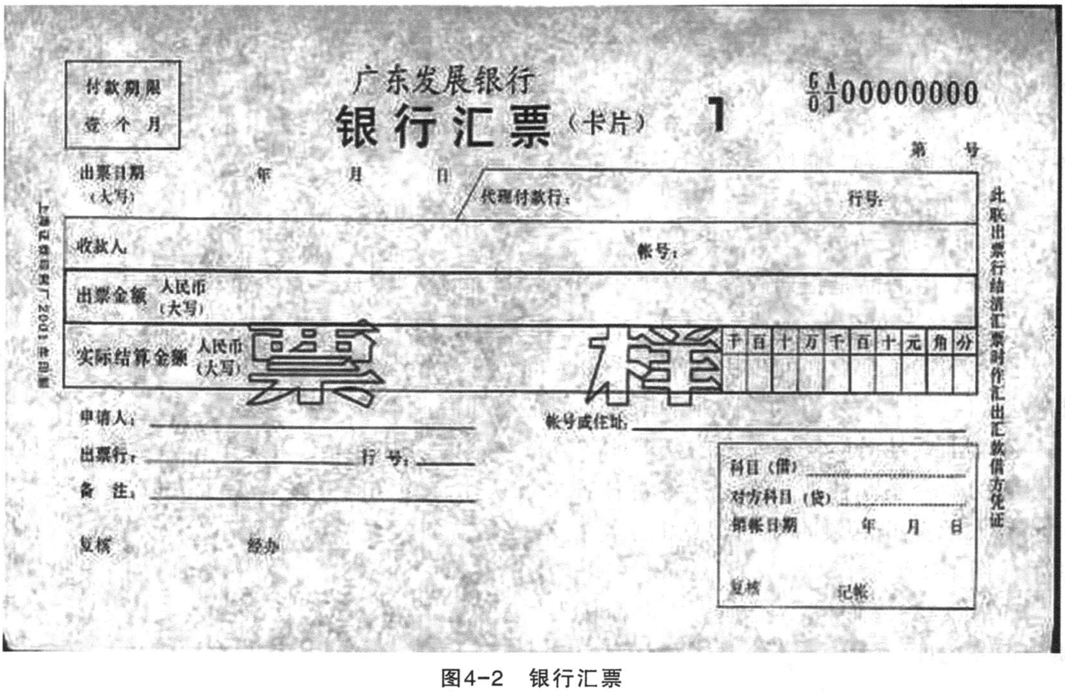
付款期限 壹个月

广东发展银行

银行汇票（卡片）　1

GA 01 00000000

第　号

出票日期（大写）　年　月　日

代理付款行：　行号：

收款人：　帐号：

出票金额 人民币（大写）

实际结算金额 人民币（大写）　千百十万千百十元角分

票样

申请人：　帐号或住址：

出票行：　行号：

备　注：

复核　经办

科目（借）

对方科目（贷）

转帐日期　年　月　日

复核　记帐

此联出票行结清汇票时作汇出汇款借方凭证

图4-2　银行汇票

银行本票是申请人将款项交给银行，由银行签发给申请人据以办理转账结算或支取现金的票据，如图4-3所示。

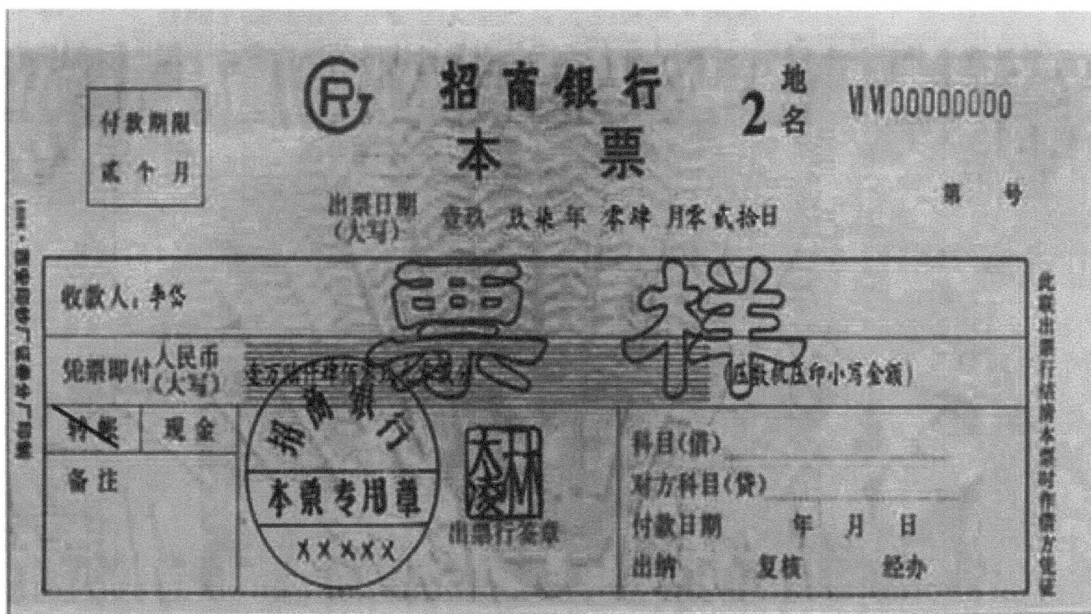

图4-3 银行本票

银行支票是指银行的存款人签发的、要求银行从其活期存款账户上支取一定金额给指定人或持票人的凭证。

3）大额可转让定期存单

大额可转让定期存单简称 CD，它是由商业银行签发的注明存款金额、期限、利率，可以流通转让的信用工具。存单不记名，期限较短，面额固定且金额较大，可流通转让，但在期满前不能要求银行偿付。

4）国库券

国库券是政府为弥补短期财政收支的差额而发行的一种短期债务凭证。国库券的信誉高，风险小，流动性强，期限短，因此受到众多投资者的青睐。

4.1.4 长期金融商品

长期金融商品是指期限在1年以上的信用凭证。它主要有以下几种：

1）股票

股票是股份公司公开发行的用以证明投资者的股东身份和权益，据以索取股息、红利的有价证券，如图4-4所示。

股票有多种分类方法，其中较常见的是按股东享有权利的不同，分为普通股和优先股。

普通股是目前最常见、最典型的一种股票。普通股是指每一股份对公司财产都拥有平等权益的股票。普通股的股东享有经营管理权、收益分配权、优先认股权、剩余财产分配权，其股息不固定。

优先股是指股东有优先于普通股分红和优先于普通股的剩余财产分配的权利。优先股的股息通常是固定的。

微课4-1

不同"性格"的股票"孪生兄弟"

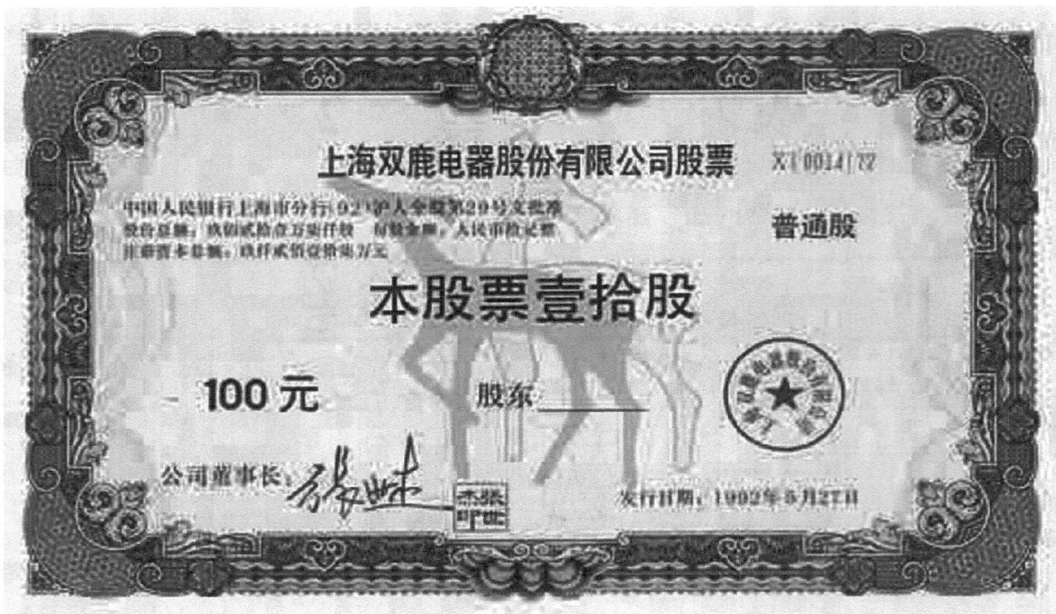

图 4-4 股票

2）债券

债券是债务人向债权人出具的、在一定时期支付利息和到期偿还本金的债务凭证。

债券按不同的方式可以划分为不同的种类。债券按发行主体的不同，可分为政府债券、企业债券和金融债券。

（1）政府债券，是国家根据信用原则举借债务的借款凭证。政府债券按偿还期不同可分为短期债券、中期债券、长期债券。1 年以内的短期政府债券通常称为国库券，如图 4-5 所示；1 年以上的中长期政府债券称为公债券，是资本市场的重要金融商品。

图4-5 国库券

（2）企业债券，也称公司债券，是企业向投资者出具的、承诺在规定期限内还本付息的债务凭证。企业债券的风险较大，因此其利率要略高于其他债券。为保证投资人的权益，各国对企业债券的发行都有具体规定。企业债券经过审查，符合规定要求后，可以在二级市场上流通转让。

（3）金融债券，是银行或其他金融机构为了筹措中长期贷款的资金而发行的债务凭证。其发行额须经中央银行批准，利率略高于同等期限的定期存款，可以在二级市场上流通转让。

● 案例分析4-1　　推动公司信用类债券市场改革开放高质量发展

2021年8月，中国人民银行、国家发展改革委、财政部、银保监会、证监会和外汇局联合发布《关于推动公司信用类债券市场改革开放高质量发展的指导意见》（以下简称《意见》）。《意见》指出，近年来，我国企业债券、非金融企业债务融资工具、公司债券等公司信用类债券市场健康快速发展，在服务实体经济、优化资源配置、支持宏观调控等方面发挥了重要作用。进一步推动公司信用类债券市场改革开放和高质量发展，有助于畅通国民经济循环，推动经济转型和结构调整，支持加快构建新发展格局。《意见》从完善法制、推动发行交易管理分类趋同、提升信息披露有效性、强化信用评级机构监管、加强投资者适当性管理、健全定价机制、加强监管和统一执法、统筹宏观管理、推进多层次市场建设、拓展高水平开放等十个方面，对推动公司信用类债券市场改革开放和高质量发展提出了具体意见。《意见》强调，要持续夯实公司信用类债券法制基础，推动研究制定公司债券管理条例。《意见》明确，统筹多层次债券市场建设，健全产品工具谱系，壮大合格投资者队伍，丰富发展多层次交易服务体系。

资料来源：根据中国人民银行官网相关资料整理。

分析：六部委联合发文对公司信用类债券市场提出的指导意见，将为我国信用类债券市场的成熟发展提供重要支撑，随着各项举措落到实处，公司信用类债券市场服务实体经济的能力和水平将得到大幅提升。

3）证券投资基金

证券投资基金（以下简称基金）是指一种利益共享、风险共担的集合证券投资方式，即通过发行基金单位集中投资者的资金，由基金托管人托管，由基金管理人管理和运用基金，从事股票、债券等金融工具的投资，并将投资收益按基金投资者的投资比例进行分配的一种间接投资方式。投资基金有很多类型，可按不同的标准进行划分。

（1）按基金单位可否赎回划分，投资基金可分为开放式基金和封闭式基金。开放式基金的基金单位总数可随时增减，投资者可按基金的报价在基金管理人指定的营业场所申购或赎回基金；封闭式基金事先确定发行总额，在封闭期内基金单位总数不变，发行结束后可以上市交易，投资者可通过证券商买卖基金单位。

（2）按基金的组织形式划分，投资基金可分为契约型基金和公司型基金。契约型基金又称单位信托基金，是指把投资者、管理人、托管人三者作为当事人，通过签订基金契约的形式发行受益凭证而设立的一种基金。具体来说，由专门的投资机构——基金管理公司根据契约运用基金财产，由受托者（在我国为商业银行）负责保管信托财产，而投资成果则由投资者（受益者）享有。公司型基金是按照《中华人民共和国公司法》组建的投资基金，投资者购买公司股份成为股东，由股东大会选出董事、监事，再由董事、监事投票委托专门的销售公司来进行销售。

（3）按照投资收益目标不同来划分，投资基金可以分为成长型基金、收益型基金和平衡型基金。成长型基金是以基金资产价值能够不断成长为主要目标，重视投资对象的成长潜力，风险较高，投资对象以股票为主；收益型基金则以追求投资的当期收益为主要目标，重视投资对象的当期股利和利息，其投资对象以债券为主；平衡型基金兼具成长型基金和收益型基金的优点，既追求长期的资本增值，也不放弃当期的收入。

（4）从投资的区域来划分，投资基金可以分为国内基金和海外基金。国内基金是指在一国国内发行的基金，投资于国内的金融产品，通常以投资于国内股市为主；海外基金则投资于海外的金融市场。

另外，还有一种交易型开放式指数基金ETF。ETF是一种在交易所上市交易的开放式证券投资基金产品。ETF管理的资产是一揽子股票组合，这一组合中的股票种类与某一特定指数，如上证50指数，包含的成分股相同，每只股票的数量与该指数的成分股构成比例一致。ETF交易价格取决于它拥有的一揽子股票的价值及单位基金资产净值。

4.1.5　衍生金融商品

衍生金融商品是指在基础性金融商品（如股票、债券）的基础上派生出来的新型金融商品。它主要有以下几种：

1）金融期货

金融期货也称金融期货合约，是指买卖双方在有组织的交易所内以公开竞价的形式达成的、在将来某一特定时间交割标准数量特定金融商品的协议。

金融期货有以下几个特征：

（1）金融期货交易的对象是标准化的金融商品凭证，如外汇、股票、利率等。

（2）金融期货的交易过程是在现在完成的，却在未来某个规定的时间进行交割。

（3）金融期货的交易价格是通过公开的市场竞争形成的，并不随金融商品市场价格的变化而变化。

（4）金融期货的交易合约在规定的交割日期到来之前，可以在市场上任意转让。

2）金融期权

金融期权是指在未来特定的期限内，按照特定的协议价格买卖金融商品的选择权。

期权是一种选择权交易，作为期权的买方在向期权的卖方支付一定数量的保证金后，就取得在规定的时期内按协定价格向期权卖方购买或出售一定数量的某种商品合约的权利。对于买方来讲，期权是一种权利，买方可以在到期前的任何时候行使、放弃、转卖这种权利，其最大损失是期权费；对卖方来讲，期权是一种义务，卖方必须承担到期或到期前交割履约的义务。

3）可转换证券

可转换证券是指其持有者可以在一定时期内按一定比例或价格将之转换成一定数量的另一种证券的证券。可转换证券通常是转换成普通股票。按发行时证券的性质，可转换证券主要分为可转换债券和可转换优先股票两种。

4）互换

互换也称调期或掉期，是指交易双方约定在合约有效期内，以事先确定的名义本金额为依据，按约定的支付率（利率、股票指数收益等）相互交换支付的约定。互换主要有两种类型：一种是货币互换；另一种是利率互换。

5）远期协议

远期协议是指合约双方约定在未来某一日期按约定的价格买卖约定数量的相关资产的合约。远期协议主要有远期利率协议和远期货币协议两种。

6）权证

权证是指标的证券发行人或其以外的第三人发行的、约定持有人在规定期间内或特定到期日，有权按约定价格向发行人购买或出售标的证券，或以现金结算方式收取结算差价的有价证券。

4.2　金融市场概述

4.2.1　金融市场的含义

金融市场是指金融商品的供求关系以及在此基础上所形成的交易活动的总和。金融市场有广义和狭义之分。广义的金融市场是指一切进行资金交易的市场，既包括以金融机构为中介的间接融资，也包括资金供求者之间的直接融资。狭义的金融市场主要指资金供求者之间的直接融资，通常包括以所有可流通的有价证券为金融商品的融资活动以及金融机构之间的资金拆借和黄金外汇买卖。金融市场既可以是无形的，也可以是有形的。金融市场形成的初期，一般都有固定的场所，即有形市场。随着商品经济、信用活动和科学技术的发展，金融市场突破了场所的限制，人们可以借助于电话、电传、计算机网络等现代化设施来进行资金融通，从而形成一种无形的市场。

4.2.2　金融市场的构成要素

金融市场大致包括以下几个构成要素：交易的主体、交易的对象、交易的工具、交易的组织形式和交易的价格。

1）交易的主体

交易的主体就是金融市场的参与者，也就是参与金融市场交易活动而形成供需双方的各经济单位和个人。具体来看，金融市场的交易主体主要有以下几类：

（1）企业。企业在金融市场上主要是作为资金的需求者。任何企业在生产经营的过程中，都可能出现资金的短缺，企业为了弥补资金短缺，除了可以从银行借款外，还可以通过发行公司债券、股票以及票据贴现等方法在金融市场上筹资。企业在金融市场上有时也作为资金的供给者，企业在生产经营活动中可能会出现资金的闲置，对于暂时闲置的资金，企业既可以存入银行，也可以用于短期或长期证券的投资。

（2）金融机构。中央银行作为金融市场的参与者之一，不仅是资金的供给者和资金的需求者，同时，其参与金融市场的活动主要是为了实施货币政策，调节和控制货币供应量，以实现稳定货币、稳定经济的目标。商业银行也是金融市场的主要参加者之一。一方面，商业银行是金融市场上资金的最大供应者，它除了对客户提供各种放款之外，还对各种有价证券进行投资。另一方面，商业银行也通过吸收存款以及发行金融债券、定期存单等方式筹集资金，成为资金的需求者。其他金融机构也通过各种方式从金融市场筹集资金或者向金融市场供给资金。

● 小思考4-1

货币市场上所占交易量最大、对资金供求与利率波动影响最大的是哪类金融机构？

答：商业银行。

（3）居民个人。居民个人主要是金融市场的资金供应者，居民个人可以用现期货币收入进行存款，也可以在证券市场中购买股票、债券，选择多种不同的金融商品进行投资。居民个人在金融市场上有时也以资金需求者的身份出现，如进行住房抵押贷款、小额质押贷款等。

（4）政府机构。政府机构在金融市场上大多数时候以资金需求者的身份参与交易，比如政府可能会为了弥补财政赤字或应付季节性收支不平衡而发行国债。

2）交易的对象

金融市场的交易对象是货币资金，无论是银行的存款，还是证券市场上的证券买卖，最终要达到的目标都是货币资金的转移，或贷方向借方的转移，或贷方向贷方的转移，或借方向借方的转移。与商品市场上商品买卖的不同点在于，金融交易大多只是表现为货币资金使用权的转移，而商品交易则表现为商品所有权和使用权的同时转移。

3）交易的工具

金融市场在进行交易时主要是以金融商品作为交易的凭证。金融交易可以采用口头协定、账面信用和书面凭证三种方式进行。前两种方式虽然简单，但由于协议条件没有正式凭证，不能可靠地确定债权债务关系，容易发生纠纷，并且无法在金融市场上流通转让，不能适应信用关系日益发展和复杂交错的情况。书面凭证则具体载明支付或偿还条件等事宜，可凭此确立信用关系和流通转让，因而成为金融交易的必要工具。金融商品种类繁多、各具特色，能够分别满足资金供求双方的不同需要，由此形成金融市场的各类子市场。

4）交易的组织形式

交易的组织形式，是指金融市场的交易主体进行交易时所采取的方式。交易的组织形式主要有三种：一是交易所交易。这是一种由交易双方集中在交易所内通过公开竞价的方式进行资金交易的组织形式。二是柜台交易。这是指在各种金融机构柜台上买卖双方进行面议、分散交易的方式。三是场外交易。这种交易方式没有固定的交易场所，也不需要进行直接接触，而是借助于通信手段完成交易。

5）交易的价格

在金融市场上，利率是资金商品的价格，利率的高低调节着资金供求和引导资金的流向。当资金供不应求时，市场利率会上升；当资金供大于求时，市场利率会下降。各种金融市场都有自己的利率，如贴现市场利率、国库券市场利率、银行同业拆借市场利率等。不同的利率之间有密切的联系，通过市场机制作用，各种利率在一般情况下呈同方向的变化趋势。

4.2.3　金融市场的功能与作用

视频4-1

金融市场的功能

金融市场的功能与作用主要是指金融市场所特有的促进经济发展和协调经济运行的作用与机能。金融市场的功能与作用主要体现在以下几个方面：

1）筹集资金

金融市场能够有效地动员和筹集资金，能够把社会上暂时闲置的货币资金聚集起来，将社会储蓄转化为生产资金。不同资金的需求者对资金的数量、期限有着不同的要求，金融市场上存在着种类繁多的金融商品，资金的需求者可以根据自身的要求加以选择。资金的供给者，在提供资金时，一方面想要获利，另一方面又想保证安全性和流动性。不同金融商品的安全性、流动性和盈利性是不同的，资金的供给者也可根据自身的投资需求选择不同的金融商品。金融市场为资金的供给者和需求者提供了多种选择，满足双方的不同需求，对资金的供求双方有着强大的吸引力，各种金融商品的自主使用和灵活多样的金融交易，提高了融资的效率。

2）资源配置

一个国家的经济发展除了取决于资金投入的多少以外，还取决于这些资源能否被有效地利用。通过金融市场可以实现资源的优化配置和有效利用。在金融市场上通过资金的合理流动，可以促进生产资源的合理配置。货币资金流向的依据是资金的收益率，一个企业如果经营状况好、效益高、资金收益率高，就会吸引投资者认购该企业发行的股票、债券，从而使该企业顺利地筹措到资金，使资金向效益好、使用效率高、资金收益率高的产业和行业流动；反之，如果一个企业经营效益差、资金收益率低甚至亏损，该企业将无法顺利地从金融市场上筹集到资金。由此可见，金融市场能自动调节资金的流向，自发调节不合理的产业结构，促使有限资源的合理运用。

3）调节功能

金融市场的调节功能是指其调节货币的供给与需求的功能。金融市场是中央银行实施宏观金融间接调控的理想场所，中央银行可以通过金融市场进行公开市场业务操作，调节货币供应量；也可通过再贴现率的调整，影响信贷规模。当经济过热时，中央银行可以在金融市场上卖出有价证券，回笼货币；也可以提高再贴现率，从而使商业银行的贷款利率上升，使信贷规模缩小，使货币供给量减少，达到紧缩经济的目的；反之，当经济衰退时，中央银行可以通过在金融市场买入有价证券和降低再贴率等手段增加货币供给量，促进经济回升。金融市场的存在，增强了中央银行宏观调控的灵活性和有效性。

视频 4-2

英国的南海泡沫

● **小思考4-2**

金融市场最主要、最基本的功能是什么？

答：资金融通功能。

4.2.4 金融市场的分类

金融市场是一个由许多相互独立又相互关联的子市场组成的大市场，按照不同的标准可将其划分为不同的市场。

（1）按金融交易的期限，可将金融市场分为短期资金市场和长期资金市场。短期资金市场又称货币市场，是指融资期限在1年以内（包括1年）的短期资金交易市场。短期资金市场的金融商品期限短、风险小、流动性强。长期资金市场又称资本市场，是指融资期限在1年以上的长期资金交易市场。长期资金市场的金融商品期限长、风险大、流动性较差。

（2）按成交后是否立即交割，可将金融市场分为现货市场和期货市场。现货市场是指交易达成后立即进行交割或在成交后的第二个营业日内进行交割的市场；期货市场是指交易达成后不立即进行交割，而是按期货合约规定的交割日进行资金的交割清算。

（3）按有无固定场所，可将金融市场划分为有形市场和无形市场。有形市场是指有具体固定交易场地，有专门组织机构和人员，有专门设备的组织化的市场；无形市场是一种观念的市场，既没有集中固定的场所，也没有专门组织，其交易是通过电话、电传、电报等手段完成的非组织化市场。

（4）按金融商品的流通状态，可将金融市场划分为初级市场和次级市场。初级市场也叫一级市场，是证券和单据等金融商品最初发行的市场；次级市场也称二级市场，是已发行的证券或票据等金融商品转让买卖的市场。

（5）按交易与定价方式，可将金融市场划分为公开市场和议价市场。公开市场是指由众多市场参与者以拍卖方式交易和定价的市场。议价市场是指没有固定场所、相对分散的市场，交易双方的买卖活动要通过直接谈判方式而自行议价成交。

4.3 货币市场

按交易对象划分，货币市场主要由同业拆借市场、商业票据市场、大额可转让定期存单市场、短期政府债券市场、回购市场等子市场构成。

4.3.1 同业拆借市场

同业拆借市场是指银行与银行之间、银行与其他金融机构之间进行短期、临时性的资金调剂所形成的市场。同业拆借市场主要解决银行平衡一定时间的资金头寸的问题，调节其资金余缺的需要。银行间同业拆借交易，一般没有固定场所，主要通过电信手段成交。同业拆借市场上的交易主要有两种：一是同业头寸拆借，主要指金融同业之间为了轧平头寸、补足存款准备金和票据清算资金而进行的短期资金融通活动。同业头寸拆借的期限一般很短，通常为1~10天，以1日期居多，即今日借款，明日归还。二是同业短期拆借，主要指金融机构之间为满足临时性、季节性的资金需要而进行的短期资金借贷。其期限一般比同业头寸拆借时间长，最长可达1年。

同业拆借利率是由交易双方根据当时货币市场情况协商决定的，一般低于中央银行的再贴现率。由于各种原因，同业拆借市场也时常出现拆借利率高于中央银行再贴现率的情况。同业拆借利率变动频繁，可以灵敏地反映资金供求状况，并对货币市场上的其他金融商品的利率变动产生导向作用，这就使同业拆借利率成为货币市场的核心利率。许多国家的中央银行已把同业拆借利率作为货币政策的操作目标，以通过货币政策工具的运用，影响同业拆借利率，进而影响长期利率，使货币供应量发生变化，从而达到既定的货币政策目标。

● 小思考4-3

当一家商业银行面临准备金不足时，它首先会向央行借款吗？

答：不会，它首先会向其他银行借款。

上海银行间同业拆放利率（Shanghai Interbank Offered Rate，Shibor），以位于上海的全国银行间同业拆借中心为技术平台计算、发布并命名，是由信用等级较高的银行组成报价团自主报出的人民币同业拆出利率计算确定的算术平均利率，是单利、无担保、批发性利率。目前，对社会公布的Shibor品种有隔夜、1周、2周、1个月、3个月、6个月、9个月及1年。

Shibor报价银行团现由18家商业银行组成。报价银行是公开市场一级交易商或外汇市场做市商，在中国货币市场上人民币交易相对活跃、信息披露比较充分的银行。中国人民银行成立Shibor工作小组，依据《上海银行间同业拆放利率（Shibor）实施准则》确定和调整报价银行团成员、监督和管理Shibor运行、规范报价行与指定发布人行为。

全国银行间同业拆借中心受权Shibor的报价计算和信息发布。每个交易日根据各报价行的报价，剔除最高、最低各4家报价，对其余报价进行算术平均计算后，得出每一期限品种的Shibor，并于11：00对外发布。

2022年3月25日上海银行间同业拆放利率如图4-6所示。

	期限	Shibor(%)		涨跌(BP)
			2022-03-25 11:00	
➡	O/N	2.0010	▼	0.40
➡	1W	2.2070	▲	15.10
➡	2W	2.4330	▲	6.80
➡	1M	2.3100	▲	0.20
➡	3M	2.3690	▲	0.00
➡	6M	2.4520	▲	0.00
➡	9M	2.5090	▲	0.00
➡	1Y	2.6030	▲	0.20

图4-6　2022年3月25日上海银行间同业拆放利率

资料来源：佚名. 上海银行间同业拆放利率［EB/OL］.［2022-03-25］. http：//www.shibor.org/.

4.3.2　商业票据市场

商业票据市场主要是指商业票据的流通和转让市场，具体包括票据承兑市场和票据贴现市场。

1）票据承兑市场

承兑是指汇票到期前，汇票付款人或指定银行确认票据记明事项，在票面上做出承诺付款并签章的行为。汇票之所以需要承兑是由于汇票的出票人与付款人不是同一个人，汇票的出票人单方面将付款人、金额、期限等内容记载于票面，付款人必须承诺兑付，否则汇票是无效的。只有承兑后的汇票才具有法律效力，才能在金融市场上流通转让。汇票可以由银行承兑，也可以由企业承兑，由银行承兑的汇票叫银行承兑汇票，由企业承兑的汇票叫企业承兑汇票。

2）票据贴现市场

票据贴现市场是因票据贴现活动而产生的融资市场。票据贴现是指票据的持有人将未到期的票据转让给银行，银行扣除一定的利息后将票面的余额支付给持票人的行为。票据贴现市场所转让的商业票据主要是经过背书的本票和汇票。从表面上看，票据贴现是一种票据转让行为，但实质上它构成了贴现银行的授信行为，实际上是将商业信用转化为银行信用。银行办理票据贴现后，若出现资金短缺，可将客户向其贴现的票据办理转贴现和再贴现。

贴现利息=票面金额×贴现率×（未到期天数÷360）

贴现金额=票面金额-贴现利息

=票面金额×［1-贴现率×（未到期天数÷360）］

例如，某公司于4月15日持一张商业汇票到M银行办理票据贴现业务，该汇票3月3日开出，6月16日到期，面额为100万元，年贴现率为6.6%，求银行贴现付款额。

银行贴现付款额=100×［1-6.6%×（62÷360）］=98.86（万元）

在现代经济社会，票据贴现市场已成为货币市场的重要组成部分。由于银行可以进行再贴现的操作，中央银行可以通过调整再贴现率和控制贴现额度来影响商业银行的信贷资金规模和市场利率，从而实现对货币总量的调控。

4.3.3 大额可转让定期存单市场

大额可转让定期存单是指商业银行签发的注明存款金额、期限、利率，可以流通转让的信用工具。大额可转让定期存单，是由美国花旗银行于1961年创造的一项金融商品。最初是美国商业银行为逃避金融管制所做的一种金融业务的创新，后来由于大额可转让定期存单实用性强，既益于银行又益于投资者，所以很快发展为在货币市场上颇受欢迎的金融商品。

大额可转让定期存单的期限通常不少于2周，大多为3~6个月，一般不超过1年。其利率水平略高于同等期限的定期存款利率，与当时的货币市场利率基本一致。大额可转让定期存单的发行采取批发和零售两种形式。批量发行时，发行银行将拟发行存单的数量、时间、利率、面额等予以公布，由投资者选购。零售发行时，发行银行根据客户的要求随时出售合乎客户要求的存单，存单的面额、期限、利率等由银行与客户协商后确定。

大额可转让定期存单的转让市场是指买卖已发行上市但尚未到期的存单的市场。其交易者是为数不多的专职交易商，他们一方面积极参与大额可转让定期存单的发行，同时努力创造和维持良好的二级交易市场。如果投资者急需资金，在二级市场将存单卖出，通常由专职交易商买入，维系存单的流动性。专职交易商既可将存单持有至到期日，也可到二级市场进行出售。

4.3.4 短期政府债券市场

短期政府债券即国库券，是一国政府为满足短期财政资金的需要而发行的一种短期债券。

短期政府债券有如下特征：第一，风险低。由于短期政府债券是一国政府发行的债券，它有国家的信用作担保，所以其信用风险低，通常被誉为"金边债券"。第二，流动性强。由于短期政府债券信誉极高，投资者都愿意投资，因此买卖十分频繁，流动性强。第三，收入免税。一般国家规定，短期政府债券的收益不缴纳所得税，所以尽管其名义利率一般都低于其他投资工具，但它带给投资者的实际收益并不会太少。

短期政府债券一般采取拍卖方式折扣发行。当发行代理人（财政部或中央银行）发出拍卖信息（种类、数量）后，一级自营商即根据市场行情和预测报出购买价格与数量。发行者根据自营商的报价自高而低排列，先满足较高价位者的购买数量，直到达到发行量为止。当一级自营商获得承销量之后，即向零售商或投资者销售。短期政府债券的发行价格为折扣价格，即发行价格低于国库券面值，但按面值偿还，其差价即为投资者的收益，等于提前支付利息。

短期政府债券的转让流通可以通过贴现或买卖方式进行。短期政府债券具有信誉好、期限短、利率优惠等特点，在货币市场上广受欢迎。所以，短期政府债券买卖异常活跃，它不仅是投资者的理想交易工具，还是政府调度国库收支和中央银行调控货币信用的重要手段。

短期政府债券的发行次数频繁，一般有定期发行和不定期发行两种。

4.3.5 回购市场

证券回购市场是指证券持有人在卖出一笔证券的同时，与买方签订协议，约定一定期限和价格买回同一笔证券的融资活动。其实质内容是：证券的持有方（融资者、资金需求方）以持有的证券作抵押，获得一定期限内的资金使用权，期满后则须归还借贷的资金，并按约定支付一定的利息；而资金的贷出方（融券方、资金供应方）则暂时放弃相应资金的使用权，从而获得融资方的证券抵押权，在回购期满时归还对方抵押的证券，收回融出资金并获得一定利息。回购协议实际上是以获得的证券为抵押的短期借贷。证券回购市场是短期的金融商品交易市场，与同业拆借市场、票据市场一起构成货币市场的基本组成部分。证券回购这种形式的融资活动在我国的历史并不长，其迅速发展更是最近几年的事情。

● 知识链接4-2　　　　　　　我国国债回购交易流程

国债回购交易，也称国债的现金交易。回购交易具体指：一是卖出债券，并附加条件，即于一定期间后以预定的价格和收益由最初出售者买回债券；二是买入债券，即于一定期间后以预定的条件和价格再卖给最初出售者的反回购，也称逆回购。回购方式可以提高债券经纪商经营国债的容量，提高对国债的需求，活跃交易，扩大国债市场规模，更好地发挥国债融资的功能。中央银行也可以通过国债回购或逆回购，调节社会资金的流通量，影响短期利率的变化。以上交所为例，国债回购交易业务的流程如下：

1）回购交易业务的开通

（1）会员单位所属的上交所场内交易席位无须申请，即可开通国债回购交易。

（2）会员单位所属的异地交易中心或通信站的交易席位，应通过交易中心或通信站向上交所交易运行部提出国债回购业务开通申请，经交易运行部核准后方可开通国债回购交易业务。

2）回购交易的品种

目前，上交所国债回购交易品种包括6个：3天、7天、14天、28天、91天和182天，其交易代码依次为：201000、201001、201002、201003、201004、201005。

3）回购交易的申报

（1）申报方向：融资方（资金需求方）为"买入"；融券方（资金拆出方）为"卖出"。

（2）申报账号：回购交易按席位进行清算交收，交易申报时可不输入证券账号或基金账号。

（3）报价方法：按回购国债每百元资金应收（付）的年收益率报价。报价时，可省略百分号（%）。

（4）最小报价变动：0.005或其整数倍。

（5）申报单位：以"手"为申报及交易单位，1手等于1 000元面值。

（6）最小交易单位：以面值10万元（即100手）的标准为最小交易单位。

（7）每笔申报限量：最大不得超过1万手。

4）回购交易的清算

（1）实行"一次成交、两次清算"的办法，即会员单位通过交易席位完成申报并确认后，由上交所登记公司在成交日和购回日分别进行两次电脑自动清算。在成交当日，对双方进行融资融券成本清算并划付有关佣金和经手费；在到期购回日，由上交所登记公司根据成交时的收益率计算出的购回价对双方应收（付）数额直接进行自动划付。回购交易清算时间与现券及股票清算时间相同。

（2）两次清算均由上交所登记公司根据电脑数据自动完成，会员单位只需在成交日和到期日按时接收清算数据并与客户完成逐笔交割即可。

（3）国债回购的购回价：如果借贷成本以100元面额（国债）予以固定，则购回价格=100+利息=100+100×年收益率×（回购天数÷360），其中，年收益率即成交日由交易双方竞价产生的某一回购品种的场内挂牌"价格"。

资料来源：作者根据相关资料整理。

4.4 资本市场

资本市场主要包括股票市场、债券市场、证券投资基金市场和中长期信贷市场。本节主要介绍前三个市场。

4.4.1 股票市场

1）股票的发行市场

股票的发行市场是指股份有限公司通过发行股票向投资者筹集股本金的市场，又称为一级市场。

（1）股票发行市场的参与者。

股票发行市场的参与者相对集中，主要是：①发行股票的股份公司；②购买股票的投资者（股东）；③为发行股票提供服务的金融中介机构，主要是证券公司。

（2）股票的发行方式。

股票的发行方式是指股票推销出售的方式。

根据募集对象划分，股票的发行方式可分为私募发行和公募发行。私募发行又称不公开发行或内部发行，是指只向少数特定的投资者发行股票的方式。公募发行又称公开发行，是指发行人通过中介机构向不特定的社会公众广泛地发售证券。在公募发行情况下，所有合法的社会投资者都可参加认购。与私募发行相比，公募发行可筹集到大额资金，证券的流动性较强，有利于提高发行人的社会信誉，但发行过程复杂、发行费用较多。

根据发行者推销出售股票的方式不同，可将股票的发行方式分为直接发行和间接发行。直接发行又叫直接招股，是指股份公司自己承担股票发行的一切事务和发行风险，直接向认购者推销出售股票的方式。这种发行方式只适合于有既定发行对象或发行风险小、手续简单的股票，一般私募发行采取这种方式。间接发行又称间接招股，是指发行者委托证券发行中介机构出售股票的方式。股票的间接发行有两种方式：代销和包销。

（3）股票的发行价格。

当股票发行公司计划发行股票时，就需要根据不同情况，确定一个发行价格以推销股票。一般而言，股票发行价格有以下几种：面值发行、时价发行、中间价发行和折价发行等。

①面值发行，即将股票的票面金额确定为发行价格，也称平价发行。由于市价往往高于面额，因此以面额为发行价格能够使认购者得到因价格差异而带来的收益，使股东乐于认购，也保证了股份公司顺利地实现筹措资金的目的。

②时价发行，即不是以面额，而是以流通市场上的股票价格（即时价）为基础确定发行价格。这种价格一般高于票面额，二者的差价称溢价，溢价带来的收益归该股份公司所有。时价发行能使发行者以相对少的股份筹集到相对多的资本，从而减轻负担，同时还可以稳定流通市场的股票时价，促进资金的合理配置。一般将发行价格定在低于时价5%~10%的水平上是比较合理的。

③中间价发行，即股票的发行价格取票面额和市场价格的中间值。这种价格通常在时价高于面额、公司需要增资但又需要照顾原有股东的情况下采用。中间价发行对象一般为原股东，在时价和面额之间采取一个折中的价格发行，实际上是将差价收益的一部分归原股东所有，一部分归公司所有，用于扩大经营。因此，在进行分摊时要按比例配股，不改变原来的股东构成。

④折价发行，即发行价格不是票面额，是打了折的。折价发行有两种情况：一种情况是优惠性的，通过折价使认购者分享权益。另一种情况是该股票行情不佳，发行有一定困难，发行者与推销者共同议定一个折扣率，以吸引那些预测行情要上浮的投资者认购。由于各国一般规定发行价格不得低于票面额，因此这种折扣发行需经过许可方能实行。

● **金融观察　　证监会发布《关于吴某某等人涉嫌内幕交易"王府井"股票案的通报》**

2020年6月9日晚，王府井集团股份有限公司（以下简称王府井）公告获得免税品经营资质。交易监控发现部分账户在公告前大量买入股票，交易行为明显异常。我会迅速启动立案调查程序，目前案件已调查完毕。

调查发现，吴某某等人在重大事件公告前获取内幕信息并大量买入"王府井"股票，获利数额巨大，涉嫌构成内幕交易。我会将依法追究相关当事人的违法责任，涉嫌犯罪的，及时移送公安机关追究刑事责任。

内幕交易是资本市场的"顽疾"，严重破坏公平交易原则，侵害投资者的合法权益。2019年修订的《证券法》显著提高了包括内幕交易在内的证券违法违规成本。我会将全面落实国务院金融稳定发展委员会关于对资本市场违法行为"零容忍"的工作要求，着力构建行政处罚、刑事追责、民事赔偿等全面化、立体式的追责体系，持续加大对内幕交易、财务造假等违法行为的打击力度，切实维护资本市场秩序，保护投资者合法权益。

资料来源：证监会. 关于吴某某等人涉嫌内幕交易"王府井"股票案的通报［EB/OL］.［2020-09-18］. http://www.csrc.gov.cn/csrc/c100028/c1000705/content.shtml.

分析点评：

金融是现代国民经济的核心，金融行业从业者处于国民经济核心部门，服务于政府部门、金融机构、证券机构等，在国内金融体系、制度不断完善以及不断扩大对外经济开放的格局下，金融行业从业者在职业投资生涯中，如果没有坚定的社会责任感与职业道德，容易受到金钱和利益的腐蚀。目前，我国证券市场仍处于发展与完善阶段，其中不乏诚信问题、内幕交易等违背职业道德的事件，证监会多次用"零容忍"来表明对内幕交易严惩不贷的态度。金融行业从业者应遵守法律法规，坚守职业道德底线，强化规则意识，维护公平竞争原则。

2）股票的流通市场

股票的流通市场又称二级市场，是指由股票持有人买卖或转让已发行的股票所形成的市场。

（1）股票市场交易的组织形式和交易方式。

按照是否在股票交易所内进行挂牌交易，股票流通市场的基本组织形式可以分为两大类：

一类是场内交易。证券交易所内的交易简称场内交易。证券交易所是由证券管理部门批准的，为股票的集中交易提供固定场所和有关设施，并制定各项规则以形成公正合理的有秩序的正式组织。证券交易所作为进行股票交易的场所，本身并不持有股票，也不进行股票的买卖，主要作用是为交易双方成交创造或提供条件，并对双方的交易行为进行监督。证券交易所交易的主要方式包括现货交易、期货交易、信用交易和期权交易等。

● 案例分析4-2　　设立北京证券交易所，打造服务创新型中小企业主阵地

北京证券交易所（简称"北交所"），于2021年9月3日注册成立，是经国务院批准设立的中国第一家公司制证券交易所，受中国证监会监督管理。其经营范围为依法为证券集中交易提供场所和设施、组织和监督证券交易以及证券市场管理服务等业务。

2021年9月2日晚，习近平主席在2021年中国国际服务贸易交易会全球服务贸易峰会致辞中宣布，继续支持中小企业创新发展，深化"新三板"改革，设立北京证券交易所，打造服务创新型中小企业主阵地。9月3日，证监会就北京证券交易所有关基础制度安排向社会公开征求意见。9月3日，北京证券交易所有限责任公司成立，徐明任董事长。2021年9月10日，北京证券交易所官方网站上线试运行。11月15日，北京证券交易所在北京市西城区金融街金阳大厦正式开市。

资料来源：360百科. 北京证券交易所［EB/OL］.［2022-04-25］. https://baike.so.com/doc/6985490-7208238.html.有修改。

分析：北京证券交易所设立后，我国内地证券市场就形成了主板、创业板、科创板、新三板的多层次资本市场结构，可以有力地支持创业、创造、创新和就业，有力地支持中小企业的发展，为经济发展注入新动力。

另一类是场外交易。在证券交易所以外进行的证券交易都可称为场外交易。由于这种交易最早是在各证券商的柜台上进行的，因此也称柜台交易（OTC）。与证券交易所的交易相比，场外市场没有固定的交易场所，其交易由自营商来组织，其价格是通过买卖双方协议达成的，一般是由股票自营商挂出各种证券的买入价和卖出价，卖方和买方以此价与自营商进行交易。场外交易市场的上市条件相比证券交易所较低，而且管制少，灵活方

便，因而成为中小企业和具有发展潜质的公司股票流通的主要场所。

场外交易还包括第三市场和第四市场交易方式。

第三市场是指股票在交易所上市，却在场外进行交易的市场。在20世纪70年代以前，源自《梧桐树协议》的固定佣金制一直左右着所有的股票交易，但这对大宗交易者很不利，他们不愿因为固定佣金制而付出昂贵的交易费用。非交易所会员的经纪人则不受固定佣金制的限制，他们可以收取更低的佣金，于是大宗交易在场外频繁发生，第三市场就发展起来了。

第四市场是指投资者不通过经纪人直接进行交易的市场。在美国，电子通信网（Electronic Communication Network，ECN）大大便利了股票交易，人们可以通过ECN直接寻找买家或卖家，避免了昂贵的交易费用。这种方式很受一些大宗交易者的欢迎，因为他们不希望公开暴露自己即将进行的大宗交易，以免股票价格会因此波动。

（2）股票的交易价格。

股票的交易价格是指股票在二级市场上进行转让时的实际成交价格。从理论上来说，股票的交易价格主要取决于预期股利收益和市场利率，用公式可表示为：

股票交易价格＝预期股利收益÷市场利率

由公式可知，股票交易价格与预期股利收益成正比，与市场利率成反比。但这个公式只是一个理论上的公式，实际上股票的交易价格受多种因素的影响。影响股票价格变动的因素主要有：

一是经济因素。这是引起股价变动的最主要因素，包括经济政策、经济周期、利率、通货膨胀、汇率等。由于这些因素的变化，会影响公司的经营活动及盈利状况，从而影响预期股利收益。

二是政治因素。这主要是指一些重大的、突发性的政治事件，如政府更迭、政治动乱、战争爆发，甚至于政府首脑的健康状况或丑闻等。这些政治事件的发生，会引起市场供求关系的变化，进而引起股票价格的变化。

三是市场因素。这主要是指在股票市场上通过对股票买卖进行操纵而引起股价波动的一些活动，如投机性炒作、大户买卖等。

（3）股票价格指数。

为了记录、衡量、分析股市行情的来龙去脉，经济学家以数学为工具编制了各种股票价格指数，以适应各类需要。股票价格指数是以计算期样本股市价总值除以基期市价总值再乘以基期指数而得到的。通行的做法是由专门的指数编制公司负责编制和发布股票价格指数，在证券交易所、证券经营机构的各种金融类媒体上公开发布。股价指数是反映股票市场中股票价格变动总体水平的重要尺度，更是分析、预测发展趋势进而决定投资行为的主要依据。

根据所选取成分股的不同，目前各国股票价格指数分为综合指数和成分指数两种。前者包括全部上市股票，后者则从上市股票中选择一些具有代表性的上市公司编制。我国的上海证券综合指数和深圳证券综合指数均属综合指数，而上证30指数与深圳成分股指数则为成分指数。国际上比较著名的道琼斯工业平均数、日经225指数、英国金融时报100社会总供求股票价格指数等也都是成分指数。

4.4.2　债券市场

1）债券发行市场的要素

债券发行市场由债券发行市场主体、债券市场工具、债券发行市场的组织形式和债券发行条件构成，这四者称为债券发行市场的四大要素。

（1）债券发行市场主体。

由于债券发行市场主体在债券发行市场扮演的角色不同，债券发行主体包括发行者、投资者、中介机构和管理者。①发行者即资金的需求者，是债权债务关系中的债务人，可以是以发行债券形式筹措资金的企业、政府和金融机构。②投资者即债券的认购者，是资金的供给者，也是债权债务关系中的债权人。投资者可以是个人、企业、金融机构和政府机构。③中介机构在债券发行市场上负责办理从发行开始到发行完毕的所有手续和为公开信息披露而制定有关文件。中介机构主要指那些为债券发行提供服务的机构，一般包括承销商、受托人、财务代理人、担保人、会计师等。④管理者主要负责监督管理债券的发行、承销以及买卖等经营行为，以维护证券市场的正常秩序。管理者主要指对债券发行市场进行监督管理的政府机构。

（2）债券市场工具。

债券市场工具也就是债券本身，随着债券市场的不断扩大、筹集手段与技术水平的不断发展，债券市场工具也日趋多样化。按照不同的划分方式，可把债券市场工具划分为不同的种类。

（3）债券发行市场的组织形式。

债券发行市场的组织形式是指把债券销售出去，从而把参与市场者联系起来的一种市场组织方式。它包括有形市场方式和无形市场方式两种。有形市场方式是指承销人向投资者在柜台上销售债券的方式；无形市场方式是指不通过固定的柜台或确定的场所发行债券的方式。

（4）债券发行条件。

债券发行条件是指债券发行者在以债券形式筹集资金时所必须考虑的有关因素，包括发行金额、票面金额、期限、偿还方式、票面利率、付息方式等项内容。如果筹资者（发行人）对这些因素考虑不周全，就会影响发行的效果，降低发行收入，增加筹资成本。债券的发行一般也采取私募发行和公募发行两种方式。

2）债券的价格与收益

（1）债券的价格。

债券的价格分为发行价格和市场交易价格。

①债券的发行价格。债券的发行价格是指在发行市场（一级市场）上，投资者在购买债券时实际支付的价格。目前，通常有三种不同情况：一是按面值发行、面值收回，期间按期支付利息；二是按面值发行，按本息相加额到期一次偿还，我国目前发行的债券大多数是这种形式；三是以低于面值的价格发行，到期按面值偿还，面值与发行价之间的差额即为债券利息。

②债券的市场交易价格。债券发行后，一部分可流通债券在流通市场（二级市场）上按不同的价格进行交易。交易价格的高低，取决于公众对该债券的评价、市场利率以及

人们对通货膨胀率的预期等。一般来说，债券价格与到期收益率成反比。也就是说，债券价格越高，从二级市场上买入债券的投资者所得到的实际收益率越低；反之亦然。

不论票面利率与到期收益率的差别有多大，只要离债券到期日愈远，其价格的变动就愈大；实行固定票面利率的债券的价格与市场利率及通货膨胀率呈反方向变化，但实行保值贴补的债券例外。

（2）债券的收益。

债券的收益可以用债券收益率表示。债券收益率是债券投资者在债券上的收益与其投入的本金之比。一般来说，有两种不同的收益指标：

一是票面利息率。它是固定利息收入与票面面额的比率，一般在债券票面上注明，这是投资于债券时最直观的收入指标。面值相同的债券，票面注明的利率高的，利息收入自然就高，风险也比较小；反之亦然。但是，由于大多数债券都是可转让的，其转让价格随行就市，所以，投资者认购债券时实际支出的价款并不一定与面值相等，这样，用票面利息率衡量投资收益就不再有实际意义。

二是直接收益率。直接收益率又称现行收益率，是投资者实际利息与实际支出的价款之间的比率。其公式是：

$$直接收益率 = \frac{票面面额 \times 票面利息率}{实际购买债券价格} \times 100\%$$

4.4.3　证券投资基金市场

1）基金的发行和募集

投资基金的设立在获得主管部门批准后，便进入募集发行阶段，即向特定投资者或社会公众宣传介绍基金的情况，通过基金承销机构或基金自身向投资者销售收益凭证或基金公司股份募集资金。只有在募集资金达到法规对投资基金的要求后，募集的资金才能用来进行投资。

基金的发行和股票的发行一样，有着多种方式。基金的发行方式可以按照发行的对象不同分为私募发行和公募发行，还可以按照基金发行销售的渠道分为自办发行和承销发行。其中，自办发行即基金公司通过自己的销售渠道直接向投资者发售基金，采用这种发行方式的费用较低。承销发行即通过中介机构向投资者发售基金，它又分为代销和包销。

2）基金的买卖及价格

前已述及，基金按不同的方式可以划分为不同的种类，在此我们主要介绍开放式基金和封闭式基金的买卖及价格。

购买首次发行的开放式基金称为认购，以后的基金买卖称为申购和赎回。开放式基金申购和赎回的手续十分简便。投资者在申购基金时，只需将有关申请表格填好，连同款项交给基金销售机构，基金销售机构在收到申请书及款项后交给基金托管人核收，经复核无误后，基金托管人便在持有人名册上添加投资者的记录，并出具所持有单位的收据给投资者，投资者便正式成为基金的持有人。投资者在出售基金时，只需填写赎回申请，按指定程序向基金销售机构发出赎回申请，经基金托管人核准及注销有关记录后，便可收到赎回款。开放式基金的申购价为基金每单位资产净值加上首次申购费用，赎回价为基金每单位资产净值减赎回费。

封闭式基金在封闭期内不能向基金管理公司提出赎回，通常是在证券交易所挂牌，交易方式类似于股票及债券的买卖。投资者通过证券商代理其买卖，封闭式基金的价格由市场供求情况决定，其价格随行就市。

头脑风暴 4-1
　　关于中国证券市场的发展与完善，请谈谈自己的想法。

知识掌握

4.1　重要概念

金融商品　金融市场　股票　债券

4.2　单项选择题

1）金融市场是（　　）市场。
A.有形　　　　　　B.无形　　　　　　C.场外　　　　　　D.既有形又无形

2）金融机构之间发生的短期临时性借贷活动是（　　）。
A.贷款业务　　　　B.票据业务　　　　C.同业拆借　　　　D.再贴现业务

3）下列金融商品中无偿还期限的是（　　）。
A.债券　　　　　　B.股票　　　　　　C.CD存单　　　　　D.商业票据

4）下列属于短期资金市场的是（　　）。
A.票据市场　　　　B.债券市场　　　　C.股票市场　　　　D.资本市场

5）下列属于长期资金市场的是（　　）。
A.拆借市场　　　　　　　　　　　　　B.票据市场
C.股票市场　　　　　　　　　　　　　D.大额定期存单市场

4.3　判断题

1）因为世界各国金融市场的发达程度不同，所以各国金融市场的构成要素也不同。
（　　）

2）金融市场形成后，信用工具便产生了。（　　）

3）通常金融工具的数量多少被认为是一国金融是否发达或经济发展水平高低的重要标志。（　　）

4）在货币市场上，政府既是重要的资金需求者和交易主体，又是重要的监管者和调节者。（　　）

5）对于商业票据的发行人来说，资信等级越高，则发行利率越高；反之，则越低。
（　　）

4.4　简答题

1）金融商品的特征有哪些？
2）资本市场包括哪些子市场？
3）货币市场包括哪些子市场？

4.5 计算题

某企业于 5 月 26 日持一张商业汇票到 A 银行办理票据贴现业务，该汇票 4 月 20 日开出，7 月 20 日到期，面额为 10 万元，年贴现率为 7.3%，求银行贴现付款额。

知识应用

□ 案例分析

上海能成为国际金融中心吗？

上海、北京、深圳、香港……在这些国内知名城市对金融中心之城的激烈争夺中，上海最终脱颖而出。2009 年 4 月 29 日，中国政府网发布了国务院下发的《国务院关于推进上海加快发展现代服务业和先进制造业建设国际金融中心和国际航运中心的意见》，建设两个中心的"上海路线图"正式浮出水面。

随着一国货币走向国际化，要求货币发行国为非居民手中的国际货币资金提供一个价值储藏、投资增值的场所，确保该货币在国际经济交往中充分发挥国际货币的职能。所以国际金融中心将对人民币国际化有很大的促进作用。相比于中国内地其他金融中心城市，上海有着明显优势。我国政府应该积极创造条件，完善上海金融市场的国际化功能，使其尽快成为国际化的金融中心。

问题：上海具备成为国际金融中心的条件吗？它有哪些优势？

分析提示：1）此举措是政府顺势而为，是长江三角洲经济实力的必然体现，又是政府出于历史、全局的战略考虑。自改革开放以来，政府逐步确立了将上海建成国际金融中心的目标理念。

2）上海有完备的金融基础设施，证券交易所、中国外汇交易中心、黄金交易所、中国银联、金融期货交易所、央行公开市场操作运行等纷纷落户上海，中国人民银行总行也在上海设立了上海总部。

3）上海曾是远东最大的金融中心，上海证券交易所曾是交易量仅次于纽约证券交易所的世界第二大证券市场。

4）人民币正在走向国际化，上海的金融人才优势也是得天独厚的。

□ 实践训练

实训项目：模拟股票市场交易

实训目的：通过股票交易过程的模拟，深入理解股票市场交易的风险性和收益性，提高对投资的分析判断能力。

实训步骤：

1）根据自己熟悉的领域分析 1~2 个行业；

2）从行业中独立选出几只股票，并说明理由；

3）在股票模拟操作中买入并观察行情；

4）写出每日操作心得；

5）总结股票模拟中遇到的问题并加以改善。

第5章
金融机构体系

【学习目标】 ● 在学习完本章之后，你应该能够：了解金融机构的分类构成情况；明确主要金融机构的性质、职能；熟知中国现行的金融机构体系；掌握各种金融机构的业务范围和职责分工。

● 引例 　　　　　　　　　　　想贷款不再只能找银行

　　某企业在技术成熟初期要增加一条生产线，以实现产业化。但由于企业规模小、资产轻，较难得到银行贷款。该企业找到一家融资租赁公司，获得了足够的资金，扩大了生产。

　　资料来源：作者根据相关资料整理。

　　这一案例表明：随着金融市场的不断完善，互联网的普及，投资理财、贷款融资等不同的金融需求可以找到专业对口的金融机构进行办理，金融机构的分类越来越细，提供的服务越来越专业。本章要让大家掌握金融机构体系的分类构成及各种金融机构的性质、职能、业务范围等内容。

5.1　金融机构的分类构成

　　金融机构一般是指经营货币与信用业务，从事各种金融活动的组织机构。因为金融活动极其广泛，开展金融业务的机构众多，其性质和职能又各有不同，所以金融机构的分类也是从多角度划分的。一般的分类方法有两种：一种是分为银行与非银行金融机构；另一种是分为存款类金融机构与非存款类金融机构。

5.1.1　银行与非银行金融机构

　　银行是传统的、典型的金融机构，所以把金融机构划分成银行和非银行金融机构两大类，这是最普遍的划分方法。

1）银行

视频 5-1

　　银行是现代金融业的代表机构，也是现代金融机构体系中的主体。银行是商品货币经济发展的产物，是从货币经营业发展而来的。银行的演进经历了从货币经营业到早期银行再到现代银行的发展过程。

从早期银行
到现代银行

● 知识链接5-1 　　　　　　　　从早期银行到现代银行

　　货币产生以后，因不同国家和不同地区所使用的货币种类不同，在交换商品中产生了货币的兑换问题，逐渐地，有一部分商人从普通商人中分离出来专门从事货币兑换业务。后来，这些货币兑换商又开始替商人保管货币，同时受商人的委托兼办货币的收付、结算和汇兑等中间业务，这样简单的货币兑换就演变成货币经营业了，货币经营业是早期银行的前身。

　　货币经营业适应了商品交换的需要，业务不断扩大，货币经营者的手中也逐渐聚集起大量的货币，其中有一部分不需要立即支付，出现了暂时的闲置。于是，货币经营者就把这部分货币贷放出去以获得利息收入。同时，社会上也有越来越多的人把货币存放在货币经营者手中以获得利息。这种在货币经营业务基础上产生的存款、贷款、结算业务，使货币经营业转变成了早期的银行业。

　　历史上公认的第一家以"银行"名义命名的机构是成立于1580年的意大利的威尼斯银行，后来扩展到欧洲其他国家，相继出现了米兰银行、阿姆斯特丹银行、汉堡银行及纽伦堡银行等。但早期银行是高利贷性质的银行，而不是现代意义上的银行。

随着资本主义生产关系的确立和资本主义商品经济的发展，高利贷性质的银行业已经不能适应资本扩张的需要，因为资本的本质是要获取尽可能高的利润，利息率必须低于平均利润率；同时，资本主义经济工业化的过程需要资金雄厚的现代银行做其后盾，高利贷性质的银行已成为资本主义经济发展的障碍。在这种背景条件下，高利贷性质的早期银行逐渐被能适应资本主义经济发展需要的现代银行所取代。

世界上公认的第一家现代股份制银行是1694年在英国成立的英格兰银行，该行一开始就把对于工商企业的贷款利率定为4.5%～6%，而当时的高利贷利率高达20%～30%。所以英格兰银行的成立标志着现代商业银行的诞生。从此以后，股份制银行在英国以及其他资本主义国家普遍建立起来。这些股份制银行资本雄厚、业务全面、利率较低，建立了较为规范的信用货币制度，极大地推动了工业革命的进程，也逐渐成为现代金融业的主体。

现代银行之所以叫商业银行，是因为其最初的意义是指经营短期商业资金的银行，但事实上现代银行早已突破了这一概念范畴，已经成为全能的、综合性的金融机构的代名词了，而且在现代银行的发展过程中，逐渐形成了各种类型的银行机构，形成了较完善的银行体系，进而形成了以银行为主体的现代金融机构体系。

资料来源：作者根据相关资料整理所得。

银行可以按职能划分为中央银行、商业银行和专业银行。中央银行是代表国家制定和实施货币政策、实现金融宏观调控并代表政府从事国际金融活动的不以营利为目的的金融管理机构，是一国金融体系的核心机构。商业银行是以营利为目的，面向企事业单位和个人，以经营存放款和汇兑为主要业务的金融企业，是一国金融体系的主体机构。专业银行是专门经营某种特定范围的金融业务和提供专门性金融服务的银行机构，一般包括投资银行、储蓄银行、抵押银行、贴现银行和政策性银行等。

● 小思考5-1

在现实经济中，中央银行、商业银行和专业银行中哪种银行的机构数量最多？

答：商业银行是一国金融机构的主体，是机构数量最多、业务范围最广的银行机构。

除上述分类外，银行还可以按地域划分为全国性银行、地方性银行；按资金来源划分为股份制银行、合资银行、独资银行。

2）非银行金融机构

非银行金融机构是相对于银行机构而言的，是指除银行以外的其他经营金融业务的机构或组织。

非银行金融机构以接受信用委托、提供保险服务、从事证券融资等不同于银行的多种业务形式进行融资活动，以适应市场经济多领域、多渠道融资的需要，成为各国金融体系中重要的组成部分。

非银行金融机构主要包括保险公司、证券公司、信用合作社、投资公司、基金管理公司、信托公司、财务（金融）公司、租赁公司等。

5.1.2　存款类金融机构与非存款类金融机构

1）存款类金融机构

存款类金融机构是指主要依靠吸收存款作为资金来源的金融机构，主要包括商业银行、信用合作社以及专业银行中的储蓄银行等。

2）非存款类金融机构

非存款类金融机构是指以接受资金所有者根据契约规定缴纳的非存款性资金为主要来源的金融机构，主要包括保险公司、养老基金会、信托公司以及专业银行中的投资银行等。

5.2　几种主要的金融机构

5.2.1　中央银行

1）建立中央银行的客观需要

中央银行是在银行业发展过程中，为适应统一银行券发行、给政府提供资金、为普通银行实施信贷支持、统一全国的清算以及管理全国宏观金融业等多种客观需要而出现的。中央银行最初一般是从商业银行演变而来，如世界上公认的第一家中央银行是1964年成立的英格兰银行，但多数国家的中央银行是由政府直接设立的。

● 小思考 5-2

历史上最早从商业银行中分化出来的中央银行是哪家？

答：英格兰银行。

● 知识链接 5-2　　　　　　　英格兰银行

英格兰银行是英国的中央银行。1694年由英国皇室特许苏格兰人威廉·彼得森（William Paterson）等创办。初期其主要为政府筹措战费，并因此而取得货币发行权。1844年，英格兰银行根据新银行法《皮尔条例》改组，分设发行部和银行部，后逐渐放弃商业银行业务，成为中央银行，1946年被收归国有。其主要职责是：发行货币；管理国债；同财政部和财政大臣协作，执行货币政策；对贴现行进行票据再贴现；代理财政金库；通过国际货币基金组织、世界银行及国际清算银行等机构办理同其他国家有关货币方面的事项；代理政府保管黄金外汇储备等。

资料来源：佚名. 英格兰银行 [EB/OL]. [2022-04-25]. https://baike.baidu.com/item/%E8%8B%B1%E6%A0%BC%E5%85%B0%E9%93%B6%E8%A1%8C/1542992? fr=aladdin.有删减.

2）中央银行的性质

中央银行是一国金融机构的核心，具有特殊的地位，发挥特殊的作用。中央银行的基本性质可以表述为：

（1）发行的银行。中央银行垄断货币发行权，是全国唯一的货币发行机构，所以被称为发行的银行。中央银行因独占货币发行权，从而可以通过掌握货币的发行权，直接影响整个社会的信贷规模和货币供给总量，进而影响经济，实现中央银行对国民经济的控制和调节目标。

（2）银行的银行。中央银行不直接与工商企业和个人发生业务往来，只同商业银行及其他金融机构有业务关系。中央银行集中吸收商业银行的准备金，并对商业银行提供信贷，办理商业银行之间的清算，所以说中央银行是银行的银行。

（3）政府的银行。中央银行通过金融业务为政府服务，如代理国家金库、向政府提供信用、代理政府债券、为政府管理宏观金融及调节宏观经济，所以中央银行是政府的银行。

3）中央银行的职能

中央银行的职能是其性质的具体体现，也就是说，中央银行所具有的特殊金融机构的性质是通过它的各种职能体现出来的。中央银行具有调控职能和服务职能，同时还有金融监管的职能。

（1）调控职能。中央银行作为国家最高的金融管理机关，其首要的职能就是金融调控职能。这一职能是指中央银行运用特有的金融政策工具，对全社会的货币信用活动进行调节和控制，进而影响国民经济的整体运行，实现既定的国家宏观经济目标。中央银行的调控职能主要表现在调节货币供应量、调整存款准备金率和公开市场操作。

视频 5-2

中央银行的
三个职能

（2）服务职能。服务职能是指中央银行以特殊银行的身份向政府、银行及其他金融机构提供各种金融服务。首先，中央银行要为政府提供金融服务。其主要内容包括：代理国库，经办政府的财政预算收支划拨与清算业务；为政府代办国家债券的发行、销售及还本事宜；为政府提供融资，融资方式可以是无息或低息短期信贷或购买政府债券；作为政府的金融代理人，代为管理黄金、外汇储备等。此外，中央银行还代表政府从事国际金融活动，并充当政府的金融顾问和参谋。其次，中央银行还要为银行及其他金融机构提供金融服务，其主要内容包括：保管各银行所交存的准备金；为全国各金融机构间办理票据交换和清算业务；对各金融机构办理短期的资金融通。

（3）金融监管职能。金融监管职能是指中央银行作为一国的金融管理的最高部门，为了维护全国金融体系的稳定，防止金融混乱对社会经济的发展造成不良影响，而对金融机构的活动和金融市场进行监督和管理。其主要是制定金融政策、法令及规章制度，检测金融市场的运行情况和检查、监督金融机构。

4）中央银行的类型

当今世界各国的中央银行，按其组织形式可分为单一式的中央银行制、复合式的中央银行制、跨国式的中央银行制以及准中央银行制等四种类型。

（1）单一式的中央银行制。单一式的中央银行制是指国家单独建立中央银行机构，全面行使中央银行的职能。单一式的中央银行制又分为两种类型：一是一元式中央银行制，这是指全国只设一家统一的中央银行机构，由该机构全面行使中央银行职能并兼有金融监管职能的一种制度。这种制度一般采取总分行制，通常总行设在首都，按照行政或经济区划设立分支机构。目前，世界上大多数国家实行这种制度，如英国、法国、日本等，我国也实行这种中央银行制。二是二元式中央银行制，这是指中央银行体系由中央和地方两级相对独立的中央银行共同组成。中央级中央银行和地方级中央银行在货币政策方面是统一的，中央级的中央银行是最高权力管理机构和金融决策机构，地方级的中央银行虽然也有其独立的权力，但其权力低于中央级的中央银行，并接受中央级中央银行的监督和指导。实行这种二元式中央银行制的主要是一些联邦政治体制的国家，如美国、德国等。

（2）复合式的中央银行制。复合式的中央银行制是指一个国家或地区没有专门设立行使中央银行职能的机构，而是由一家大银行既行使中央银行的职能，同时又经营商业银行的业务。这种中央银行制度往往与中央银行初级发展阶段和国家实行计划经济体制相适应，主要存在于苏联和东欧国家以及1984年以前的中国。

（3）跨国式的中央银行制。跨国式的中央银行制是指由参加某一货币联盟的所有成员方联合组成中央银行机构，在联盟各国内部统一行使中央银行职能的中央银行制度。这种中央银行在货币联盟成员方内部发行共同的货币，制定统一的金融政策，以推进联盟内各成员方的经济发展和货币稳定。采用跨国式的中央银行制的宗旨是适应联盟内部经济一体化的进程，主要是一些疆域相邻、文化与民俗相近、国力相当的国家，以往主要有西非货币联盟的西非国家中央银行（1962年设立）、中非货币联盟的中非国家中央银行（1973年设立）、东加勒比货币区的东加勒比中央银行（1983年设立）等，这些跨国中央银行都在欠发达国家和地区。但是欧洲经济货币联盟于1998年设立的欧洲中央银行打破了这一局面，第一次在发达国家之间建立了跨国的中央银行。

● 知识链接5-3　　　　　　　　　　欧洲中央银行

欧洲中央银行，简称欧洲央行，总部位于德国法兰克福，其负责欧盟欧元区的金融及货币政策。欧洲央行是根据《马斯特里赫特条约》的规定于1998年成立的，是为了适应欧元发行流通而设立的金融机构，同时也是欧洲经济一体化的产物。欧洲央行是一个管理超国家货币的中央银行。独立性是它的一个显著特点，它不接受欧盟领导机构的指令，不受各国政府的监督。它是唯一有资格允许在欧盟内部发行欧元的机构。1999年1月1日欧元正式启动后，当时11个欧元国政府失去制定货币政策的权力，而必须实行欧洲中央银行制定的货币政策。

资料来源：佚名. 欧洲中央银行［EB/OL］.［2022-04-25］. https://baike.baidu.com/item/%E6%AC%A7%E6%B4%B2%E4%B8%AD%E5%A4%AE%E9%93%B6%E8%A1%8C/1700595？fr=aladdin.有修改。

（4）准中央银行制。准中央银行制是指有些国家或地区不设中央银行机构，而是政府设置类似中央银行的货币管理机构或授权某个或某几个商业银行来行使部分中央银行职能的制度。采用这种中央银行制度的国家和地区很少，如新加坡、利比里亚及我国香港特别行政区等。

5.2.2　商业银行

1）商业银行的性质

商业银行是最早出现的现代金融机构，基本性质就是经营的商业性，可以从两个层次来理解：

（1）商业银行是企业。商业银行具有现代企业的基本特征，其经营目标和经营原则与一般企业相同，所以商业银行同样要追求经营利润的最大化，要坚持自主经营、自负盈亏、自担风险、自求发展的原则。

（2）商业银行是经营货币商品的特殊企业。一般企业经营的是普通商品，而商业银行经营的是金融资产和金融负债，是特殊商品，即货币和货币资金。

2）商业银行的职能

由于商业银行业务的综合性、广泛性和它在金融体系中不可替代的主体地位，使得商业银行既有作为信用机构的共性职能，同时又具备了其他金融机构所不具备的职能。

（1）信用中介职能。信用中介职能是商业银行最基本、最能反映其经营活动的职能。信用中介是指商业银行通过负债业务把社会上的各种闲散货币资金集中起来，再通过资产业务把货币资金投向社会各部门。商业银行作为中介机构，起媒介作用，即作为货币资金的贷出者和借入者的中介机构来实现货币资金的融通和资本的投资。

（2）支付中介职能。在办理存款业务的基础上，商业银行通过代理客户支付货款、费用以及兑付现金等，逐步成为企业、社会团体和个人的货币保管者、出纳和支付代理人，通过存款在不同账户之间的转移，完成了代理客户支付货款和偿还债务的业务，这就是商业银行的支付中介职能。

（3）信用创造职能。在信用中介和支付中介的基础上，商业银行又产生了信用创造职能。这一职能是商业银行利用其所吸收的存款发放贷款，在支票流通和转账结算的基础上，贷款又转化为存款，在存款不提取现金或不完全提取现金的前提下，存款的反复贷放会在整个银行体系中形成数倍于最初存款（原始存款）的派生存款。商业银行的信用创造职能有助于形成一个全社会信用货币供应的弹性的信用制度，从而有利于对经济的促进和调控。

（4）金融服务职能。这一职能是商业银行发展到现代银行阶段的产物。商业银行利用其联系面广、信息灵通的特点，特别是借助于电子银行业务的发展，在传统的资产业务以外，不断开拓业务领域，广泛开办了一系列服务性业务，从而使商业银行具有了金融服务职能，如代收代付、咨询、资信调查、充当投资顾问等。不仅如此，商业银行还不断深化和拓展对个人的金融服务业务，个人不仅可以得到商业银行的融资服务，还可以得到咨询等中介服务。可见，金融服务职能在现代经济社会中已越来越成为商业银行的重要职能。

3）商业银行的组织形式

从一般意义上讲，商业银行的组织形式主要有单一银行制、分支行制、控股公司制和跨国银行制等。

（1）单一银行制。单一银行制又叫单元制，是指银行业务只由各自独立的银行机构经营而不设立分支机构的银行制度。单一银行制的典型代表是美国。美国曾实行完全的单一银行制，不允许银行跨州经营和设立分支机构。但随着经济的发展，地区经济联系加强，加上金融业竞争的加剧，其对开设分支机构的限制已有所放松，美国已不完全实行单一银行制。

（2）分支行制。分支行制又叫总分行制，是指在总行之下，可在本地或外地设立若干分支机构的银行制度。这种银行的总行一般设在一国的首都或金融中心城市，在本国或国外的其他城市设立分支机构。由于分支行制更符合经济发展的客观要求，因而成为当代商业银行的主要组织形式。目前，世界各国一般都采用这一银行制度，尤其以英国、德国、日本等为典型代表。我国的商业银行也绝大部分采取分支行制。

（3）控股公司制。控股公司制是指由某一集团成立股权公司，再由该公司控制或收购若干银行的组织形式，被收购的银行业务和经营决策统属于股权公司控制。正是因为控股公司回避了开设分支机构的限制问题，所以在美国得到了较好的发展。控股公司有两种类型：一是由非银行的大企业通过控制银行的大部分股权而组建起来的；二是大银行通过控制小银行的大部分股权而组建起来的。

（4）跨国银行制。跨国银行制又叫国际财团制，是指由不同国家的大型商业银行合资组建银行财团的一种商业银行组织形式。跨国银行制的商业银行经营国际资金存贷业务，开展大规模国际投资活动。目前，在经济全球化和跨国公司发展的背景下，采取跨国银行制这种组织形式的银行也日渐增加。

5.2.3　专业银行

1）政策性银行

政策性银行是政府创办的以扶持特定的经济部门或促进特定地区经济发展为主要任务、在特定的行业领域从事金融活动的专业银行。政策性银行属于政府金融机构，它贯彻政府意图，取得政府资金，不以营利为目的，具有政府机关的性质；同时，它又经营金融业务，以金融方式融通资金，具有金融企业的性质。

在经济发展过程中，常常存在一些商业银行从盈利角度考虑不愿意融资的领域，或者其资金实力难以达到的领域。这些领域通常包括那些对国民经济发展、社会稳定具有重要意义，投资规模大、周期长、经济效益见效慢、资金回收时间长的项目，如农业开发项目、重要基础设施建设项目、外贸进出口项目等。为了扶持这些项目，政府往往实行各种鼓励措施，各国通常采用的办法是设立政策性银行，专门对这些项目融资，如国家开发银行、中国农业发展银行、中国进出口银行。

● 知识链接 5-4　　　　　　　　德国复兴信贷银行

德国复兴信贷银行（KFW）是一个与联邦德国一起成长的国家政策性银行。1948年，为第二次世界大战后联邦德国的紧急重建需求提供资金的德国复兴信贷银行成立了，它坐落于莱茵河畔的法兰克福市。德国复兴信贷银行成立时的原始股本约为10亿马克，其中联邦政府占80%，各州政府占20%。从成立到现在，德国复兴信贷银行的所有权属于国家，但它却不是国家机构。在德国复兴信贷银行的发展过程中，从最初为第二次世界大战后联邦德国的重建提供资金，到现在为德国企业提供长期投资贷款，业务是专一的。而在投资信贷当中，其首要任务是促进德国中小企业的发展，为中小企业在国内外投资项目中提供优惠的长期信贷，因为德国企业中有99%是中小企业，它们解决了德国近三分之二有就业需求人口的就业问题。其信贷具体体现在基础设施、环保和住房改造项目的提供上。同时，德国复兴信贷银行为德国企业提供出口信贷和项目融资，主要集中在能源、通信与交通信息等领域。德国复兴信贷银行在财政合作上也有很大的发展，为发展中国家的投资项目提供融资，还提供咨询等相关服务。

资料来源：佚名. 德国复兴信贷银行 [EB/OL]. [2022-04-25]. https: //baike.baidu.com/item/%E5%BE%B7%E5%9B%BD%E5%A4%8D%E5%85%B4%E4%BF%A1%E8%B4%B7%E9%93%B6%E8%A1%8C/9123981? fr=aladdin. 有修改。

2）投资银行

投资银行是投资性金融中介机构，是主要从事证券发行、承销、交易、企业重组、兼并与收购、投资分析、风险投资、项目融资等业务的金融机构。投资银行是美国和欧洲国家使用的通用名称，在英国称之为商人银行，在法国称之为实业银行，在日本则称之为证券公司。此外，投资银行还有其他形式和名称，如长期信贷银行、证券银行、承兑银行、金融公司、持股公司、投资公司、财务公司等。

虽然其被称为银行，但投资银行并非通常意义上的银行，它不吸收存款，资金来源主要靠发行自己的股票和债券。它的业务范围发展迅速，已经突破了证券发行与承销、证券交易经纪、证券私募发行等传统业务框架，企业并购、项目融资、风险投资、公司理财、投资咨询、资产及基金管理、资产证券化、金融创新等都已成为投资银行的核心业务。投资银行在现代社会经济发展中发挥着沟通资金供求、构造证券市场、推动企业并购、促进产业集中和规模经济形成、优化资源配置等重要作用。

● 小思考 5-3

投资银行与商业银行都叫银行，区别有哪些呢？

答：从市场定位上看，商业银行是货币市场的核心，而投资银行是资本市场的核心；从服务功能上看，商业银行服务于间接融资，而投资银行服务于直接融资；从业务内容上看，商业银行的业务重心是吸收存款和发放贷款，而投资银行既不吸收各种存款，也不向企业发放贷款，业务重心是证券承销、公司并购与资产重组；从收益来源上看，商业银行的收益主要来源于存贷利差，而投资银行的收益主要来源于证券承销、公司并购与资产重组业务中的手续费或佣金。

3）储蓄银行

储蓄银行是专门吸收居民储蓄存款，并为居民个人提供金融服务的银行。

这类银行的服务对象主要是居民消费者，资金来源主要是居民储蓄存款。资金运用主要是为居民提供消费信贷和其他贷款等，如对居民发放住房抵押贷款；此外，也在可靠的债券市场或房地产市场投资，如购买国债。

储蓄银行既有公营的，也有私营的。为了保护众多小额储蓄者的利益，许多国家对储蓄银行的业务活动制定出专门的法规加以约束，限定其聚集的大量资金的投向，如不得经营支票存款，不得经营一般工商信贷等。但近些年来这些规定已有所突破，储蓄银行业务正在向商业银行靠近。

4）抵押银行

抵押银行是"不动产抵押银行"的简称，是指专门从事以土地、房屋和其他不动产为抵押办理长期贷款业务的银行。不动产银行有不同的名称，如法国的房地产信贷银行、美国的联邦住房放贷银行、德国的私人抵押银行和公营抵押银行。抵押银行有公营、私营和公私合营三种形式。抵押银行的资金主要通过发行不动产抵押证券募集。

5.2.4 非银行金融机构

1）保险公司

保险公司是以投保人缴纳保险费建立保险基金，运用基金进行投资以取得收益，并对发生保险事故进行经济补偿的金融机构。在现代经济中，保险业务已经渗透到社会生活的方方面面，保险公司也因所设立的保险种类不同而形式多样，如人寿保险公司、财产保险公司、存款保险公司、灾害和事故保险公司、信贷保险公司、再保险公司等。保险业在西方国家十分发达，保险公司也是各国最重要的非银行金融机构。

保险公司的资金来源稳定，且其获得的保费收入经常远远超过它的保险金支出，因而能聚集起大量的货币资金，成为西方国家金融体系长期资本的重要来源。保险公司筹集的资金，除保留一部分以应付赔付所需外，保险公司将保险费投资于诸如债券、股票、抵押贷款和其他贷款之类的资产上，并运用从这些资产所获得的收益来支付保单所确定的权益。所以保险公司像银行一样，经营的是金融中介业务。

2）信用合作社

信用合作社是由个人集资联合组建的以互助为主要宗旨的合作金融组织。信用合作社作为群众性互助合作金融组织，分为农村信用合作社和城市信用合作社。信用合作社一般规模不大，其资金主要来源于合作社成员所缴纳的股金和吸收的存款，其贷款主要以信用合作社的成员为对象。最初信用合作社主要发放短期生产贷款和消费贷款，目前一些较大的信用合作社也为解决生产设备更新、技术改造等提供中长期贷款，并逐步采取了以不动产或有价证券为担保的抵押贷款方式。

3）信托投资公司

信托投资公司是一种以受托人的身份，代人理财的金融机构。信托投资公司的职能是财产事务管理，即接受客户委托，代客户管理、经营、处置财产，将收益交给受益人。信托投资公司具有财产管理和运用、融通资金、提供信息与咨询以及社会投资等功能。其在经营中是以受托人身份出现的，收益来源为手续费，因此有关法律对其进行严格限制，避免信托机构利用信托财产为自己牟利。

4）金融租赁公司

租赁是由财产所有者按契约规定，将财产租让给承租人使用，承租人根据契约按期支付租金给出租人的经济行为。金融租赁公司是专门为承租人提供资金融通的长期租赁公司。它以商品交易为基础将融资与融物相结合，既有别于传统租赁又不同于银行贷款，其提供的租赁服务是所有权和经营权相分离的一种新的经济活动方式，具有投资、融资、促销和管理的功能。

5）企业集团财务公司

企业集团财务公司，简称财务公司，是指以加强企业集团资金集中管理和提高企业集团资金使用效率为目的，为企业集团成员单位提供财务管理服务的非银行金融机构。财务公司的资金来源主要是各种形式的负债，其经营环境比较宽松，经营机制比较灵活，业务涉及成员单位的存款、贷款、交易款项收付、转账结算、担保、投资、票据承兑与贴现等。

6）金融资产管理公司

金融资产管理公司是各国主要用于清理银行不良资产的金融机构。金融资产管理公司通常是在银行出现危机或存在大量不良债权时由政府设立的，通过剥离银行不良债权向银行系统注入资金以重建公众对银行的信心，通过有效的资产管理和资产变现尽可能从不良资产中多收回些价值。由金融资产管理公司处理不良债权有利于降低清理成本，盘活资产，稳定金融市场。

7）退休养老基金会

退休养老基金会是指以定期收取退休或养老储蓄金的方式，向退休者提供退休收入或年金的金融机构。这类机构与保险公司一样，同属契约性储蓄机构，通常由雇主或雇员按期缴付工资的一定比例，受益人退休后可一次性取得或按月支取退休养老金。这类基金之前大多数是由保险公司管理的，其资金运作也比较简单，主要用于购买国债和存放银行生息。由于近年西方国家人口老龄化问题严重，养老基金运营开始转向资本市场和海外证券市场，以获得更高的投资回报率。

5.3 中国的金融机构体系

我国现行的金融机构体系是由中国人民银行、中国银行保险监督管理委员会、中国证券监督管理委员会领导，以商业银行为主体，政策性银行、非银行金融机构并存、分工协作，同时还包括港澳地区和在华外资金融机构等。

5.3.1 金融管理机构

1）中国人民银行

中国人民银行，是中华人民共和国的中央银行，在国务院领导下，制定和执行货币政策，防范和化解金融风险，维护金融稳定。中国人民银行根据《中华人民共和国中国人民银行法》的规定，在国务院的领导下依法独立执行货币政策，履行职责，开展业务，不受地方政府、社会团体和个人的干涉。中国人民银行的主要职责为：

（1）拟定金融业改革和发展战略规划，承担综合研究并协调解决金融运行中的重大问题，促进金融业健康、协调发展的责任，参与评估重大金融并购活动对国家金融安全的影响并提出政策建议，促进金融业有序发展。

（2）起草有关法律和行政法规草案，完善有关金融机构运行规则，发布与履行职责有关的命令和规章。

（3）依法制定和执行货币政策，制定和实施宏观信贷指导政策。

（4）完善金融宏观调控体系，负责防范、化解系统性金融风险，维护国家金融稳定与安全。

（5）负责制定和实施人民币汇率政策，不断完善汇率形成机制，维护国际收支平衡，实施外汇管理，负责对国际金融市场的跟踪监测和风险预警，监测和管理跨境资本流动，持有、管理和经营国家外汇储备和黄金储备。

（6）监督管理银行间同业拆借市场、银行间债券市场、银行间票据市场、银行间外汇市场和黄金市场及上述市场的有关衍生产品交易。

（7）负责会同金融监管部门制定金融控股公司的监管规则和交叉性金融业务的标准、规范，负责金融控股公司和交叉性金融工具的监测。

（8）承担最后贷款人的责任，负责对因化解金融风险而使用中央银行资金机构的行为进行检查监督。

（9）制定和组织实施金融业综合统计制度，负责数据汇总和宏观经济分析与预测，统一编制全国金融统计数据、报表，并按国家有关规定予以公布。

（10）组织制定金融业信息化发展规划，负责金融标准化的组织管理协调工作，指导金融业信息安全工作。

（11）发行人民币，管理人民币流通。

（12）制定全国支付体系发展规划，统筹协调全国支付体系建设，会同有关部门制定支付结算规则，负责全国支付、清算系统的正常运行。

（13）经理国库。

（14）承担全国反洗钱工作的组织协调和监督管理的责任，负责涉嫌洗钱及恐怖活动的资金监测。

（15）管理征信业，推动建立社会信用体系。

（16）从事与中国人民银行业务有关的国际金融活动。

（17）按照有关规定从事金融业务活动。

（18）承办国务院交办的其他事项。

● 知识链接5-5　　　　　中国人民银行的发展与改革

中国人民银行成立于1948年12月1日。中国人民银行在发展过程中，经历了体制、职能、性质、地位、作用等各方面的巨大变革，这其中也体现着整个中国金融业从中华人民共和国成立至今的发展历程。

• 中国人民银行的建立

1948年12月1日，在合并原华北、东北、西北地区银行的基础上，中国人民银行在河北省石家庄市宣布成立，1949年2月迁入北平（今北京），同年9月，中国人民政治协商会议通过《中华人民共和国中央人民政府组织法》，把中国人民银行纳入政务院的直属单位中，接受财政经济委员会指导，与财政部保持密切关系，赋予其国家银行职能，承担发行国家货币、经理国家金库、管理国家金融、稳定金融市场、支持经济恢复和国家重建的任务。

• 计划经济体制时期的国家银行

在统一的计划经济体制中，自上而下的中国人民银行体制，成为国家吸收、动员、集中和分配信贷资金的基本手段。随着社会主义改造的加快，私营金融业被纳入了公私合营银行轨道，形成了集中统一的金融体制，中国人民银行作为国家金融管理和货币发行机构，既是管理金融的国家机关，又是全面经营银行业务的国家银行。

• 从国家银行过渡到中央银行

改革开放以后，从1979年开始，我国陆续恢复建立了各种金融机构，出现了金融机构多元化和金融业务多样化的局面。日益发展的经济和金融机构的增加，迫切需要加强金融业的统一管理和综合协调。1983年9月17日，国务院做出决定，由中国人民银行专门行使中央银行职能，并具体规定了中国人民银行的10项职责。

• 中国人民银行职能的强化和完善

1993年，按照国务院《关于金融体制改革的决定》，中国人民银行进一步强化金融调控、金融监管和金融服务职责。1995年3月18日，全国人民代表大会通过《中华人民共和国中国人民银行法》，首次以立法形式确立了中国人民银行作为中央银行的地位。2003年12月27日，第十届全国人民代表大会常务委员会第六次会议审议通过了修正后的《中华人民共和国中国人民银行法》，进一步强化了中国人民银行的中央银行职能，使其更好地发挥金融宏观调控、保持币值稳定、促进经济可持续增长和防范化解金融系统性风险等重要作用。

资料来源：作者根据相关资料整理。

2）国家外汇管理局

国家外汇管理局，是中华人民共和国政府授权对外汇收支、买卖、借贷、转移以及国际上的结算、外汇汇率和外汇市场等实行管制措施的职能机构，为国务院部委管理的国家局，由中国人民银行管理。国家外汇管理局的主要职责为：

（1）研究提出外汇管理体制改革和防范国际收支风险、促进国际收支平衡的政策建议；研究逐步推进人民币资本项目可兑换、培育和发展外汇市场的政策措施，向中国人民银行提供制定人民币汇率政策的建议和依据。

（2）参与起草外汇管理有关法律法规和部门规章草案，发布与履行职责有关的规范性文件。

（3）负责国际收支、对外债权债务的统计和监测，按规定发布相关信息，承担跨境资金流动监测的有关工作。

（4）负责全国外汇市场的监督管理工作；承担结售汇业务监督管理的责任；培育和发展外汇市场。

（5）负责依法监督检查经常项目外汇收支的真实性、合法性；负责依法实施资本项目外汇管理，并根据人民币资本项目可兑换进程不断完善管理工作；规范境内外外汇账户管理。

（6）负责依法实施外汇监督检查，对违反外汇管理的行为进行处罚。

（7）承担国家外汇储备、黄金储备和其他外汇资产经营管理的责任。

（8）拟订外汇管理信息化发展规划和标准、规范并组织实施，依法与相关管理部门实施监管信息共享。

（9）参与有关国际金融活动。

（10）承办国务院及中国人民银行交办的其他事宜。

● 知识链接5-6　　　　　中国外汇管理体制的发展与改革

外汇市场是我国金融市场的重要组成部分，也是我国改革开放和对外交往的窗口，联系国际国内两个市场、两种资源。我国外汇管理体制建立于计划经济时期。改革开放前，我国实行严格的外汇集中计划管理，国家对外贸和外汇实行统一经营，外汇收支实行指令性计划管理。所有外汇收入必须售给国家，用汇实行计划分配；对外基本不举借外债，不接受外国来华投资；人民币汇率仅作为核算工具。1978年，改革开放拉开了外汇管理体制改革的序幕，外汇管理体制改革始终围绕党中央、国务院的战略部署，沿着社会主义市场经济体制的方向持续推进，按照使市场在资源配置中起决定性作用和更好发挥政府作用的要求，逐步建立起了适应中国特色社会主义市场经济要求的外汇管理体制。1978年以来，外汇管理体制改革大致经历了四个发展阶段。

第一阶段（1978—1993年），这是外汇管理体制改革的起步阶段。这一阶段以增强企业外汇自主权、实行汇率双轨制为特征。1978年党的十一届三中全会正式宣布我国开始实行改革开放，1979年，为配合外贸体制改革和鼓励企业出口创汇，我国开始实行外汇留成制度，在外汇由国家集中管理、统一平衡的基础上，按照一定比例给予出口企业购买外汇的额度，允许企业通过外汇调剂市场转让多余的外汇，由此逐步形成了官方汇率和外汇调剂市场汇率并存的双重汇率制度。这一阶段，外汇管理体制处于由计划体制开始向市场调节的转变过程，计划配置外汇资源仍居于主导地位，但市场机制萌生并不断发育，对于促进吸引外资、鼓励出口创汇、支持国内经济建设发挥了积极作用。

第二阶段（1994—2000年），社会主义市场经济条件下的外汇管理体制框架初步确定。1994年年初，国家对外汇管理体制进行了重大改革，取消外汇留成制度，实行银行结售汇制度，实行以市场供求为基础的、单一的、有管理的浮动汇率制度，建立统一规范的外汇市场。此后，进一步改进外汇管理体制，1996年取消了所有经常性国际支付和转移的限制，实现人民币经常项目可兑换。1997年，亚洲金融危机爆发，给中国经济发展与金融稳定造成严重冲击。为防止危机进一步蔓延，我国做出人民币不贬值的承诺，并重点加强对逃汇、骗汇等违法违规资本流动行为的管理和打击，成功抵御了亚洲金融危机的冲击。总体来看，这一阶段，我国初步确立适合国情、与社会主义市场经济体制相适应的外汇管理制度框架，市场配置外汇资源的决定性地位初步确定。

第三阶段（2001—2012年），以市场调节为主的外汇管理体制进一步完善。自2001年年底加入世界贸易组织以来，我国加速融入全球经济，国际收支在较长一段时间内呈现持续大额顺差，外汇管理提出国际收支平衡的管理目标和"均衡管理"的监管理念，包括人民币资本项目可兑换等重大改革探索有序推进。2002年，建立合格境外机构投资者（QFII）制度，跨境证券投资开放取得重大进展。2003年成立中央汇金公司，向国有商业银行注资，外汇储备探索多元化运用。以2005年7月人民币汇率形成机制改革为起点，不断理顺外汇市场供求关系，实施了取消经常项目外汇账户限额管理、对个人实行5万美元便利化结售汇额度管理、启动合格境内机构投资者（QDII）制度和人民币合格境外机构投资者（RQFII）制度等一系列改革举措。2008年，结合前期外汇管理体制改革取得的丰硕成果，修订《中华人民共和国外汇管理条例》，外汇管理法制化建设迈入新阶段。2009年，提出外汇管理理念和方式的"五个转变"，全面推进简政放权。2012年，实施货物贸易外汇管理制度改革，取消货物贸易外汇收支逐笔核销制度，贸易便利化程度大幅提升。

第四阶段（2013年至今），统筹平衡贸易投资自由化便利化和防范跨境资本流动风险，在维护外汇市场稳定，尤其是成功应对2015年年底至2017年年初外汇市场高强度冲击的同时，外汇领域改革开放取得历史性成就。2013年，改革服务贸易外汇管理制度，全面取消服务贸易事前审批，所有业务直接到银行办理。扩大金融市场双向开放，先后推出"沪港通"（2014年）、我国内地与香港基金互认（2015年）、"深港通"（2016年）、"债券通"（2017年）等跨境证券投资新机制。陆续设立丝路基金、中拉产能合作基金、中非产能合作基金，积极为"一带一路"搭建资金平台。2015年，将资本金意愿结汇政策推广至全国，大幅简化外商直接投资外汇管理，实现外商直接投资基本可兑换。2016—2017年，完善全口径跨境融资宏观审慎管理，推动银行间债券市场双向开放，建立健全开放有竞争力的境内外汇市场。2018年，进一步增加QDII额度，取消了QFII资金汇出比例限制和QFII、RQFII锁定期限制，扩大合格境内有限合伙人（QDLP）和合格境内投资企业（QDIE）试点。2022年，启动跨境贸易投资高水平开放试点，开展合格境外有限合伙人（QFLP）和合格境内有限合伙人（QDLP）试点，着力拓宽企业跨境投融资渠道。

资料来源：作者根据相关资料整理。

3）中国银行保险监督管理委员会

中国银行保险监督管理委员会，简称中国银保监会或银保监会，成立于2018年，是依照法律法规统一监督管理银行业和保险业，维护银行业和保险业合法、稳健运行，防范和化解金融风险，保护金融消费者合法权益，维护金融稳定的金融监管机构。中国银行保险监督管理委员会的主要职责是：

（1）依法依规对全国银行业和保险业实行统一监督管理，维护银行业和保险业合法、稳健运行，对派出机构实行垂直领导。

（2）对银行业和保险业改革开放和监管有效性开展系统性研究。参与拟订金融业改革发展战略规划，参与起草银行业和保险业重要法律法规草案以及审慎监管和金融消费者保护基本制度。起草银行业和保险业其他法律法规草案，提出制定和修改建议。

（3）依据审慎监管和金融消费者保护基本制度，制定银行业和保险业审慎监管与行为监管规则。制定小额贷款公司、融资性担保公司、典当行、融资租赁公司、商业保理公司、地方资产管理公司等其他类型机构的经营规则和监管规则。制定网络借贷信息中介机构业务活动的监管制度。

（4）依法依规对银行业和保险业机构及其业务范围实行准入管理，审查高级管理人员任职资格。制定银行业和保险业从业人员行为管理规范。

（5）对银行业和保险业机构的公司治理、风险管理、内部控制、资本充足状况、偿付能力、经营行为和信息披露等实施监管。

（6）对银行业和保险业机构实行现场检查与非现场监管，开展风险与合规评估，保护金融消费者合法权益，依法查处违法违规行为。

（7）负责统一编制全国银行业和保险业监管数据报表，按照国家有关规定予以发布，履行金融业综合统计相关工作职责。

（8）建立银行业和保险业风险监控、评价和预警体系，跟踪分析、监测、预测银行业和保险业运行状况。

（9）会同有关部门提出存款类金融机构和保险业机构紧急风险处置的意见和建议并组织实施。

（10）依法依规打击非法金融活动，负责非法集资的认定、查处和取缔以及相关组织协调工作。

（11）根据职责分工，负责指导和监督地方金融监管部门相关业务工作。

（12）参加银行业和保险业国际组织与国际监管规则制定，开展银行业和保险业的对外交流与国际合作事务。

（13）负责国有重点银行业金融机构监事会的日常管理工作。

（14）完成党中央、国务院交办的其他任务。

（15）职能转变。围绕国家金融工作的指导方针和任务，进一步明确职能定位，强化监管职责，加强微观审慎监管、行为监管与金融消费者保护，守住不发生系统性金融风险的底线。按照简政放权要求，逐步减少并依法规范事前审批，加强事中事后监管，优化金融服务，向派出机构适当转移监管和服务职能，推动银行业和保险业机构业务和服务下沉，更好地发挥金融服务实体经济功能。

4）中国证券监督管理委员会

中国证券监督管理委员会简称证监会，成立于1992年10月，是国务院直属事业单位，也是全国证券期货市场的主管部门，依照法律、法规和国务院授权，统一监督管理全国证券期货市场，维护证券期货市场秩序，保障其合法运行。中国证券监督管理委员会的具体职责是：

（1）研究和拟订证券期货市场的方针政策、发展规划；起草证券期货市场的有关法律、法规；制定证券期货市场的有关规章。

（2）统一管理证券期货市场，按规定对证券期货监督机构实行垂直领导。

（3）监督股票、可转换债券、证券投资基金的发行、交易、托管和清算；批准企业债券的上市；监管上市国债和企业债券的交易活动。

（4）监管境内期货合约上市、交易和清算；按规定监督境内机构从事境外期货业务。

（5）监管上市公司及其有信息披露义务股东的证券市场行为。

（6）管理证券期货交易所；按规定管理证券期货交易所的高级管理人员；归口管理证券业协会。

（7）监管证券期货经营机构、证券投资基金管理公司、证券登记清算公司、期货清算机构、证券期货投资咨询机构；与中国人民银行共同审批基金托管机构的资格并监管其基金托管业务；制定上述机构高级管理人员任职资格的管理办法并组织实施；负责证券期货从业人员的资格管理。

（8）监管境内企业直接或间接到境外发行股票、上市；监管境内机构到境外设立证券机构；监督境外机构到境内设立证券机构、从事证券业务。

（9）监管证券期货信息传播活动，负责证券期货市场的统计与信息资源管理。

（10）会同有关部门审批律师事务所、会计师事务所、资产评估机构及其成员从事证券期货中介业务的资格并监管其相关的业务活动。

（11）依法对证券期货违法行为进行调查、处罚。

（12）归口管理证券期货行业的对外交往和国际合作事务。

（13）国务院交办的其他事项。

● 金融观察　　　　　　　　持续护航脱贫地区及群体不返贫

中国国务院扶贫开发领导小组办公室 2020 年 12 月 30 日表示，经过各方面的共同努力，中国现行标准下农村贫困人口全部脱贫，贫困县全部摘帽，贫困村全部退出，脱贫攻坚目标任务如期全面完成。随着脱贫攻坚任务如期完成，如何在实现巩固拓展脱贫攻坚成果同乡村振兴有效衔接上起好步，成为"十四五"开局之年的重点工作。相应地，金融在相关工作中的职能以及资源配置也应发生调整。2021 年 6 月，中国人民银行、银保监会、证监会、财政部、农业农村部、乡村振兴局等六部委联合发布了《关于金融支持巩固拓展脱贫攻坚成果全面推进乡村振兴的意见》（以下简称《意见》）。《意见》提出金融机构要围绕加大对国家乡村振兴重点帮扶县的金融资源倾斜、强化对粮食等重要农产品的融资保障等八个重点领域，加大金融资源投入；并强调在优化原金融精准扶贫产品的基础上，充分发挥信贷、债券、股权、期货、保险等金融子市场合力的作用，增强政策的针对性和可操作性。根据 2021 年 7 月 13 日国务院新闻办公室新闻发布会公布的数据，脱贫攻坚战以来，扶贫小额信贷累计发放 7 100 多亿元，扶贫再贷款累计发放 6 688 亿元，金融精准扶贫贷款发放 9.2 万亿元，有力支持脱贫攻坚战取得全面胜利；截至 2021 年 6 月末，全国涉农贷款余额 41.66 万亿元，同比增长 10.1%，越来越多的金融资源正被引导投入"三农"领域。

资料来源：宋珏遐. 持续护航脱贫地区及群体不返贫 [EB/OL]. [2021-12-02]. https://www.financialnews.com.cn/ncjr/jrfp/202112/t20211202_234328.html.

分析点评：

随着脱贫攻坚目标的全面实现，困扰中国人数千年的绝对贫困现象从中华大地消失。这是中国发展的里程碑，也是人类历史的重大事件。脱贫攻坚取得举世瞩目的伟大成就，充分彰显了党的领导和社会主义制度的政治优势，充分证明社会主义是干出来的，幸福生活是奋斗出来的。2022年，我们要一起沿着习近平总书记指引的方向奋力前进，向着推进乡村全面振兴的目标奋勇前行，同心协力、攻坚克难，推动并巩固脱贫成果上台阶、乡村振兴开新局。

5）金融机构行业自律组织

金融机构行业自律，是指金融机构设立行业自律组织，通过制定同业公约，提供行业服务、加强相互监督等方式，实现金融行业的自我约束、自我管理，以规范、协调同业经营行为，保护行业的共同利益，促进各家会员企业按照国家金融、经济政策的要求，努力提高管理水平，优化行业品种，完善金融服务。我国的金融机构行业自律组织包括：中国银行业协会、中国证券业协会、中国保险行业协会和中国财务公司协会等。

5.3.2 银行业金融机构

1）国有股份制商业银行

国有股份制商业银行包括中国工商银行、中国建设银行、中国银行、中国农业银行、交通银行和中国邮政储蓄银行，是我国金融机构体系的主体。目前，国有股份制商业银行均已完成股份制改革并实现上市。无论在人员总数、机构网点数量，还是在资产规模及市场占有份额上，五家国有控股商业银行都在我国整个金融领域中处于绝对的优势地位。

（1）中国工商银行（Industrial and Commercial Bank of China），简称ICBC或工行，成立于1984年1月1日，2005年10月28日整体改制为股份有限公司。2006年10月27日，在上海证券交易所和香港联合交易所同日挂牌上市。基本任务是依据国家的法律和法规，通过在国内外开展融资活动筹集社会资金，加强信贷资金管理，支持企业生产和技术改造，为我国经济建设服务。中国工商银行是中国五大银行之首，世界五百强企业之一，拥有中国最大的客户群，是中国最大的商业银行。

（2）中国建设银行（China Construction Bank），简称CCB或建行，成立于1954年10月1日（最初行名为中国人民建设银行，1996年3月26日更名为中国建设银行）。其H股于2005年10月27日在香港联合交易所上市，A股于2007年9月25日在上海证券交易所上市。中国建设银行主要经营领域包括公司银行业务、个人银行业务和资金业务，拥有基金、租赁、信托、人寿、财险、投行、期货、养老金等多个行业的子公司。

（3）中国农业银行（Agricultural Bank of China），简称ABC或农行，前身为农业合作银行，成立于1951年，1955年3月正式以"中国农业银行"名称建立，业务包括公司银行、零售银行、金融市场业务及资产管理业务，业务范围还涵盖投资银行、基金管理、金融租赁、人寿保险等领域。2010年7月15日、16日中国农业银行完成"A+H"两地上市。

（4）中国银行（Bank of China），简称BOC，成立于1912年2月5日，是中国持续经营时间最久的银行，业务范围涵盖商业银行、投资银行、保险和航空租赁，旗下有中银国际、中银投资、中银基金、中银保险、中银航空租赁、中银消费金融、中银金融商务、中银香港等控股金融机构，在全球范围内为个人和公司客户提供金融服务，是中国国际化和多元化程度最高的银行。2006年6月1日和7月5日，中国银行分别在香港联合交易所和上海证券交易所成功上市。

（5）交通银行（Bank of Communications），简称BCM，成立于1908年，是中国历史最悠久的银行之一，也是近代中国的发钞行之一。1987年4月1日，重新组建后的交通银行正式对外营业，成为中国第一家全国性的国有股份制商业银行，总行设在上海。2005年6月交通银行在香港联合交易所挂牌上市，2007年5月在上海证券交易所挂牌上市。交通银行业务范围涵盖商业银行、投资银行、证券、信托、金融租赁、基金管理、保险、离岸金融服务等诸多领域。其旗下全资子公司包括交银国信、交银保险和交银金融租赁，控股子公司包括交银基金、交银信托、交银人寿以及四家交银村镇银行。

（6）中国邮政储蓄银行。1919年，中国邮政储蓄银行的前身邮政储金局成立，开办邮政储金业务；1942年，邮政储金汇业局成为当时六大金融支柱"四行两局"的重要组成部分；在中华人民共和国成立初期，1953年邮政储蓄业务停办，继续办理汇兑业务；1986年1月27日，邮电部、中国人民银行联合发出《关于开办邮政储蓄业务联合通知》，在12个城市的邮政网点开始办理个人活期、定期储蓄业务。其后，邮政企业陆续开始办理汇兑、销售国库券、代办保险等业务。2007年3月20日，在改革原邮政储蓄管理体制的基础上，中国邮政储蓄银行正式挂牌成立。2012年1月，其整体改制为股份有限公司。2016年9月28日，其在香港联合交易所挂牌上市，2019年12月在上海证券交易所挂牌上市。中国邮政储蓄银行定位于服务"三农"、城乡居民和中小企业，致力于为中国经济转型中最具活力的客户群体提供服务，并加速向数据驱动、渠道协同、批零联动、运营高效的新零售银行转型。

2）股份制商业银行

股份制商业银行是商业银行的一种类型，分为全国性的股份制商业银行和地方性的股份制商业银行两种。全国性的股份制商业银行在全国设立分支机构并开展经营业务，我国现有12家全国性股份制商业银行，如招商银行、浦发银行、中信银行、中国光大银行、华夏银行、中国民生银行、广发银行、兴业银行、平安银行等。地方性的股份制商业银行是指在一定区域范围内经营金融业务的商业银行，如以城市命名的商业银行。地方性的股份制商业银行还包括农村商业银行。农村商业银行是由当地农民、农村工商户、企业法人和其他经济组织共同入股组建的股份制地方性金融机构。我国的农村商业银行是在原农村信用社的基础上进行股份制改造，由民营企业、股份公司、有限责任公司、自然人出资组成的地方股份制银行。

股份制商业银行尽管在规模、数量和人员总数上远不能与国有控股商业银行相比，但其资本、资产及利润的增长速度较快，呈现出较强的经营活力，股份制商业银行已成为我国银行体系中的重要力量。

● 案例分析 5-1　　　　　　　招商银行特色鲜明，发展迅速

招商银行1987年成立于中国改革开放的最前沿——深圳蛇口，是中国境内第一家完全由企业法人持股的股份制商业银行，也是国家从体制外推动银行业改革的第一家试点银行，现已发展成为沪港两地上市，拥有商业银行、金融租赁、基金管理、人寿保险、境外投行等金融牌照的银行集团。

成立以来，招商银行一直谨记创办初期"为中国贡献一家真正的商业银行"的使命，始终坚持市场导向、客户至上、科技驱动、专家治行，以自身的转型发展推动社会经济持续进步：率先推出全国通存通兑的"一卡通"，引领行业走出存折时代；率先实施AUM（管理客户总资产）考核替代存款考核，引导社会财富从存款转向多元理财配置；率先探索"投商行一体化"，服务经济新动能日益升级的融资需求；率先践行数字化转型，打开生态化经营的发展空间。

近年来，招商银行紧密围绕"轻型银行"战略，以客户和科技为主线，实现"质量、效益、规模"动态均衡发展。至2020年末，招商银行总资产规模达8.36万亿元，全年营业收入2 904.82亿元，ROAA、ROAE分别为1.23%和15.73%，保持行业领先；不良贷款率为1.07%，连续四年下降，资产质量保持优良；拨备覆盖率达437.68%，风险抵补能力持续强化。2021年，招商银行连续第三年荣膺《欧洲货币》"中国最佳银行"，创造了该奖项评选史上首个"三连冠"的纪录；位列英国《银行家》全球银行1 000强榜单第14位，比2020年提高3个位次；在《财富》世界500强榜单上列第162位。

未来五至十年，招商银行着眼于实体经济不断升级的融资需求和居民财富持续高涨的配置需求，以"大财富管理"为工作主线，以金融科技为动力，致力打通资产和资金的供需两端，向"轻型银行"的高级形态不断演进。

资料来源：作者根据招商银行网站相关资料整理。

分析：招商银行依托自身优势和经营特色，确立了以"轻型银行"为目标、以"一体两翼"为定位的战略体系，经营特色鲜明，迅速发展壮大，在中国银行业中取得了骄人成绩，也为我国股份制商业银行的发展积累了宝贵经验。

按照《中华人民共和国商业银行法》（以下简称《商业银行法》）的规定，我国商业银行可经营下列部分或者全部业务：吸收公众存款；发放短期、中期、长期贷款；办理国内结算；办理票据承兑与贴现；发行金融债券；代理发行、代理兑付、承销政府债券；买卖政府债券、金融债券；从事同业拆借；买卖、代理买卖外汇；从事银行卡业务；提供信用证服务及担保；代理收付款项及代理保险业务；提供保险箱服务；经银保监会批准的其他业务。

3）政策性银行

1994年，本着政策性金融和商业性金融相分离的原则，我国设立了三家政策性银行，即中国农业发展银行、中国进出口银行和国家开发银行。

（1）中国农业发展银行。

中国农业发展银行是国家出资设立、直属国务院领导、支持农业农村持续健康发展、具有独立法人地位的国有政策性银行。其主要任务是筹集支农资金，支持"三农"事业发展，发挥国家战略支撑作用。

（2）中国进出口银行。

中国进出口银行是由国家出资设立、直属国务院领导、支持中国对外经济贸易投资发展与国际经济合作、具有独立法人地位的国有政策性银行。其主要职责是贯彻执行国家产业政策、对外经贸政策、金融政策和外交政策，为扩大中国机电产品、成套设备和高新技术产品出口，推动有比较优势的企业开展对外承包工程和境外投资，促进对外关系发展和国际经贸合作，提供政策性金融支持。

（3）国家开发银行。

国家开发银行是中央金融企业，是直属国务院领导的政策性银行，2008年12月改制为国家开发银行股份有限公司。2015年3月，国务院明确将国家开发银行定位为开发性金融机构（以国家信用为基础，以市场业绩为支柱，通过融资贯彻国家政策，实现政府的发展目标，就是既开展政策性金融业务，又开展商业性金融业务）。国家开发银行是全球最大的开发性金融机构、中国最大的中长期信贷银行和债券银行。

● 知识链接5-7　国家开发银行从政策性银行转型为开发性金融机构

2015年3月20日，国务院批复国家开发银行（以下简称"国开行"）深化改革方案。国开行深化改革的目标，是紧紧围绕服务国家经济重大中长期发展战略，建立市场化运行、约束机制，努力把国开行建设成为资本充足、治理规范、内控严密、运营安全、服务优质、资产优良的开发性金融机构，进一步发挥开发性金融在重点领域、薄弱环节、关键时期的功能和作用，促进国民经济持续健康发展。

国开行深化改革的主要内容：一是明确国开行的开发性金融机构的功能定位。二是明确国开行主要从事开发性业务，如新型城镇化、保障性安居工程、"两基一支"、支持"走出去"、科技、文化和人文交流等。三是完善组织架构和治理结构。四是明确资金来源的政策支持。国开行所发行的债券，国家继续给予信用支持，风险权重为零。五是提高资本充足率，国家为国开行注资以补充资本金。六是建立以资本充足率为核心的资本约束机制。七是加强内部管控和外部监管，建立与开发性业务相适应的风险管理体系；监管部门研究制定对国开行的审慎性监管规定并实施监管。八是以突出服务国家战略、侧重风险控制、兼顾利润回报为导向对国开行进行绩效评价。九是修订和完善章程。条件成熟时，考虑制定国开行条例，以此作为内部运营和外部监管的法定依据。

国开行深化改革方案坚持问题导向，从国开行发展实际出发，明确定位方向，使业务发展的重点更加清晰；系统解决制约发展的问题，为可持续发展提供了保障；强化激励约束机制，进一步完善国开行运行的法定依据和政策环境，为稳健经营提供了基础和依据。方案对于提高国开行可持续发展水平、更好地支持国民经济持续健康发展具有重大意义，为国开行长远发展注入新的动力。

在全面建设社会主义现代化国家的新征程中，国开行将坚持开发性金融机构定位，立足新发展阶段，贯彻新发展理念，服务和融入新发展格局，聚焦国家战略重点领域和薄弱环节，主动担当作为，锐意改革创新，不断增强自身活力、影响力和抗风险能力，为促进经济社会持续健康发展做出新的更大的贡献。

资料来源：作者根据国家开发银行网站相关资料整理。

头脑风暴5-1

在当今市场经济条件下，为什么需要政策性银行从事相应的融资业务？请谈谈自己的看法。

5.3.3　证券机构

证券机构是指依法设立的从事证券服务业务的法人机构。证券服务业务包括：证券投资咨询；证券发行及交易的咨询、策划、财务顾问、法律顾问及其他配套服务；证券资信评估服务；证券集中保管；证券清算交割服务；证券登记过户服务；证券融资；经证券管理部门认定的其他业务。在中国，证券机构包括证券公司、证券交易所、基金管理公司、期货公司、投资咨询公司、证券登记结算公司、证券评估公司等。

（1）证券公司。证券公司是指依照《中华人民共和国证券法》的规定，经国家主管机关批准设立的专门从事证券经营业务的机构。证券公司的主要业务包括：证券经纪；证券投资咨询；与证券交易、证券投资活动有关的财务顾问；证券承销与保荐；证券自营；证券资产管理；并购和其他证券业务。

（2）证券交易所。证券交易所是为证券集中交易提供场所和设施，组织和监督证券交易，实行自律管理的金融机构。目前我国有三家证券交易所，即上海证券交易所、深圳证券交易所和北京证券交易所。

5.3.4　保险机构

保险机构是指从事保险业务的金融机构，包括财产保险公司、人身保险公司、再保险公司、保险资产管理公司、保险经纪公司、保险代理公司、保险公估公司等。改革开放以来，我国的保险业得到了迅速发展，机构数量和保费收入不断增长。

1）保险公司

按照《中华人民共和国保险法》的规定，保险公司的业务范围有两大项：一是从事人身保险业务，包括人寿保险、健康保险、意外伤害保险等保险业务；二是从事财产保险业务，包括财产损失保险、责任保险、信用保险、保证保险等保险业务。同时规定，同一保险公司不得兼营财产保险业务和人身保险业务，但是经营财产保险的保险公司经保险监管机构核定，可以经营短期健康保险业务和意外伤害保险业务。

2）保险中介机构

保险中介机构是指介于保险经营机构之间或保险经营机构与投保人之间，专门从事保险业务咨询与招揽、风险管理与安排、价值衡量与评估、损失鉴定与理算等中介服务活动，并从中依法获取佣金或手续费的单位。保险中介机构一般包括保险经纪公司、保险代理公司和保险公估公司。

（1）保险经纪公司，是基于投保人的利益，为投保人与保险人订立保险合同提供中介服务，并依法收取佣金的金融机构。保险经纪公司是站在客户的立场上，为客户提供专业化的风险管理服务，设计投保方案、办理投保手续并具有法人资格的中介机构。简单地说，保险经纪公司就是投保人的风险管理顾问。

（2）保险代理公司，是根据保险人的委托，在保险人授权的范围内代为办理保险业务的金融机构。保险代理公司具有不同于其他代理人的特点：组织机构健全；专业技术人才集中；经营管理专业化、规范化程度高等。

（3）保险公估公司，是接受保险当事人委托，专门从事保险标的的评估、勘验、鉴定、估损、理算等业务的金融机构。

5.3.5　其他金融机构

我国还存在着其他形式的金融机构，包括信托公司、投资基金管理公司、财务公司、贷款公司、金融租赁公司、汽车金融公司、货币经纪公司以及金融资产管理公司等。随着改革开放的不断深入，在我国境内的外资金融机构数量及业务不断增加，现已成为我国金融机构体系的重要组成部分。

知识掌握

5.1　重要概念

中央银行　商业银行　政策性银行　投资银行

5.2　单项选择题

1）在我国现行金融机构体系中，处于主体地位的是（　　　）。

A.中央银行　　　　　B.专业银行　　　　　C.商业银行　　　　　D.政策性银行

2）我国从政策性银行转型为开发性金融机构的是（　　　）。

A.中国进出口银行　B.中国农业银行　C.国家开发银行　D.中国农业发展银行

3）中国人民银行属于（　　　）类型的中央银行。

A.单一制　　　　　B.跨国式　　　　　C.准央行制　　　　　D.复合式

4）具有信用中介职能、选择职能和补充职能的银行是（　　　）。

A.地方性商业银行　　　　　　　　B.全国性商业银行

C.政策性银行　　　　　　　　　　D.专业银行

5）具有服务和调控职能的银行是（　　　）。

A.政策性银行　　　　　B.投资银行　　　　　C.商业银行　　　　　D.中央银行

5.3　判断题

1）制定和执行货币政策、防范化解金融风险属于国有商业银行的职责。　　　（　　　）

2）商业银行一般都采取单一银行制的组织形式。　　　　　　　　　　　　　（　　　）

3）只要是银行就可以吸收公众存款。　　　　　　　　　　　　　　　　　　（　　　）

4）现代金融机构体系的核心机构是商业银行。　　　　　　　　　　　　　　（　　　）

5）保险公司、证券公司、信用合作社都属于非存款类金融机构。　　　　　　（　　　）

5.4　问答题

1）金融机构是如何分类的？

2）一国金融机构体系中有哪些主要机构？它们分别具有怎样的性质和职能？

3）中国现行的金融机构体系是怎样形成的？目前包括哪些机构？

知识应用

□ 案例分析

金融机构的职责分工

某金融机构增加了分支机构和分理处等营业网点，使其吸收存款的数额有了较大幅度的增长。

　　某金融机构为国家大型基础设施开发项目提供大额中长期贷款支持。

　　某金融机构增加人民币发行数额。

　　问题：根据以上业务内容，分析说明以上几种金融机构分别是哪种机构，并说明原因。

　　分析提示：按金融机构性质、职能及职责分工加以判断和说明。

□ 实践训练

　　实训项目：我国金融机构的职责划分

　　实训目的：认识我国现有的各种金融机构。

　　实训步骤：

　　1）将同学们分组；

　　2）各组进行实地考察；

　　3）各组选出两种或以上与个人有关的金融业务并选择金融机构进行办理；

　　4）分组讨论，加深对各种金融机构的认识。

第6章
商业银行业务及管理

【学习目标】 ● 在学习完本章之后，你应该能够：了解商业银行的业务构成及各项管理；明确商业银行的经营管理原则；熟知商业银行资产负债比例管理的方法；掌握商业银行负债业务、资产业务、中间业务和表外业务的具体内容。

　　张军和刘芳均为已毕业3年的大学生，二人准备购房结婚。他们看中了一套80平方米的房子，售价为32万元。二人已经攒了7万元存款，但要全额购房得10年以后，他们应该怎么办呢？

　　他们想要现在购房，通过商业银行办理个人住房按揭贷款便可做到。先用存款付首付款7万元，同时向银行申请25万元住房按揭贷款，按照等额本息偿还法每月只需还款2 639.43元。这样他们就可以提前10年住进属于自己的房子了。

　　资料来源：作者根据相关资料整理。

视频6-1

银行创造了
国家？

　　这个案例表明：商业银行可以给需要资金的人提供贷款支持，从而使融资者达到其购买和消费的目的。那么商业银行的资金来源于何处呢？它是怎样运用其资金的呢？商业银行还开展哪些金融服务业务呢？这就是本章要学习的商业银行业务及管理问题。

6.1　商业银行的主要业务

　　商业银行是发展历史悠久、服务功能全面、对社会经济生活有着重大影响的金融企业。其业务一般分为负债业务、资产业务、中间业务和表外业务四大类。

6.1.1　负债业务

　　负债业务是商业银行筹集资金、借以形成资金来源的业务。商业银行的资金按来源分为自有资本和外来资金两部分，外来资金又包括存款及借入资金等。负债业务是商业银行资产业务、中间业务和表外业务的基础。

1）自有资本

　　自有资本是商业银行自身所拥有的资金，是商业银行所有者的权益，包括实收资本、资本公积、盈余公积和未分配利润。

　　（1）实收资本。实收资本是商业银行投资者实际投入商业银行经营活动中的各种财产物资，即商业银行所有者对商业银行的原始投入。实收资本反映了资金的属性，表明了商业银行所有者对商业银行应负担的义务和享有的权利。实收资本依据所有者主体不同，可以划分为国家投资、单位投资、个人投资和外商投资等。我国目前实行注册资本制度，要求商业银行的实收资本与注册资本相一致。注册资本是商业银行设立时在市场监督管理部门登记的资本。前已述及，《商业银行法》规定，设立全国性商业银行的注册资本最低限额为10亿元人民币；设立城市商业银行的注册资本最低限额为1亿元人民币；设立农村商业银行的注册资本最低限额为5 000万元人民币。注册资本应当是实缴资本。

　　（2）资本公积。资本公积是商业银行在非经营业务中发生的资产增值。资本公积包含一些本属资本属性，但不列入实收资本的项目，主要有商业银行在筹集资金中的资本溢价、股票溢价、法定资产重估增值，以及接受捐赠的资产价值等。资本溢价是指商业银行设立时实际收到投资者投入的资金总额超过其注册资本的部分。股票溢价是指股票发行价格超过其面值的部分。有些国家法律规定，商业银行在开始营业时，必须拥有至少等于股本总额20%的资本公积。

（3）盈余公积。盈余公积是商业银行按照有关规定，从税后利润中提取的公积金，它既可以用于弥补亏损，又可用于转增银行资本。商业银行应在税后利润中提取10%作为盈余公积，当盈余公积达到注册资本的50%时可不再提取。

（4）未分配利润。未分配利润是商业银行在经过各种形式的利润分配后剩余的利润。这部分利润尚存于商业银行中，是银行增加自有资本的重要方法，特别是那些难以进入股市筹资的银行。在经济发展缓慢、资金紧张，或所得税税率较高时，商业银行也往往选择这种方法增加自有资本。

自有资本是商业银行可独立运用的最可靠、最稳定的资金来源。虽然自有资本一般只占银行资金来源的极小比重，但它却起着极为重要的作用。它不仅是银行存在和发展的先决条件，也是客户存款免遭偶然损失的保障。同时，它还是银行正常经营的保障及衡量银行实力的重要标准。

2）存款

存款是商业银行最主要的资金来源，一般占总资金来源的70%以上，因此吸收存款成为商业银行最重要的负债业务。根据不同的标准，存款可以划分为不同的种类。商业银行的存款通常按其性质和支取方式划分为活期存款、定期存款和储蓄存款三种类型。

（1）活期存款。活期存款是指存款客户可以随时提取和支付的存款。存入这种存款账户的资金主要是用于交易和支付用途的款项。这种存款在支用时，一般使用支票，因而有支票存款之称。企业、个人、政府机关、金融机构都能在银行开立活期存款账户。开立这种存款账户的目的是通过银行进行各种支付结算。由于支付频繁，银行提供服务要付出较高费用，所以一般不对存户支付利息。虽然活期存款时存时取，流动性很强，但存取错综交替之中总会在银行形成一笔相当稳定、数量可观的余额，这是银行用于贷款的重要资金来源。

（2）定期存款。定期存款是指事先约定存款期限，到期才能提取的存款，如需提前支取，储户将蒙受利息损失。存入这种存款账户的资金是近期暂时不用或作为价值储存的款项。定期存款存入时，银行一般向储户出具存单，也有采用存折形式的。由于定期存款的期限既定且一般较长，银行要给予利息，其利率的高低与期限的长短成正比。20世纪60年代以来，银行为了更广泛地吸收存款，推出了"可转让"的定期存单，这种存单在到期日之前可在货币市场上转让买卖。

（3）储蓄存款。储蓄存款主要是针对居民个人积蓄货币和取得利息收入之需而开办的一种存款业务。它可以进一步分为活期储蓄和定期储蓄两类。这种存款通常由银行发给存户存折，以作为存款和取款的凭证，一般不能签发支票，支用时只能提取现金或先转入活期存款账户。储蓄存款以定期居多，但无论定期、活期，都支付利息，只是利率高低有区别。

● 小思考6-1

在日常生活中，由于家庭开支情况的变化，有时会急需提前支取存款，根据银行有关规定，定期储蓄提前支取只能按活期储蓄利率计算利息，这样不可避免地要有一些利息损失，怎样使损失最小呢？

答：可以运用一些技巧使利息损失减少到最低程度。

（1）办理部分提前支取。银行规定，定期存款的提前支取可分为部分和全额支取两种。储户可根据自己的实际需要，办理部分提前支取，这样剩下的存款仍可按原有存单存入日、原利率、原到期日计算利息。

（2）办理存单质押贷款。因急需全额提前支取较长期限的定期储蓄存单，而支取日至原存单到期日只剩下一小段时间的情况下，可以用原存单作抵押，申请办理小额抵押贷款手续，这样可减少利息损失。

3）借入资金

借入资金是商业银行一种持久地增加资金来源的手段。商业银行的借入资金主要包括中央银行借款、银行同业借款、国际货币市场借款和发行金融债券等。

（1）中央银行借款。商业银行资金不足时，可以向中央银行借款。一般说来，商业银行向中央银行借款主要的、直接的目的在于缓解资金的暂时不足，而非用来谋利。向中央银行借款主要有两种形式：一是再贴现，即商业银行把自己办理贴现业务所买进的未到期票据转卖给中央银行；二是再贷款，即商业银行用自己持有的有价证券作为抵押品向中央银行取得抵押贷款。由于一般只是在必要时商业银行才向中央银行借款，因而该项目通常在商业银行负债中的比重和在中央银行资产中的比重都较小。

（2）银行同业借款。其主要包括：①同业拆借。同业拆借是商业银行之间的短期资金融通活动。商业银行在每天营业终了或在票据交换结算结束时，总会出现有的银行头寸不足、有的银行头寸多余的情况。为了实现资金平衡、保持资金正常周转，头寸不足的银行就需从头寸多余的银行临时拆入资金并支付利息；而头寸多余的银行也愿意将暂时盈余的资金拆出以取得利息。这样就发生了银行同业拆借活动。同业拆借具有期限短、数额大、利率适中等特点。目前，许多大银行都把拆入资金作为一项经常性的资金来源。②抵押、质押借款。商业银行在资金紧张、周转不畅等情况下，也可以通过抵押、质押的方式向其他金融机构取得资金。作为抵押、质押的资产大部分是客户的担保资产。③转贴现借款。银行在资金发生周转困难时，将通过办理贴现买进的未到期票据交给其他商业银行或贴现机构，要求予以转贴现以获取资金。

（3）国际货币市场借款。第二次世界大战以后，特别是近二三十年来，商业银行尤其是大的商业银行在国际货币市场上广泛地通过办理定期存款，发行大额定期存单，出售商业票据、银行承兑票据及发行债券等方式筹集资金。

（4）发行金融债券。发行金融债券是指商业银行经批准，通过向社会公众推销债务凭证的方式筹集资金的业务。它通常具有可及时、足额筹集资金且资金的稳定程度较高等特点。

6.1.2　资产业务

商业银行的资产业务，是指商业银行将通过负债业务所积聚起来的货币资金加以应用的业务。

1）商业银行资产的构成

根据国际通行的银行资产负债表，商业银行资产主要划分为现金资产、贷款、证券投资资产和固定资产四大类。

（1）现金资产。商业银行的现金资产由库存现金、存放中央银行款项、存放同业资金和在途资金等项目组成。现金资产是银行全部资产中最富流动性的部分，是银行随时可用来支付客户现金需要的资产。但现金资产又是资产中的非盈利或微利资产，故各国商业银行都尽可能将其占用量降到必需的最低水平。一般情况下，现金资产占全部资产的比率为12%。

（2）贷款。贷款又称放款，是银行将货币资金的使用权以一定条件为前提转让给客户，并定期归还的资产运用方式。贷款是商业银行的主要盈利性资产业务。国际上商业银行贷款资产占总资产的比率为60%左右。我国商业银行由于目前资产结构比较单一，故贷款占总资产的比率高于国际商业银行平均水平。

（3）证券投资资产。证券投资是指银行购买有价证券的经营行为。证券投资在银行资产中占有重要地位。由于各国法律对商业银行证券投资业务的管制程度不同，因此证券投资资产占总资产的比重也相差悬殊，低的在10%左右，高的达30%。根据《商业银行法》的规定，商业银行在中华人民共和国境内不得从事信托投资和证券经营业务，只限于买卖政府债券、金融债券，因此我国商业银行证券投资资产的比重远远低于国际平均水平。

（4）固定资产。固定资产是商业银行拥有的房地产和设备。一般来说，各国商业银行的自用固定资产占银行全部资产的比率为0.5%~2%。一些国家的法律允许商业银行从事房地产经营和其他固定资产投资，其固定资产占总资产的比率可达15%。《商业银行法》明确规定，商业银行不得投资于非自用不动产。因此，我国商业银行固定资产占总资产的比率约为2%。

微课 6-1

贷款与再贷款

在商业银行资产中，贷款和证券投资资产是盈利性资产，并占有绝对比重，构成商业银行的主要资产业务。

2）贷款业务

贷款是商业银行最重要的资产业务，是商业银行经营利润的主要来源。

（1）贷款的种类。

贷款业务的种类很多，从不同角度可划分为下列几种类型：

按是否有担保划分，贷款可分为信用贷款、担保贷款和票据贴现。①信用贷款是指以借款人的信誉发放的贷款。这种贷款的风险很大，因此，除了对一些资信特别好、资金实力雄厚的客户外，一般不对其他客户发放。②担保贷款，包括保证贷款、抵押贷款和质押贷款。保证贷款，是指以第三人承诺在借款人不能偿还贷款时，按约定承担一般保证责任或者连带责任而发放的贷款。抵押贷款，是指以借款人或第三人的财产作为抵押物发放的贷款。质押贷款，是指以借款人或第三人的动产或权利作为质押物发放的贷款。作为抵押物和质押物的资产必须是能够在市场上出售的。如果贷款到期借款人不愿偿还，银行可以取消抵押物和质押物的赎回权并将其处理。③票据贴现是指客户持未到期的商业票据向银行提前融通资金的行为。贴现业务是一种特殊的贷款。它和普通贷款相比，虽都是资金运用并收取利息，但也有许多不同之处。第一，普通贷款是到期以后收取利息，贴现则是在贴现业务发生时从票面额中预扣利息。第二，普通贷款期限较长，且常有转期情况，而贴现的票据期限一般较短，通常都是3个月，最长不会超过1年，到期即可收回。第三，普通贷款的申请人即为银行的直接债务人，而贴现的申请人并非银行的直接债务人，票据的出票人、承兑人和背书人均应对票面款项负责。第四，普通贷款利率要略高于贴现率，这是因为贴现业务发生时，银行要按票据面额预扣利息将余额付给客户，银行的实际付款额要低于票面额，所以贴现利率要低于普通贷款利率。

按贷款期限是否既定划分，贷款可分为定期贷款和活期贷款。①定期贷款是指银行与借款人事先约定偿还期，到期须偿还的贷款。定期贷款按期限的长短，又可分为短期贷款、中期贷款和长期贷款。短期贷款，系指贷款期限在1年以内（含1年）的贷款；中期贷款，系指贷款期限在1年以上（不含1年）5年以下（含5年）的贷款；长期贷款，系指贷款期限在5年以上（不含5年）的贷款。②活期贷款又称通知贷款，是指商业银行与借款人事先并不约定偿还期，借款人可以随时偿还，商业银行也可随时通知借款人还款的贷款。

按还款方式划分，贷款可分为一次性偿还的贷款和分期偿还的贷款。①一次性偿还的贷款在贷款到期时一次性偿还本金，但利息则根据约定，或在整个贷款期间分期支付，或在贷款到期时一次性支付。②分期偿还的贷款按年、按季、按月以相等或不等的金额还本付息。

按风险程度划分，贷款可分为正常贷款、关注贷款、次级贷款、可疑贷款和损失贷款。①正常贷款是指借款人能够履行合同，没有足够理由怀疑贷款本息不能按时足额偿还的贷款。②关注贷款是指尽管借款人目前有能力偿还贷款本息，但存在一些可能对偿还产生不利影响因素的贷款。③次级贷款是指借款人的还款能力出现明显问题，完全依靠其正常营业收入已无法足额偿还贷款本息，即使执行担保，也可能会造成一定损失的贷款。④可疑贷款是指借款人无法足额偿还贷款本息，即使执行担保，也会造成较大损失的贷款，即贷款肯定要发生一定的损失，只是因为存在借款人重组、兼并、合并、抵押物处理和未决诉讼等待定因素，损失金额还不能确定。⑤损失贷款是指在采取所有可能的措施或一切必要的法律程序之后，本息仍然无法收回，或只能收回极少部分的贷款，即贷款大部分或全部发生损失。正常贷款、关注贷款通称为正常贷款，次级贷款、可疑贷款、损失贷款通称为不良贷款。

● 知识链接6-1　　　　　　　　信用贷款风险评析及防范

准确评估信用风险的大小对最大限度地减少损失或最大限度地获得利润十分重要。风险评价是风险管理过程中的关键环节，如果对风险估计不足，会因采取防范措施不力，从而加大银行损失的可能性；反之，如果将风险估计过大，则要么增加防范成本，要么因过于谨慎而放弃机会，两者均会使银行收益降低。

进行信用风险评价，是要充分获取有关风险的信息，并利用这些信息准确地评价风险发生的概率和风险的大小，为制订更多、更有效的行动方案做准备。该行动选择方案由两方面构成：一是在安排交易时实施。比如，签订有效的贷款协议，要求借款人遵守一套固定的财务和绩效参数，其实际作用就是贷款损失的早期预警信号。二是在交易期间遭受风险时实施。比如，当借款人财务状况恶化时，银行迅速采取行动，干预其财务安排，改善现金流量状况。因此，银行信用风险评价必然贯穿整个信用活动过程。

资料来源：作者根据相关资料整理。

（2）信用风险的影响因素。

企业的经营风险和贷款方式直接影响贷款的风险程度。

① 企业的经营风险。银行如果把贷款发放给市场前景好、经济实力强、现金流量大、盈利水平高的企业，则贷款本息回流的可能性大、风险小、安全性高；反之，贷款本息回流的可能性小、风险大、安全性差。

② 贷款方式，即发放贷款时所采用的信用贷款、抵押贷款或保证贷款的方式。显然抵押贷款和保证贷款要比信用贷款更安全。贷款方式直接影响贷款的风险程度。

（3）信用风险的量化指标。

贷款风险度是贷款风险的一种量化指标。它综合考虑了影响贷款风险的各大因素，包括企业信用等级、贷款方式以及贷款发放后的安全形态，可应用于贷款的事前发放和事后管理整个动态过程中，具有较好的操作性。贷款风险度的评价体系包括以下几项内容：

① 借款人的信用评级。信用评级的目的是确定合理的信用级别，以便为贷款风险度的计算提供基础数据，也为银行信贷优化资金流向提供选择标准。

② 贷款方式。根据借款人不同的信用级别，银行采用不同的贷款方式风险系数。

③ 贷款形态。根据借款人的信用程度和偿债能力，贷款资产可分为正常贷款、关注贷款、次级贷款、可疑贷款和损失贷款。贷款形态直接影响着贷款资产的安全性，从而决定贷款形态风险系数。

贷款风险度的测算十分重要，具有实际意义。在贷款发放前，银行对借款人的信用级别和贷款方式等进行初步判断，确定贷款风险度。只有预测风险度低于规定限度才能发放贷款。贷款发放后，贷款形态发生分级变化的，应进行贷后检查与监测。贷款风险度决定了单笔贷款资产的质量，通过加权可测算出全部贷款资产的风险度，作为银行经营方式的调整依据。

（4）贷款资产风险度的测算体系。

贷款资产风险度的测算体系包括确定借款人信用等级系数、确定贷款方式风险系数、确定贷款形态风险系数和计算贷款风险度四项内容。

①确定借款人信用等级系数。对借款人的信用评估包括以下三个部分：

第一，财务状况的评分标准。银行应在条件允许的情况下，尽可能地综合分析企业的偿债能力、获利能力、财务结构和经营效率，以从整体上把握企业的信用状况。具体来说，要考察企业的各项财务指标，如资产负债率、长期资金占用率、存货周转率、应收账款周转率、成本费用率、销售利润率、资产回报率、净资产报酬率等。

第二，经营管理状况的评分标准。经营管理状况包括经营者素质、资本结构变动和资信历史记录。经营者素质高低直接影响企业的经济效益和发展前途，企业的信用状况往往带着浓厚的领导者个人色彩。资本结构变动反映了企业的长期信用，对银行长期贷款的安全性会产生重大影响。根据目前的经济环境，营业额有20%的年增长率，意味着企业的市场反应良好，经营策略有效；营业额年增长率低于5%，表明企业增长缓慢，对市场的适应能力有限，企业发展能力有限。另外，还要衡量股东组成情况和家族比（即家族成员占股东数的比率）。家族比越高，说明家族的控制能力越强，容易影响决策的公正性；家族比越低，股东权力相对越分散，家族的控制能力越弱。

第三，企业未来发展前景的评分标准。企业未来发展前景反映了企业未来的偿还能力和偿还来源。企业在内部环境和外部环境的交互影响中生存，受到系统性和非系统性风险的影响。系统性风险是企业自身难以改变的，但是企业内部因素也是关键，如夕阳产业中也有绩优项目或企业。银行要特别关注企业自身的发展潜力，如某些亏损企业是否仍有个别产品有销路、有效益，从而具备还款能力。银行要善于化整为零，给予支持。这就需要展望企业前景，评价企业的设备及技术条件、产品市场、提供担保能力、未来一年内行业景气状况、新产品和产品开发能力及主要产品寿命周期等。

根据以上信用评估参数可得出企业信用分值，分为A（AAA、AA、A）、B（BBB、BB、B）、C（CCC、CC、C）三等九级。

AAA级为最高级，表示信用最佳、还本付息能力最强；AA级表示还本付息能力很强；A级表示还本付息能力强，但易受到不利经济状况的影响。

BBB级表示具有还债能力，但更易受到不利经济状况的影响，属于最低投资信用级别；BB级表示还债能力不强，易受到不利经济状况的影响，此级及其以下级别为投机级别；B级表示有可能倒闭，但目前还有能力还本付息。

CCC级表示对投资者有一定保障，但有重大风险和不稳定性；CC级是高度投机级别；C级为最低级，表示无力还本付息。

对于AAA、AA级的企业，银行可以发放各种贷款，追求利润的多样化；对于A级、BBB级的企业，不能发放信用贷款，而是以短期贷款为主；对于B级企业的贷款项目应严格审查，对B级以下的企业原则上不发放贷款。

②确定贷款方式风险系数。贷款按保障形式可分为信用贷款、保证贷款、抵押贷款和质押贷款。贷款从发放到收回，因其保障程度强弱不同，会产生不同的贷款风险度。风险系数越小，银行的贷款风险越小；反之，风险系数越大，银行的贷款风险越大。

③确定贷款形态风险系数。贷款形态是银行根据已发放贷款的损失可能性所确定的贷款资产的存在形态。中国人民银行发布的《贷款通则》中规定，银行已发放的贷款资产分为正常贷款、逾期贷款、呆滞贷款和呆账贷款四种形态。它们对贷款安全的影响程度是不同的。正常贷款的风险度和发放贷款时的风险度是一样的，因此它的贷款形态风险系数为1。逾期贷款、呆滞贷款和呆账贷款表示资产已经恶化，风险度已经提高，因此贷款形态风险系数超过了1。根据四种形态所含风险的不同，可以确定相应的贷款形态风险系数，见表6-1。

表6-1　　　　　　　　　　　　　　　　　贷款形态风险系数

贷款形态	正常贷款	逾期贷款	呆滞贷款	呆账贷款
风险系数	1.0	1.5	2.0	2.5

根据我国制定的《贷款风险分类指导原则》，贷款形态按风险程度可划分为正常、关注、次级、可疑和损失五级。

贷款五级分类中的后三类，合称为不良贷款。虽然贷款五级分类法同现行的"一逾两呆"（即逾期贷款、呆滞贷款、呆账贷款）分类法相比，由期限管理过渡到风险管理，但我们仍然可以根据五级形态的风险程度确定相应的贷款形态风险系数。根据表6-2，将贷款形态风险系数进行调整，见表6-2。

表6-2 贷款形态风险系数调整

贷款形态	正常	关注	次级	可疑	损失
风险系数	1.0	1.2	1.8	2.2	2.5

④计算贷款风险度。银行在发放每一笔贷款之前，应测定单笔贷款风险度：

单笔贷款风险度=贷款方式风险系数×借款人信用级别系数

以上公式表明企业信用级别系数与贷款方式风险系数在某种情况下存在互补性。

贷款发放后，信贷资金就参加了企业生产资金的周转。由于时空的改变，银行的信贷资产会以各种形态存在，不同的形态对贷款安全性的影响是不同的，这时要计算贷款资产风险度，即：

单笔贷款资产风险度=贷款方式风险系数×借款人信用级别系数×贷款形态风险系数

全部贷款资产的风险度=（∑ 单笔贷款风险度×该笔贷款金额）÷∑ 贷款金额

单笔贷款资产风险度，用于与发放时的风险度进行比较，反映贷款资产的质量是否已经发生恶化。全部贷款资产的风险度，用于全面评估银行全部贷款资产的风险，它反映出可以采用调整贷款资产结构的方法来降低贷款的风险。

贷款风险度实际上是一个用概率表示的贷款风险程度，它的取值范围为0~1。当风险度为0时，表示不存在贷款风险；当风险度为1时，表示贷款风险最大。风险度越高，贷款风险越大。

3）信用风险防范技术

（1）积极的贷款定价策略。

贷款定价就是确定贷款的合同利率。在利率市场化的条件下，利率的高低和种类是各种客观经济变量综合作用的结果。银行作为金融交易的主体之一，必须综合考虑各因素，确定交易的价格水平。

首先，贷款定价时需要考虑以下因素：

①中央银行利率。以再贴现率和再贷款利率为主的中央银行利率反映了货币政策的要求，影响商业银行从中央银行取得资金的成本。一般商业银行的贷款利率以中央银行利率为基准，略高于中央银行利率。

②银行负债的平均利率。银行负债主要是存款和主动负债，它们的利息是银行借入资金的主要成本，因此对存款利率影响最大。存贷利差收入形成银行利润，银行为保持一定利润，必须使贷款利率高于存款利率。

③营业费用。银行的正常运转需要支付各种营业费用，营业费用越高，促使银行要从贷款、投资等业务中获取越多的收入，因此贷款利率倾向于提高。

④ 贷款的风险。风险越大，贷款利率越高。因此贷款风险导致差别利率，这种差别包括信用差别、行业差别、期限差别、用途差别、按期和逾期差别等。

⑤ 借贷资金的供求。借贷资金的供求状况是影响当前利率的主要因素。一般来说，在经济景气时期，对贷款需求大，可能会出现资金供小于求现象，利率水平随之升高；在经济衰退时期，投资需求不足，情况则相反。

其次，具体进行贷款定价。贷款的价格制定涉及诸多因素，在实际操作中，西方商业银行的贷款价格常常由银行收益、筹资成本和信贷风险等多种因素决定。

（2）科学的贷款投放决策。

信用风险本质上取决于借款人的贷款偿还能力，以贷款偿还能力为核心来进行贷款的评价与选择，进行贷款的投放与决策，有利于提高信贷资金的效益和安全性，有利于增强防范和化解金融风险的能力。

为了更好地进行贷款的投放，需要建立贷款偿还能力综合评价体系，因为贷款偿还能力是通过统计指标来反映的。在实际操作中，必须确定一个科学的评价方法，这样才能科学直观地反映贷款偿还能力的大小及其变化，做到既有利于定性分析，又有利于定量评价，并有助于银行做出科学的贷款决策。贷款偿还能力综合评价体系分为三大部分：一是企业资信评估，它反映借款人以现金流量偿还贷款本息的能力，构成贷款的第一还款来源；二是抵押品评估，它反映借款人以自身资产抵押偿还贷款本息的能力，构成贷款的第二还款来源；三是保证人评估，它反映借款人以第三者担保偿还贷款本息的能力，和抵押一样，也构成贷款的第二还款来源。

企业的非财务因素包括借款人的行业风险、经营管理风险、自然与社会因素等众多复杂多变的因素。它虽然不构成企业的还款来源，但是对企业未来的现金流量状况、财务状况会产生不同程度和不同方向的影响。因此，必须考虑这些非财务因素，才能对借款人的还款能力做出更加全面、客观的预测和动态评估，进一步判断贷款偿还的可能性。

一般来说，除个别资金雄厚、信用极好的大客户外，银行均要求提供抵押品或保证人。所以，借款人资信评估和抵押担保质量评估是银行贷款投放决策的两大重点。

（3）贷款业务的一般过程。

贷款业务的一般过程如图6-1所示。

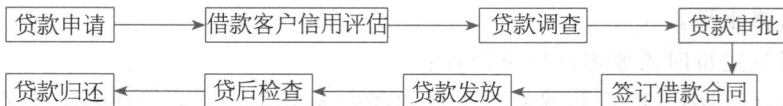

图6-1　贷款业务流程图

第一步，贷款申请。借款客户必须填写包含借款用途、偿还能力、还款方式等主要内容的贷款申请书，并提供有关资料。

第二步，对借款客户的信用等级进行评估。商业银行应当根据申请借款客户的领导者素质、经济实力、资金结构、经营效益和发展前景等因素，评定借款客户的信用等级。信用等级高的企业，优先取得贷款；信用等级低的企业限制贷款。评级可以由商业银行独立进行，内部掌握，也可由主管部门批准的机构进行。

第三步，贷款调查。商业银行受理借款客户的申请后，应当对借款客户的信用等级以及借款的合法性、安全性、盈利性等情况进行调查，核实抵押物、质押物、保证人情况，测定贷款的风险程度。

第四步，贷款审批。商业银行应当按照审贷分离、分级审批的贷款管理制度进行贷款的审批。审查人员应当对调查人员提供的情况资料进行核实、评定，复测贷款风险度，提出贷款意见，按规定权限报有权审批人员批准。

第五步，签订借款合同。商业银行发放的所有贷款，都应当与借款客户签订借款合同。借款合同应当约定贷款种类、贷款用途、金额、利率、还款期限、还款方式、违约责任和双方认为需要约定的其他事项。保证贷款则还应当由保证人与贷款银行签订保证合同或由保证人在借款合同上写明并签名盖章。抵押贷款、质押贷款应当由抵押人、出质人与贷款银行签订抵押合同、质押合同，并依法办理登记。

第六步，贷款发放。商业银行要按借款合同规定按期发放贷款，如商业银行没按合同规定按期发放贷款，则要偿付违约金。

第七步，贷后检查。贷款发放后，商业银行应当对借款客户执行借款合同情况及其资信情况进行追踪调查和检查。

第八步，贷款归还。借款客户应当按照借款合同规定按时足额归还贷款本息。借款客户不按合同规定归还贷款的，应当承担违约责任，并加付利息，任何单位和个人不得干涉。如果借款客户提前归还贷款，则应当与贷款银行协商一致确定。

（4）贷款的原则。

西方国家的商业银行，为了确保贷款的安全与盈利，非常重视对借款客户信用状况的审查，并在多年的实际操作中逐渐形成了系统的衡量标准，这就是通常所说的贷款审查"6C"原则。

其一，品德（character），是指借款客户，如果是个人，则指其工作作风、生活方式和诚信等品德；如果是企业，则指其负责人的品德、企业管理和资金运用等制度健全与否、经营稳妥与否及偿还愿望强烈与否等。无论借款客户是个人还是企业，其以往履行协议，特别是及时足额偿还贷款的记录，对其品德的判断具有重要意义。

其二，才能（capacity），是指个人或企业负责人的才干、经验、判断能力、业务素质等优劣。没有才能极易导致经营失败，给贷款的安全性带来威胁。

其三，资本（capital），是指借款客户必须拥有一定的资本。通常，借款客户资本雄厚程度与贷款风险是负相关的。

其四，担保品（collateral），是指借款客户提供的用作还款保证的抵押物。有抵押物作担保品的贷款，比信用贷款的风险要小得多。特别是在中长期贷款中，如果没有抵押物作担保品，银行通常不予贷款。

其五，经营环境（condition），是指借款客户的行业在整个经济中的发展趋势、政局变化、经济周期、同业竞争等状况。此外，企业自身的经营情况，如技术力量、劳资关系、购销条件等也在考虑的范围内。

其六，事业的连续性（continuity），是指对借款客户持续经营前景（如应变能力、适应发展需要能力）的审查。因为现代科学技术日新月异、飞速发展，产品更新换代的周期日趋缩短，市场竞争愈演愈烈，所以，企业只有能够适应经济形势及市场行情的变化，方可继续生存并发展下去。这样才能避免贷款收不回来的风险。

4）证券投资业务

投资与贷款相比，具有较强的主动性、独立性，而且由于投资证券的流动性较强，即变现能力较强，加上购买证券时，银行不是唯一债权人，所以风险较小。

商业银行投资的目的主要是增加收益和增强资产的流动性，因此，证券投资的主要对象是信用可靠、风险较小、流动性较强的政府及其所属机构的证券，如公债、国库券等。此外，一些财力雄厚、信誉较高的公司债券，也是商业银行投资的对象。银行投资债券，一方面，为其暂时多余的资金找到投放途径，从而取得收益；另一方面，需要资金时又可在证券市场上迅速售出变现，其调度资金的灵活性优于贷款。

● 小思考6-2

我国商业银行可以投资股票吗？

答：根据《商业银行法》的规定，商业银行不得从事境内信托投资和股票业务。目前它们的证券投资业务对象主要是政府债券和中央银行、政策性银行发行的金融债券等。

伴随着20世纪80年代金融自由化趋势和金融业国际国内竞争的加剧，金融混业经营已形成大趋势，相应地，各国对商业银行投资的限制也开始放松。

6.1.3 中间业务

中间业务是指商业银行不需动用自己的资金，代理客户承办支付和其他委托事项而收取手续费的业务。由于办理这些业务既不形成银行的负债，也不形成银行的资产，从债权债务关系的角度讲是中性的，故称中间业务，也称无风险业务。中间业务主要有以下内容：

1）结算业务

结算业务是指各经济单位之间因商品交易、劳务供应、资金转移等原因所引起的货币收付行为。按结算方式的不同，结算业务可以分为同城结算与异地结算两种。

（1）同城结算是指收款人与付款人在同一城市或地区的结算，主要通过支票进行结算，如收付双方不在同一银行开户，则结算要通过票据交换所进行。票据交换所是银行同业间为提高支票结算效率而设立的机构。现在有一种更先进的系统是票据交换的自动转账系统，结算速度更快。

（2）异地结算是指收款人与付款人不在同一地区的结算。异地结算有汇兑、托收和信用证结算三种方式。汇兑是指汇款人委托银行将款项汇给外地收款人的一种结算方式，分为电汇和信汇两种。托收是由收款人先行发货或先行提供劳务、供应服务，然后再由收款人提供收款的依据，委托银行向付款人收取各种款项的代收性质的结算业务。信用证结算是银行向卖方做出付款保证的支付方式，可以解决买卖双方互不信任的问题。

● 知识链接6-2　　　　"汇时达"——浦发银行结算业务

"汇时达"是浦发银行在先进的全行数据大集中业务处理平台上，为对公客户提供的浦发系统内异地划款实时到账的结算服务。无论是异地供应商要求款到发货、异地经营机构资金不足急需用款，还是公司资金管理要求款项尽快入账起息等，公司都能通过浦发银行办理浦发系统内资金汇划业务，无论同城还是异地，资金均为实时到账，使公司资金汇划实现"零在途"。

产品特色：①极速体验，资金"零在途"。公司通过浦发银行办理系统内资金汇划，无论同城还是异地，均实现瞬间到账，无在途时间，资金周转更迅速。②服务网络，辐射全国。目前，浦发银行已在经济发达的环渤海经济圈、长江流域、珠江三角洲及其他主要大中型城市设立了多分行及直属支行，帮助各公司将更多的跨系统的汇款业务变成系统内汇款，大大加快了公司的收付款速度。③多种渠道，办理方便。除了营业网点提供的柜面服务之外，公司还可通过浦发银行网上银行、银企直连等电子服务渠道办理资金结算业务。对于系统内的资金汇划，网上银行和银企直连提供7×24小时的全天候服务，资金汇划不受营业时间影响。

资料来源：作者根据相关资料整理。

2）代理业务

代理业务是指商业银行在客户指定的委托范围内代客户办理某些特定业务的一种中间业务。目前，我国商业银行开展的代理业务主要有代理收付款、代为清理债权债务、代理保管等。

（1）代理收付款是指银行为客户代为办理指定项目的收付款事宜，可分为代收业务和代付业务。代收业务包括代收货款、管理费及水、电、煤气费等。代付业务包括代付货款、运费、租金、保费等。

（2）代为清理债权债务可分为代理清理"人欠"货款、代理清理"欠人"货款、代理融资三项业务。前两项比较简单，代理融资是指商业银行或专业的代理融通公司代客户收取应收款项，并向客户提供资金融通的一种业务方式。

（3）代理保管即保管箱业务，是指金融信托机构设置保管库，接受单位或个人的委托，代为保管各种贵重物品或单证的业务。它又可分为露封代保管、密封代保管、保管箱出租三种方式。

3）信用卡业务

信用卡是银行发放消费信贷的一种工具。发卡银行为消费者提供"先消费、后付款"的便利，并允许一定的善意透支。消费者在商店购买物品或接受服务以后，由计算机系统提供清算，银行汇总向顾客收款。现在特约商号一般都通过销售终端机（POS）与发卡单位联网，持卡人购物或消费后，款项将自动从持卡人的账户中转入特约商号的账户中。这样大大方便了消费者，也减少了现金在流通中的数量。

除信用卡之外，还有其他银行卡，如方便转账的记账卡、自动办理提款和转账业务的自动出纳机卡等，它们依据电子资料处理系统，使顾客得到最大程度的方便。

此外，商业银行还开办租赁、信托、咨询等中间业务。

6.1.4 表外业务

表外业务有两种定义：广义的表外业务是指商业银行经营的所有不在资产负债表中反映的业务，包括中间业务；狭义的表外业务是指对银行的资产负债表没有直接影响，却能够为银行带来额外收益，同时也使银行承受额外风险的经营业务。目前商业银行狭义的表外业务有以下几类：

1）贸易融通类业务

贸易融通类业务主要包括银行承兑业务与商业信用证业务。

（1）银行的承兑业务是由银行为客户开出的商业汇票提供承兑服务，即承诺兑付，经银行承兑后的票据，可贴现流通。汇票到期后，承兑银行成为票据的第一支付人，承兑行付款后再向客户收取款项。银行提供承兑业务可获得收入，但同时也必须承担客户的信用风险，一旦客户支付困难，银行将无法收回已支付的款项。

（2）商业信用证是在国际贸易中由银行开出的一种支付保证书，是结算业务的一种。

2）金融保证类业务

金融保证类业务主要由备用信用证、贷款承诺、票据发行便利、保函业务以及贷款销售或资产证券化业务等构成。

（1）备用信用证是银行应客户要求为其开立的信用保证书，属于一种信用担保。客户与其受益人达成某种协议，表明客户对受益人负有偿付义务，客户为确保自己的信誉，可要求银行为其开立备用信用证，保证在客户无力支付时，由银行代客户向受益人进行偿付，银行为此支付的款项变成了对客户的贷款。银行开立备用信用证，提高了客户的信誉，银行可据此收取手续费。备用信用证与商业信用证的不同之处在于，商业信用证业务中银行承担的是第一支付人的责任；而在备用信用证业务中，银行只承担支付的连带责任，只有在客户无法履行支付义务时，才由银行代为支付。

（2）贷款承诺是指银行与借款客户达成的一种具有法律约束力的正式契约，银行将在正式的有效期内，按照双方约定的金额和利率，随时准备应客户的要求提供贷款。银行提供这种承诺的同时，要按一定比例向客户收取承诺费，即使在规定期限内客户并未申请贷款，也须交纳承诺费。

（3）票据发行便利是指银行承诺帮助工商企业或政府发放短期票据融资，售不出去的部分将全部由银行按事先约定的价格买下。银行赚取承诺费，但同时承担流动性风险和信贷风险。

（4）保函业务是一种较简单的担保业务，银行为客户的融资或其他活动出具保函提供信用担保，并收取担保费，一旦客户到期不能履约支付，银行负有连带支付责任。

（5）贷款销售或资产证券化业务是指银行可将贷款以证券方式转售给第三方，以提高资产的流动性，银行也可为"售出后贷款"提供收取本息的服务。

此外，金融衍生工具交易业务近年来成为越来越重要的表外业务。

● 小思考6-3

我国商业银行的中间业务及表外业务是否会成为其主要获利手段，而贷款业务则退居其后？

答：当前我国商业银行仍以资产业务（主要是贷款业务）作为主要收入来源，约占利润的70%以上。但随着我国商业银行经营管理水平的逐步提高，加之借鉴国外先进商业银行经营的经验，低风险、高收益的中间业务及表外业务将成为我国商业银行主要的获利手段。

● 思政案例6-1

抗疫扶贫保民生 中国银行在行动

2020年是全面建成小康社会和全面打赢脱贫攻坚战的收官之年。来势汹汹的新冠肺炎疫情对我国巩固脱贫攻坚成果提出了新问题、新挑战。作为勇担使命的国有大行，中国银行深入贯彻党中央关于统筹做好疫情防控和经济社会发展工作的指示要求，贯彻落实决战决胜脱贫攻坚座谈会的重要精神，迅速反应、多措并举，动员全行力量，帮扶贫困地区克服疫情导致的困难，解决农产品滞销问题，为巩固脱贫攻坚成果、抗击疫情以及帮扶贫困群众做出了积极贡献。

资料来源：佚名. 抗疫扶贫保民生 中国银行在行动［EB/OL］.［2020-05-25］. http://bank.hexun.com/2020-05-25/201419536.html.

分析点评：

岁寒知松柏，患难见真情。在这场与病毒的全民战争中，所有人是命运共同体。中国银行认真贯彻落实党中央、国务院决策部署，高度重视，积极应对，以高度的政治站位、强烈的社会责任感、守望相助的人文情怀、悉心专业的金融服务，全力参与到一线抗疫服务中，切实履行国有大行的责任和担当。

6.2　商业银行的经营管理

6.2.1　商业银行的经营管理原则

根据《商业银行法》的要求和商业银行业务经营的特点，商业银行在业务经营活动中必须贯彻盈利性、安全性和流动性原则。

1）盈利性原则

盈利性原则，是指商业银行要以实现利润最大化为经营目标。获取利润是商业银行经营的最终目标，商业银行的一切经营活动，包括设立分支机构、开发金融产品、提供金融服务、建立资产组合等均要服从这一目标，这是由商业银行的企业性质决定的。坚持盈利性原则，对于提高信贷资金运用效率、扩大银行业务范围、加强银行经营管理、改善银行服务质量，具有重要意义。

2）安全性原则

安全性原则，是指商业银行要避免经营风险，保证资金安全。银行业是一个高风险的行业，如果管理者对此重视不够、处理不善，轻则造成巨大损失，重则会导致银行破产倒闭。因此，安全性原则是商业银行经营必须遵循的重要原则。

3）流动性原则

流动性原则，是指商业银行要保证能够满足客户随时提取存款的需求。商业银行的流动性包括资产的流动性和负债的流动性两个方面。资产的流动性，是指资产在价值不受损失的条件下具有迅速变现的能力。负债的流动性，是指银行以较低的成本随时获取资金的能力。

商业银行在经营活动中必须遵循这三项基本原则，然而它们之间却又存在一定的矛盾。安全性原则要求商业银行扩大现金资产，减少高风险、高盈利资产；而盈利性原则要求商业银行尽可能减少现金资产，增加高盈利资产。如何调节这一矛盾呢？大多数银行家认为，正确的做法是在对资金来源和资产规模以及各种资产的风险、收益、流动性进行全面预测和权衡的基础上，首先考虑安全性，在保证安全的前提下，争取最大的利润。解决安全性和盈利性的矛盾，实现安全性和盈利性统一的最好方法就是提高银行经营的流动性。因此，商业银行必须从资产和负债两个方面加强管理。

6.2.2 资产负债管理理论及方法

1）资产负债管理理论的形成与发展

商业银行自产生以来，其经营管理理论随着经济、金融环境的变化而不断演变，大致经历了资产管理理论、负债管理理论和资产负债综合管理理论三个阶段。

（1）资产管理理论。资产管理理论是最早出现的系统指导银行管理的重要理论，在20世纪60年代以前一直盛行。该理论认为商业银行的利润主要来源于资产业务，银行能够主动加以管理的也是资产业务，而负债主要反映客户的意愿，银行处于被动地位。因此，银行经营管理的重点是资产业务，要致力于通过资产结构的合理安排，求得安全性、流动性和盈利性的协调统一。

（2）负债管理理论。20世纪60年代，金融市场迅速发展，一种全新的银行经营管理理论开始在银行业逐渐兴起，这就是负债管理理论。该理论认为，银行对于负债并非完全被动、无能为力，而是应该采取主动，银行可以主动到市场争取资金、扩大负债，有了更多的负债，才能有更多的利润。

（3）资产负债综合管理理论。20世纪70年代中期起，由于市场利率大幅度上升和计算机技术的发展，更高层次的系统管理——资产负债综合管理理论随之产生，并在今天的银行业中占据了支配地位。资产负债综合管理不像资产管理或负债管理那样，将经营管理的重点放在资产方或负债方。它所追求的目标是财富极大化，或者说预期净值的极大化。由于银行的净值是其资产与负债的差额，因此资产负债综合管理必须兼顾银行的资产与负债结构，强调资产与负债两者之间的整体规划与搭配协调，通过资产结构与负债结构的共同调整和资产、负债两方面的统一协调管理，保持资金的高度流动性，从而在市场利率波动的情况下实现利润最大化。这就是资产负债综合管理理论的主要思想。

2）资产负债综合管理理论的要点

资产负债综合管理理论的要点在于确定资产与负债结构是否合理，可从以下四个方面反映出来：

（1）资产与负债的期限结构状况对银行资金的流动性有直接影响。倘若银行的资金来源是长期的，资金运用是短期的，则银行的资金流动性必然较高，但这会对银行的收益有不利的影响；若银行的资金来源多是短期的，而资金运用多为长期的，则银行的资金流动性必然较差，容易增加流动性风险。

（2）资产与负债的总量结构状况对银行的利率管理效果有直接影响。在利率波动频繁的情况下，银行会随时对其资产负债的总量结构进行调整。如果银行的负债总额过大，在市场利率大幅度下降的情况下，就会遭受利率风险；如果银行的资产总额过大，当市场利率大幅度提高时，也会遭受利率风险。

（3）资产与负债的内部结构是否合理对银行的资本管理效率有重要影响。根据20世纪70年代中期实行的资本管理模式的要求，资产可按其风险大小分为六类，每类资产都有不同的资本比率要求，资产风险越小，资本比率要求越低；反之，则越高。从负债方面看，长期借入资金可当作银行资本的一部分，而存款则不论其期限多长，都不能当作银行资本。

（4）资产收益与负债成本是否协调对银行的利润最大化目标能否实现有直接影响。单位资产收益与单位负债成本的差额是决定银行利润的要素，也是综合反映银行经营管理水平的主要指标。如果银行的综合经营管理水平较高，则单位资产收益大于单位负债成本；如果银行的综合经营管理水平较低，则可能使单位资产收益小于单位负债成本，导致银行亏损。

● 案例分析6-1　　　　拆入资金发放贷款，短借长贷造成风险

A商业银行于2020年6月向D银行拆出4000万元，双方签订了拆借资金合同。合同规定：拆借期限自2020年6月2日至2021年6月2日，金额4000万元，月利率3‰。合同签订后，A商业银行按期将4000万元划给D银行。拆借前，A商业银行总经理讲明，其中2000万元是要给其关系单位新光实业公司使用。D银行在得到4000万元拆借款后，与新光实业公司签订了贷款合同，贷款2000万元给新光实业公司，月利率6‰，期限1年。新光实业公司将2000万元投资于房地产项目，后因国家宏观调控，后续资金不到位，土地闲置而无法开发。贷款到期后，新光实业公司只还了贷款期间的利息，无法偿还本金。D银行在拆借到期后，退还了2000万元拆借款，其余2000万元因新光实业公司不还贷款，也未向A商业银行还款。A商业银行追索拆借款时，D银行提出此2000万元是由A商业银行指令贷出，自己与新光实业公司的贷款合同不是真实意思表示，合同无效，此2000万元应由A商业银行向用款单位新光实业公司直接追讨，与D银行无关。

资料来源：作者根据相关资料整理。

分析：根据《商业银行法》第四十六条的规定：同业拆借，应当遵守中国人民银行的规定。禁止利用拆入资金发放固定资产贷款或者用于投资。拆出资金限于交足存款准备金、留足备付金和归还中国人民银行到期贷款之后的闲置资金。拆入资金用于弥补票据结算、联行汇差头寸的不足和解决临时性周转资金的需要。第七十六条规定：违反规定同业拆借的商业银行，由中国人民银行责令改正，有违法所得的，没收违法所得，违法所得五

十万元以上的，并处违法所得一倍以上五倍以下罚款；没有违法所得或者违法所得不足五十万元的，处五十万元以上二百万元以下罚款；情节特别严重或者逾期不改正的，中国人民银行可以建议国务院银行业监督管理机构责令其停业整顿或者吊销其经营许可证；构成犯罪的，依法追究其刑事责任。

上述两家银行的同业拆借显然违反了《商业银行法》的规定，短借长贷产生了巨大的信用风险，而且属于违法行为。

3）资产负债综合管理的主要方法

（1）缺口管理法。

资产负债综合管理强调的是利率风险管理，最终目的是获得稳定的利差收益。利率风险，是指当利率变化时银行收益变化的可能性。缺口指的是一家银行所持有的可变利率资产超过可变利率负债的额度。对缺口的管理有三种模型，如图6-2所示。

从图6-2中可以看出，三种缺口管理模型的主要区别在于对各类资产和负债所持有的比例不同，因而带来不同的结果：

第一，零缺口模型意味着账面收支相抵，在计划内收益的变动最小，因为无论利率是升是降，风险将由不同种类的资产和负债分别承担、相互抵消。但零缺口未必能消除利率风险，因为贷款利率可能由于管理上的原因而晚于市场利率变动，当市场利率上升时，零缺口模型将阻碍银行的利润增加。

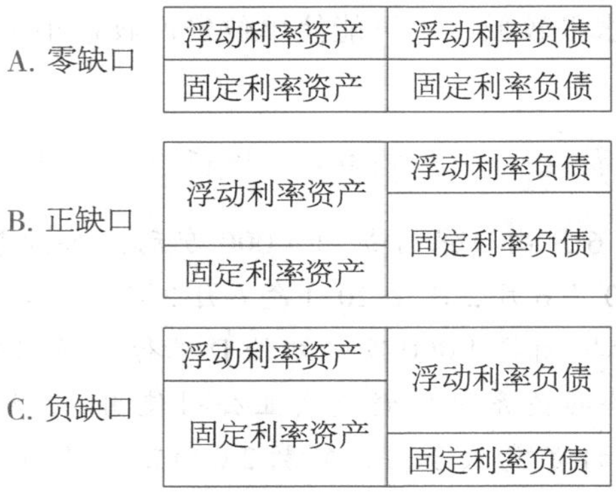

A. 零缺口

浮动利率资产	浮动利率负债
固定利率资产	固定利率负债

B. 正缺口

浮动利率资产	浮动利率负债
	固定利率负债
固定利率资产	

C. 负缺口

浮动利率资产	浮动利率负债
固定利率资产	
	固定利率负债

图6-2 缺口管理的三种模型

第二，正缺口模型是指浮动利率资产与固定利率负债的比例相对较大，这在利率上升的时候，对银行的好处是显而易见的：资产收益因利率上升而增加较多，负债成本却增加有限。

第三，负缺口模型与正缺口模型刚好相反，银行持有的浮动利率负债与固定利率资产的比例较大。这种模型适用于预期利率将下降的时候，有助于减轻银行的利息负担。

根据利率的变化调整资产负债结构，是采用缺口管理的积极方式。缺口的正负、大小与准确的利率预测紧密相关，因此预测利率一定要力求准确。在一个完整的利率周期里，如能准确把握利率的动态过程并不失时机地制定战略，将会使银行的利差收益放大。

（2）比例管理法。资产负债比例管理，是指通过一系列指标体系约束银行的资金运用，以确保银行资金的安全性、流动性、盈利性三者均衡与协调，从而使银行稳健经营的一种管理方法。这种管理方法所规定的比例指标体系一般分为四大类：第一类是流动性指标，如存贷比例、备付金比例、同业拆借比例、中长期贷款比例等；第二类是安全性指标，如抵押、担保贷款比例，资本充足率，单项贷款比例等；第三类是盈利性指标，如资产利润率、贷款收息率等；第四类是业务发展指标，如盈利资产增长率、存款增长率等。

在上述两种资产负债管理方法中，资产负债比例管理方法有鲜明的量的限度和结构规定，因而具有较强的可操作性，受到各国商业银行的广泛欢迎。1994年，中国人民银行发布了《关于对商业银行实行资产负债比例管理的通知》，规定了商业银行实行资产负债比例管理的暂行监管指标。从1998年开始，国有商业银行指令性贷款规模取消，我国商业银行开始实行全面的资产负债比例管理。《商业银行法》又对资产负债比例管理进行了规定修改。我国商业银行资产负债比例管理主要由以下指标组成：

一是资本充足率指标。具体标准如下：

$$\frac{资本总额}{风险加权资产}\times100\%\geq8\%$$

$$\frac{一级资本}{风险加权资产}\times100\%\geq6\%$$

二是中长期贷款的比率指标。具体标准如下：

$$\frac{余期1年以上(含1年)的中长期贷款期末平均余额}{余期1年以上(含1年)的存款期末平均余额}\times100\%\leq120\%$$

三是资产流动性比率指标。具体标准如下：

$$\frac{流动性资产余额}{流动性负债余额}\times100\%\geq25\%$$

四是单个贷款比率指标。具体标准如下：

$$\frac{对同一借款客户贷款余额}{资本总额}\times100\%\leq10\%$$

$$\frac{对最大10家客户发放的贷款总额}{资本总额}\times100\%\leq50\%$$

五是拆借资金比率指标。具体标准如下：

$$\frac{拆入资金期末平均余额}{各项存款期末平均余额}\times100\%\leq4\%$$

$$\frac{拆出资金期末平均余额}{平均余额}\times100\%\leq8\%$$

六是对股东贷款比率。具体标准如下：

$$\frac{对股东贷款余额}{该股东已缴纳股金总额}\times100\%\leq100\%$$

七是贷款质量。我国贷款质量长时间以来使用逾期贷款率和呆滞、呆账贷款率等指标。近年来，我国逐步按国际惯例推行贷款五级分类管理，其中次级、可疑和损失贷款被视为不良贷款。以五级分类管理作为衡量贷款质量的主要依据，使贷款质量由期限管理过渡为风险管理。

6.2.3 商业银行的其他管理

1）资本管理

商业银行资本是其股东为赚取利润而投入的资本和保留在银行中的收益。过高或过低的资本量对银行经营管理都不利。资本量太小，首先会影响银行信誉，稍有不慎就容易引发客户的挤兑，危及银行生存；其次，银行只能采取保守的经营战略，如必须多持有高流动性、低收益的资产以规避风险，不利于同业竞争和争夺市场份额。若资本量太大，由于增加资本的成本高于借入负债，不利于发挥财务杠杆的边际效应；而且对于银行股东来说，资本数额过高，每股税后平均收益必然降低，从而损害股东的利益。

因此，商业银行资本管理的主要任务是确立资本的结构与资本的适度水平。目前，在国际上比较具有权威性的、受到各国认同并共同遵守的标准是《巴塞尔协议》。

● 知识链接6-3   《巴塞尔协议》

《巴塞尔协议》于1988年7月达成，该协议以资本充足率或资本适宜度来衡量一家银行的资本与资产负债规模是否相适应。其具体包括三方面内容：

（1）资本及构成。银行资本分为两大类：核心资本和附属资本。核心资本是银行资本中最重要的组成部分，由实收资本（包括股本、非累计优先股）和公开储备（如股票溢价、保留利润、普通准备金和法定准备金的增值等）构成。附属资本由未公开储备、资产重估储备、普通准备金或普通贷款损失准备、混合资本工具和长期次级债务资本构成。

（2）风险资产权数的规定。该协议对风险的阐述分为三部分：一是资产负债表表内不同种类资产的风险；二是资产负债表表外项目的风险；三是国家风险。资产风险的计算采取加权的方法，并根据考虑各类资产的相对风险而计算出的风险加权比率（即风险权数）来衡量各类资产风险度。

（3）标准化比率。该协议要求各国商业银行按统一标准计算资本与风险资产的比率，全部资本与风险加权资产的比率至少为8%，其中核心资本与风险加权资产的比率至少为4%。

巴塞尔银行监管委员会于1998年开始修改《巴塞尔协议》。1999年6月，巴塞尔银行监管委员会提出了以三大支柱——最低资本要求、监管部门监督检查和市场纪律为主要特点的新资本监管框架草案第一稿，并广泛征求有关方面的意见。《巴塞尔协议Ⅱ》于2006年底在十国集团开始实施。《巴塞尔协议Ⅱ》全面考虑了商业银行在经营过程中面对的三种风险：信用风险、市场风险和操作风险，还强调了监管部门监管与市场约束的重要性。该协议指出，以三大要素（最低资本要求、监管部门监督检查和市场纪律）为主要特点的新协议代表了资本监管的发展趋势和方向。

2010年9月12日，巴塞尔银行监管委员会宣布，各方代表就《巴塞尔协议Ⅲ》的内容达成一致。根据这项协议，商业银行的核心资本充足率将由此前的4%上调到6%，同时计提2.5%的防护缓冲资本和不高于2.5%的反周期准备资本，这样核心资本充足率的要求可达到8.5%~11%，总资本充足率要求仍维持8%不变。此外，还将引入杠杆比率、流动杠杆比率和净稳定资金来源比率的要求，以降低银行系统的流动性风险，增强抵御金融风险的能力。

● 案例分析6-2　　　　　　　　资本金充足是银行抵御危机王道

美国经济刚刚度过一场危害性史无前例的金融危机以及长达6年的经济停滞。这本是可以避免的。

2008年的金融危机暴露的是支撑高杠杆金融体系的脆弱的基础。如果银行资本金充足且有关欺诈的法律法规得到更严格的执行，那么这场危机原本很有可能是金融领域的一段插曲，其影响转瞬即逝。

如果2008年银行平均资本金占资产的比例能达到20%甚至30%（而不是当时10%~11%的水平），那么债务违约连续性蔓延可能根本就不会发生。如果贝尔斯登和雷曼兄弟当初保持了注重资本金的合伙制企业形式（在这种企业形式下两家公司都曾蓬勃发展），那么它们今天可能还在营业。反对20%或更高资本金要求（即便多年分阶段实行）的理由是，这将影响银行利润和贷款。然而，历史显示并非如此。

从1870年到2014年，在美国，商业银行净利润与权益资本的年度比例为5%~10%，很少有例外。在2008年金融危机之前，这一比例略有上升，这或许反映出与商业银行合法权利空间显著扩大相关的风险增加。

银行业与所有其他行业争夺权益资本。并不令人意外的是，近一个世纪以来，美国非金融企业的税后利润对资产净值的年度比率也是5%~10%，自1890年以来，美国普通股的年度盈利对股价比率为5%~13%。

几十年来，每次银行业危机之后，银行股本回报率一开始都会下滑，但很快又会回到狭窄区间。例如，2009年股本回报率大幅下滑的趋势在2011年被逆转。微幅滑坡更为迅速地让净利润回到了稳定区间。2014年，这一比率为8.7%。唯一的重大例外出现在经济大萧条时期。然而，即便在那时，利润率也在1936年年底之前回到了1929年的水平。

自1870年以来，银行业回报率一直保持稳定，但引人注目的是，权益资本与资产比率经历了显著下滑，随后出现小幅回升。例如，由于准备金制度的巩固和支付系统的改进，银行的权益对资产比率从1870年的36%下滑至1950年的7%。此后，这一比例逐渐回升至现在的11%。

因此，如果历史可以借鉴的话，监管机构逐渐提高对资本金充足率的要求（在权益资本回报率持续稳定的情况下）不会打击阶段盈利，因为银行净利润占资产的比例将被竞争推高，就像过去那样，刚好足以抵消资本金要求提高带来的成本。存贷款利差将扩大，而且（或者）非利息性利润将增加。未来几年银行资本金比例提高附带的一个重要好处可能在于银行监督和监管的大幅削减。

立法者和监管者担心在资本金缓冲提高后，银行贷款和证券组合的必要性将会降低，因为任何损失都将由股东而非纳税人承担。这使得我们可以搁置2010年有关金融监管的《多德-弗兰克法案》，从而消除其扭曲市场的可能性，我们在市场流动性和灵活性的下滑中看到了这种可能性。

银行的基本经济职能是帮助引导这个国家稀缺的储蓄为最具潜力的生产性投资提供资金，资本金充足的银行在发挥这一职能方面应受到更小的限制，为前沿资本投资提供资金，从而带来全国生产率以及居民生活水平的提高。

资料来源：佚名．资本金充足是银行抵御危机王道［EB/OL］．［2015-08-24］．https：//www.sohu.com/a/28955312_115402.有改动。

分析：资本对资产的比例越高，其资产的安全性就越强，银行的信誉就越好，出现资不抵债而倒闭的可能性就越小。资本充足率高，就会降低银行破产的可能性，增强银行资产的流动性。金融管理当局对于商业银行的资本金率负有监督管理的职责。提高资本充足率的措施有：增加资本；缩小资产规模；调整资产组合中高低风险资产的比重等。

2）财务管理

财务管理作为现代商业银行经营管理的核心，是对银行资金筹集、运作、分配及与之相关的成本、费用、质量、收益等指标进行计划、组织、调节和控制等工作的总称。商业银行财务管理的目标是在注重稳健经营和提高资产质量的基础上实现利润最大化。

商业银行财务管理涉及银行的每一项价值运动，是与商业银行业务管理紧密相关的。因此，认识银行财务管理的内容应该与银行业务管理相结合，具体包括财务预算管理、筹资管理（资本金和负债管理）、资产管理（盈利资产和非盈利资产管理）、成本管理（筹资成本和业务费用的管理）、利润和利润分配管理（股利管理）、财务报告与财务评价等方面的内容。

3）内部控制

商业银行的内部控制是商业银行在经营过程中，为实现经营目标、防范风险，保证资产安全和会计数据准确、真实，而对内部机构、职能部门及工作人员的经营活动和业务行为进行规范、控制的方法、措施和手段。

随着经济的发展，银行间竞争日益加剧，作为经营货币资金特殊行业的商业银行更加注重确保资金的安全和金融资产的完整，而金融风险的不断加大和复杂化，也促使银行日益重视自身的内部控制。从商业银行经营管理的实践看，有效的内部控制既能从管理层次围绕既定目标降低经营风险，又能从操作层面上查错防弊、堵塞漏洞。因此，实施内部控制，使其成为风险防范的第一道屏障已成为商业银行的重要管理内容。

4）风险管理

商业银行风险是指在商业银行经营过程中由于各种不确定因素的存在，而使银行蒙受经济损失的可能性。银行风险是金融业务中一种客观存在的必然现象，所以，银行业务从头至尾都是风险经营和风险管理的过程。风险管理的内容包括资产负债风险管理、信贷风险管理、投资风险管理和外汇交易风险管理，还包括防范银行欺诈、盗窃、洗黑钱以及各类计算机犯罪等。风险管理是商业银行管理的重要工作。

5）人力资源管理

商业银行人力资源管理，是对商业银行人力资源的取得、培训、保持和利用等方面所进行的计划、组织、指挥和控制的活动。它是在兼顾银行员工、银行以及社会三方面利益的基础上，为获得必要数量和质量的人才，并充分发挥其潜能而设计的一整套业务。当前，经济的发展速度是突飞猛进的，市场竞争的焦点已经由过去对资源、资金的竞争转变为对人才的竞争。因此，银行的人力资源管理是否成功，关系到银行经营的成败。对于一家商业银行来说，有一批高素质的人才，是其在竞争中立于不败之地的重要保证之一。

现代商业银行业的稳健迅猛发展，迫切需要以下几种类型的人才：现代商业银行的中枢——改革创新的决策型人才；现代商业银行的中坚力量——奋力开拓的经营管理型人才；商业银行发展的开路先锋——面向未来的科技型人才；商业银行的基本力量——熟练精干的实务型人才；适应市场发展的复合型人才。

6）信息管理

进入信息时代，银行信息在银行的经营决策、管理行为中起着越来越大的作用，对银行信息的管理，也就成为商业银行经营管理的重要内容。银行信息，是指与银行经营活动有关的，反映客观经济事物特征的，经过加工整理的消息、数据、知识的总称。例如，关于金融市场的价格涨跌、供求状况、货币的投放与回笼情况，对外贸易现状，其他银行的业务情报，最新的经济政策及最新经营管理理论等，都在银行信息的范畴之内。

获得信息的途径很多，银行部门可通过其信息网加强系统内外联系。银行信息的传递可以通过各种公文和刊物，或是通过电报、电话与计算机网络系统。为了开展各项银行业务，银行也会主动调查搜集相关信息，如召开专题会议、特约调查、抽样调查等。

信息反馈是信息管理的重要环节，各项任务、指令发出后所产生的实际效果应及时反馈给决策层，以便决策层不断地修订、完善原来的计划和检查任务的完成情况。

银行信息的交流功能、预测功能和咨询功能决定了它在现代银行管理中的重要地位。随着最先进的科学技术的运用，各国银行的经济信息网络无不向着更科学、更完善的方向发展。

知识掌握

6.1 重要概念

自有资本　抵押贷款　票据贴现　中间业务

6.2 单项选择题

1）（　　）是商业银行筹集资金、借以形成资金来源的业务。

A.负债业务　　　　　B.资产业务　　　　　C.中间业务　　　　　D.表外业务

2）（　　）是银行全部资产中最富流动性，随时可用来支付客户现金需要的资产。

A.固定资产　　　　　B.贷款　　　　　　　C.现金资产　　　　　D.证券投资

3）代收水、电、煤气费等业务属于商业银行的（　　）。

A.资产业务　　　　　B.负债业务　　　　　C.中间业务　　　　　D.表外业务

4）《巴塞尔协议Ⅲ》规定，银行资本金不得少于风险资产的（　　）；核心资本的比率不得小于（　　）。

A.6%；4%　　　　　B.4%；8%　　　　　C.8%；4%　　　　　D.8%；6%

5）在商业银行经营管理理论演变的过程中，把管理的重点主要放在资产与负债结构是否合理上的是（　　）理论。

A.资产管理　　　　　　　　　　　B.负债管理

C.资产负债综合管理　　　　　　　D.全方位管理

6.3　判断题

1）自有资本是商业银行可独立运用的最可靠、最稳定的资金来源。　　　　（　　）

2）活期存款同定期存款、储蓄存款一样，银行都支付利息。　　　　　　（　　）

3）商业银行等金融机构在急需资金时，将其因贴现而取得的商业票据提交中央银行，中央银行对该商业票据作第二次贴现的经济行为称为转贴现。　　　　　　（　　）

4）质押贷款的质物必须放在银行。　　　　　　　　　　　　　　　　　（　　）

5）商业银行业务经营的三原则既有联系又有矛盾。　　　　　　　　　　（　　）

6.4　简答题

1）商业银行的业务分为哪几类？各由哪几部分组成？

2）商业银行的经营管理应遵循的基本原则有哪些？

3）商业银行经营管理理论经历了哪几个阶段的演变？

知识应用

□ 案例分析

政策性天使科贷——苏州市融风科技小额贷款有限公司

一、研发背景

近年来，苏州工业园（以下简称园区）坚持以创新引领转型升级，加快建设世界一流高科技园区。截至2019年底，园区累计培育科技创新型企业6 000多家、苏州工业园区科技领军人才项目近1 700个、国家高新技术企业超过1 400家、独角兽及独角兽（培育）企业50家。由于上述企业在发展初期，"人脑＋电脑"的轻资产特征明显，没有稳定的销售收入和充足的抵押物和质押物，很难获得银行等传统金融机构的支持。为进一步完善园区科技金融服务体系，通过政策性金融服务加速初创期企业发展和孵化期项目成长，2015年，苏州市融风科技小额贷款有限公司（以下简称融风科贷）正式成立。

二、产品介绍

近年来，园区大力发展生物医药、纳米技术应用、人工智能三大战略性新兴产业，人才数量、项目质量、产业规模快速提升，形成了"引进高层次人才、创办高科技企业、发展高新技术产业"的链式效应。融风科贷作为江苏省首家政策性科贷公司，聚焦园区早期科创企业"首贷"需求，坚持"做早、做小、最快、最新"总体定位，积极探索"政策性天使科贷"模式，尝试"债权＋期权"的投贷联动创新模式；始终坚持"小额、分散"的操作原则，围绕科创项目特色评价标准，突出对团队的综合考量，做到"信用评价为重"；始终坚持"保本微利"的经营理念，贷款利率处于江苏小贷行业最低水平；始终坚持"金融引领孵化、培育"，依托各类资源，为企业提供各类科技资质、人才资质申报及投融资对接等各类增值服务，引导社会资本加大对早期科创企业的支持力度；融风科贷以"合规为先"，落实"一企一策"风险排查。对临时经营困难的企业，不搞简单的断贷、抽贷，切实增强贷款企业的获得感。

三、具体做法

融风科贷设立以来，始终坚持政策性定位和差异化经营，全力服务科技型小微企业和科技人才"创新创业"，积极引导和撬动社会资本接力，取得了较好成效，具体情况如下。

（一）坚持政策性定位

截至2020年9月，融风科贷实现贷款投放100%在园区，科技型中小微企业占比100%，企业客户占比100%。到2020年6月末，融风科贷已累计向近300家科技型小微企业发放贷款超过10亿元，户均贷款金额不到200万元，贷款平均年化利率与银行保持同一水平，信用类贷款占比约90%，首贷客户占比约70%；先后支持国家人才计划、江苏省双创人才、姑苏创新创业领军人才、园区科技领军人才等各类科创人才创办的企业超过200家，培育高新技术企业近200家，支持企业入选独角兽（瞪羚）项目约60家。支持的初创期企业进入"成长期"后，融风科贷会协助企业做好银行资金或创投基金对接，待企业完成后续融资后，适时退出。截至2020年9月，融风科贷项目更新率超过25%，累计退出进入成长期项目超过100个，退出贷款超过7亿元，退出项目后续获得各类创投基金、银行科技贷款等社会资本支持总额超过30亿元。

（二）坚持差异化经营

融风科贷开业以来，努力实现与银行、创投基金的差异化经营。融风科贷创新推出"领军贷"产品。运用"投资+债权"的双维评价模式，围绕行业技术，团队构成、商业模式、现金流等因素，借助大数据征信等外部资信评估方式，综合判断企业的创新性和未来的成长性。与传统风险投资和银行业科技金融产品相比，融风科贷的贷款覆盖了更早期的科创企业，小额产品审批更快速、操作更灵活；与同类机构相比，融风科贷的综合融资成本更低。

同时，融风科贷还积极借鉴国外风险贷款成功经验，导入"贷款+期权"投贷联动模式，与客户达成投资期权合作，在以贷为本的基础上，分享未来项目成长带来的超额收益。

（三）坚持高质量发展

融风科贷坚持高质量发展理念，疫情防控期间，免除所有在贷企业1个月贷款利息，并给予续贷企业优惠贷款利率支持，惠及企业超百家。减免利息金额上百万元，先后获得联合信用专项信用评级A级和省金融办动态监管评级AAA级，赢得了社会好评和监管认可。2017年，融风科贷成功接入中国人民银行征信系统，成为苏州市首家接入人行征信系统的科贷公司。在不良贷款控制方面，融风科贷坚持"小额、分散"的原则，在贷项目风险整体可控，不良贷款率控制在1%以下，连续4年实现保本微利。

资料来源：人民日报全国党媒信息公共平台.中国普惠金融实践案例集锦（2020）[M].北京：中国金融出版社，2020.

问题：

1）融风科贷的经营特点有哪些？

2）案例中，融风科贷的做法有哪些是值得商业银行在经营过程中借鉴的？

分析提示：

1）融风科贷的经营特点：坚持政策性定位、坚持差异化经营、坚持高质量发展。

2）融风科贷的总体定位、操作原则、经营理念等值得商业银行借鉴。

□ 实践训练

实训项目：模拟银行存款、贷款业务

实训目的：会办理一般的银行业务。

实训步骤：

1）将同学们分组；

2）各组实地办理与个人有关的存、贷或结算业务；

3）各组总结不同的银行业务特点，加深认识。

第7章
互联网银行

【学习目标】 ● 在学习完本章之后，你应该能够：了解互联网银行的发展趋势
和风险防范；明确互联网银行定义；熟知网上银行的经营模式
和特点；掌握互联网银行的主要业务。

　　随着电子和通信技术的发展，可穿戴设备将成为下一个深刻影响人们生活方式的产业，它的普及和应用将引领新的业务创新。由于可穿戴设备具有使用频繁、携带方便的特点，基于可穿戴设备的软件应用也正在成为未来互联网金融发展的新方向。未来银行将从"身边的银行"升级为"身上的银行"。不管你准备好了没有，智能可穿戴式设备的银行软件应用正逐步变为现实。

　　苹果手表（Apple Watch）是可穿戴设备向主流市场推进的重要产品，通过与苹果手机搭配使用，它可以方便地为客户提供实时、简洁的应用服务，受到市场的高度关注。

　　记者了解到，近期华夏银行依托苹果手表的应用特性，为客户提供余额查询、网点查询、信息推送等金融服务，成为国内首家推出的真正具备金融服务功能的手表银行。

　　华夏银行手表银行的操作十分方便。客户只需添加"华夏银行移动银行"APP，绑定设备就可以使用。绑定成功后，单击"华夏银行"标识即可进入手表银行服务页面。在服务页面内，单击"余额查询"，可轻松查询移动银行中已添加的华夏卡账户余额；单击"网点查询"，可以查询到离自己最近的网点地址，以及所在城市的所有华夏银行网点信息，并可使用从所在位置到网点的交通路线导航功能。此外，客户还可接收到华夏银行最新业务介绍及营销活动信息，方便及时了解银行产品动态。

　　华夏银行电子银行部负责人表示，将传统金融服务与智能可穿戴设备结合是手表银行的一大亮点，也是华夏银行布局智能可穿戴设备应用领域的重要举措。可穿戴设备应用将引领互联网时代的创新潮流，同时也为金融领域版图再拓展提供了新的契机。

　　资料来源：佚名. 华夏银行国内首家推出手表银行，积极布局智能可穿戴设备领域！［EB/OL］.［2015-10-24］. https：//finance.sina.cn/stock/jdts/2015-10-24/detail-ifxizwti7019382.d.html.有改动。

　　这个案例会引发我们思考如何完成"手表银行"的基本操作。有条件的同学可利用智能手表，实际完成相关业务操作，进一步体会互联网银行的最新发展趋势。

7.1　互联网银行概述

　　网络信息技术的进步，推动了互联网金融的进一步发展，一方面传统银行开始积极探索新的网络运营模式，另一方面互联网企业也开始涉足银行业。由此，在利率市场化的不断推动下，基于传统银行建立的网上银行业务，以及拥有互联网企业背景的"互联网银行"（Online-only Bank）相继诞生。

7.1.1　互联网银行的概念

　　2014年年初，中央提出"发展普惠金融，鼓励金融创新，丰富金融市场层次和产品"的理念，提倡以小微、民营经济带动改革大局，密集出台金融政策为民营银行开局破冰。同年3月，国务院批准5家民营银行试点方案。2015年5月27日，浙江网商银行各项准备工作就绪，并获得浙江银监局正式批复开业，标志着我国首批试点的5家民营银行全部拿到"通行证"。建立民营银行主要是为了打破中国商业银行业务单元国有垄断的局面，实现金融机构多元化，促进金融市场的公平竞争，促进国有金融企业的改革。而其中备受关注的则是由腾讯、阿里巴巴分别作为大股东的深圳前海微众银行和浙江网商银行。与另外3家民营银行不同的是，深圳前海微众银行和浙江网商银行是不设立网点的纯互联网银行。在互联网企业纷纷加入互联网金融业务之际，2018年11月18日，百度与中信集团达成战略合作，共同发起设立中国首家独立法人直销银行——百信银行。

互联网银行一般是指直营银行或直销银行，是不通过传统柜台和营业网点，而是早期通过信件、电话、邮件、自动柜员机（ATM），后来通过互联网或终端传送的服务。随着技术的发展，互联网银行的概念在原有的基础上，将移动手机端纵深发展引入了互联网银行的新模式。因此互联网银行在欧美等发达地区又被称为数字银行（Digital Bank）或者移动银行（Mobile Bank），这是一种基于移动手机应用（APP）远程实现银行服务、金融与科技（Fintech）结合的新型银行。值得注意的是，这类银行普遍没有独立的银行牌照，而是与传统银行合作开展业务，客户的存款享受与合作银行相同的存款保险保障。互联网银行类似于业务完全与银行联通的、附在银行体系之外提供创新技术服务、提高用户体验的外包金融科技公司。

● 金融观察　　　　　　以金融科技服务社会民生

党的二十大报告指出，"加快构建新发展格局，着力推动高质量发展"，"建设现代化产业体系，坚持把发展经济的着力点放在实体经济上，推进新型工业化，加快建设制造强国、质量强国、航天强国、交通强国、网络强国、数字中国"。中国建设银行山东省分行坚持党建引领、坚持高质量发展、坚持以人为本、坚持风控合规优先、坚持科技数据驱动，完整、准确、全面贯彻新发展理念，以新金融行动助推经济社会高质量发展，处处体现出心怀"国之大者"的责任担当。

中国建设银行山东省分行坚守金融报国初心使命，牢牢把握中国式现代化的正确方向，完整准确全面贯彻新发展理念，引导更多资金投向先进制造、绿色低碳、科技创新等重点领域，努力为实体经济提供更多金融活水。建行山东省分行致力于打造"最懂金融的科技集团"和"最懂科技的金融集团"，让"无科技不金融"内化于心、外化于行，对各条经营业务加速数字化，通过移动互联、生物识别、大数据、人工智能等技术拓宽服务渠道，减少对人工服务的需求，提高金融机构全流程风险管控能力，降低合规等运营成本。

立足服务实体经济和社会民生，建行山东省分行聚焦构建数字化银行，开发建设对公客户经理助手、医保社保、便民缴费、小微企业快贷、兴农快贷、推广"建融慧学"生态平台、校外培训机构资金监管；开发"玩转齐鲁平台"，迭代构建智慧旅游生态圈；上线医保电子凭证"混合支付"，"一次展码，一次结清"；打造数字生活新体验。深化"手机银行"+"建行生活"双子星建设，全力推进建行生活承接发放政府消费券工作，独家承接了5个地市、33个县区的零售、餐饮、家电类1.5亿元政府消费券发放，着力打造本地"生活+金融"场景新模式，推动山东消费市场持续回暖。

资料来源：佚名. 山东建行：以金融科技服务社会民生［EB/OL］.［2022-06-13］. http：//finance. dzwww.com/yinhang/sdyhdt/jh/202206/t20220613_10380999.htm. 经过改编。

7.1.2　互联网银行的经营模式

1）完全网络化运营

完全网络化运营，是指不设立实体分支机构，业务往来完全依托互联网渠道展开，业务处理主要通过银行计算机系统自动完成，并将大数据等现代信息技术用于业务创新；延续网络平台组织结构扁平化的特点，减少不必要的组织层级，信息直达服务前台，使后台工作人员和服务系统通过互联网直接连接客户终端，使服务更贴近客户。

相比传统实体银行，互联网银行具有如下特征：一是业务覆盖面广，服务可覆盖现有的主流互联网终端 PC 端、移动端，未来甚至可借助物联网延伸至线下物理世界，没有物理网点营业时间、空间和地域的限制。二是业务可塑性强，网络化业务流程和产品设计极为灵活，可大量嵌入新型现代信息技术，能依据客户需求弹性进行调整以提供针对性金融产品和服务。三是流程高效便捷，通过互联网缩短与客户之间的距离，去除烦琐的手续，业务处理自动化程度高、系统响应迅速。四是运营成本低，不依赖大型固定资产和大量人工操作，降低固定资产购置、维护和人员薪酬支出，可转化为产品和服务的价格优惠，形成成本领先优势。

2）注重大数据应用

互联网银行对接电子商务平台，充分挖掘平台内小微企业和个人用户积累的大数据资源，包括平台内用户因频繁的电子商务活动沉淀的海量大数据，来源于平台交易记录、物流公司信息反馈等实时性的数据源，与四流合一的商品流、物流、资金流和信息流联动。对动态大数据深入挖掘能多维度揭示数据所关联的实时性的有效信息，精确反映用户各对应层面的特征，据以判断其现状及未来趋势，可降低信息的搜集成本，消除信息的不对称和不完全性，提高信息使用效率和资源配置效率。相比之下，传统银行仅掌握静态的征信记录、孤立的现金流水账等有限信息，因此难以真正挖掘大数据。对大数据挖掘的应用成为互联网银行的核心竞争力。

互联网银行以大数据技术为依托，对电子商务平台、物流企业等第三方机构的数据进行获取、集成、分析、解释，将大数据挖掘应用于三个方面：一是精准营销，准确识别客户收入、偏好、需求等特征，据以对客户进行细分，以恰当方式营销针对性产品和服务，实现金融资源供需有效匹配；二是产品和服务创新，判断、预测客户需求和行业趋势，相应创新产品和服务并合理定价；三是贷款风险管理，用于贷前调查的信息采集，贷中审核的信用评级，贷后监督的实时监控，通过销售记录、客户评价、缴费清单等数据判断用户信用状况，通过订单物流信息、现金流水账等动态数据追踪其偿债能力和履约意愿，合理授信、量化风险、风险预警，提高风险控制能力，降低贷款业务的信用风险。

3）深入开发长尾市场

依据长尾理论，深入挖掘需求曲线长尾部分的市场能获得不亚于需求曲线前部主流市场的效益，即向传统金融所忽视的数量庞大的小微企业和普通个人提供针对性金融服务能产生巨大的总体收益，颠覆"二八定律"。这也是普惠金融的有效实践。

互联网银行定位为零售银行，目标客户为电子商务平台的小微企业和个人消费者，向其提供 20 万元以下的存款产品和 500 万元以下的贷款服务，即小存小贷，避开传统商业银行垄断的批发银行业务，挖掘长尾市场。一方面，通过大数据应用分析平台内小微企业和个人需求，吸纳潜在客户，延展需求长尾；另一方面，依据小微企业和个人的差异化需求，提供针对性金融服务，增加用户黏性，将重点解决长尾市场的资金需求问题，提供小微企业信贷业务、消费者金融服务，如小微企业短期小额信用贷款、供应链金融和消费者信用支付、分期网购等服务。

● 知识链接7-1　　　　首家互联网民营银行——微众银行

深圳前海微众银行是在我国互联网金融创新的背景下诞生的首家民营互联网银行。微众银行可谓是"含着金钥匙出生"。事实上，早在2014年7月，银监会公布首批获准筹建的3家民营银行中，就包括首家纯网络银行——微众银行。微众银行注册资本为30亿元，互联网巨头腾讯、百业源投资、立业集团为主发起人，其中腾讯出资9亿元，占30%的控股比例，是第一大股东；百业源投资和立业集团分别控股20%和10%。其经营范围包括吸收公众主要是个人及小微企业存款，并主要针对其发放短期和中长期贷款；办理国内外结算以及票据、外汇、银行卡、债券等业务。经银监会批准，微众银行于2015年1月18日试运行，于4月18日正式对外营业，成为国内第一家互联网银行。

资料来源：周雷. 互联网金融理论与应用［M］. 2版. 北京：人民邮电出版社，2019.

微众银行英文名为"We Bank"，该行LOGO中的"We"代表的是一种群体创新精神，希望通过互联网连接广大的消费者、个人、中小微企业、优秀金融机构，形成一个良好的金融生态圈，通过彼此之间的资源合作、支持和调配，打造银行、金融领域的创新共同体，为更多个人和中小企业及创业者提供特色服务。

微众银行主要服务于个人客户，通过大数据信用评级分析每一个客户积累的数据，并利用语音验证、人脸识别等技术进行"远程服务"，没有营业柜台和营业网点，不需要财产担保，只需要依托互联网平台和大数据风控进行银行金融业务的交易。这样一来不但降低了金融交易成本，而且大大提高了金融交易的效率以及银行业务的处理效率。微众银行相对于传统银行而言，一个最大的创新亮点就是完全在互联网线上，不落地就可以经营一切经监管部门准入的银行金融业务。

目前，微众银行主要有消费金融、财富管理（平台为微众银行App）和平台金融三大业务线。其中，财富管理主要是吸引存款，消费金融主要是通过"微粒贷"发放贷款。

深圳前海微众银行作为首家没有物理网点、仅依靠互联网的新型银行，不仅吸引了市场关注的目光，也引发了外界对于互联网银行在监管、技术、产品等方面的好奇。以微众银行为代表的互联网银行的诞生，正在逐步打破现有的市场格局，融合新技术和互联网化思维打造的金融产品将可能撼动此前传统的服务范式。由此可见，网络银行服务普通大众、支持小微企业、发展普惠金融，不只停留在理论层面，在实践上也是可行的。随着"互联网+金融"的深度融合，互联网银行将进一步凸显其便捷高效、成本低廉、无时空限制等优势，具有广阔的发展前景。

● 金融观察　　　　　　　　微众银行助力小微企业发展

微众银行是我国首家互联网银行，于2014年12月16日正式成立，注册资本达30亿元人民币，腾讯、百业源投资、立业集团为主要发起人，腾讯认购总股本30%的股份，为最大股东。作为一家年轻的银行，微众银行发展迅速。该行年报数据显示，全行2019年的资产规模达到2 912亿元，同比增长32.4%，比成立时增长了约100倍；2019年的营业收入为148.7亿元，同比增长48.4%；开业后于2016年就实现了盈利，2019年的净利润为39.5亿元，同比增长约六成。2019年被国际评级机构穆迪和标普分别给予"A3"和"BBB+"评级，展望为"稳定"，在国内仅次于六大国有商业银行。国际知名独立研究公司 Forrester 将微众银行定义为"世界领先的数字银行"。微众银行在 2020 年下半年进一步将金融服务品牌升级为"微众企业+"，旨在打造全链路商业服务生态，以更好地满足小微企业在经营过程中除融资需求以外的其他金融与非金融需求。2020 年 10 月 20 日，在以"数字金融众企共生"为主题的微众银行企业+合作伙伴大会上，全国政协经济委员会委员、中国证券监督管理委员会原主席肖钢指出，在应对疫情冲击中，互联网银行充分利用现代科技手段，开展"无接触贷款"，大规模、低成本、高效率地服务小微企业，7×24 小时不间断服务，同时采取一系列纾困措施，减免贷款利息，延长贷款期限，有效支持复工复产，助力小微企业走出困境。2021 年 9 月 24 日，在《银行家》杂志主办的"2021 中国金融创新论坛"暨"2021 中国金融创新成果线上发布会"上，微众银行荣获"最佳金融创新奖"和"十佳普惠金融服务创新奖"两项大奖。

资料来源：佚名．肖钢：互联网银行破解小微企业融资难［EB/OL］．［2020-10-20］．https：//finance.ifeng.com/c/80iwOFec0xC.有改动。

分析点评：

习近平总书记强调，"改进小微企业和'三农'金融服务"，把更多的金融资源配置到经济社会发展的重点领域和薄弱环节，尤其是"融资难""融资贵"问题突出的小微企业和民营企业。微众银行作为我国首批互联网银行之一，近几年做了很好的探索，充分运用科技解决了小微企业融资难的问题，以微业贷为代表，走出了一条可行的路径。数字化营销+互联网触客+大数据风控，这种新模式、新产品可复制、可持续，符合未来发展趋势。微众银行在扶持小微企业和个体户中发挥了不可替代的重要作用，开创了中国独有的创新模式，树立了普惠金融的世界范例。

7.1.3　互联网银行的特点

1）全面实现无纸化交易

以前使用的票据和单据大部分被电子支票、电子汇票和电子收据所代替；原有的纸币被电子货币，即电子现金、电子钱包、电子信用卡所代替；原有纸质文件的邮寄变为通过数据通信网进行传送。

2）服务方便、快捷、高效、可靠

通过互联网银行，用户可以享受到方便、快捷、高效和可靠的全方位服务。上网客户可以在家里开立账户，进行交易。网上银行实行全天 24 小时、一年 365 天不间断营业。客户可以在任何地方、任何时候使用网上银行，不受时间、地域、方式的限制，即享受 3A（anytime，anywhere，anyhow）服务。银行业务的电子化大大缩短了资金在途时间，提高了资金的利用率和整个社会的经济效益。

3）经营成本低廉

美国网络银行运作的报告表明，互联网银行的经营成本只相当于经营收入的 15%~20%，而普通银行的经营成本占收入的 60%，而且开办一家网络银行所需的成本只有 100万美元。在互联网上进行金融清算每笔成本不超过 13 美分，而在银行自有的个人电脑软件上处理一笔交易的成本为 26 美分；电话银行服务的每笔交易成本为 54 美分，而传统银行分理机构的处理成本高达 108 美分。所以，互联网银行业务成本优势显而易见。而且，互联网银行通过利用电子邮件、讨论组等技术，还可提供一种全新的、真正的双向交流方式。由于采用了虚拟现实信息处理技术，网络银行可以在保证原有的业务量不降低的前提下减少营业点的数量。

4）简单易用

使用互联网银行的服务不需要特别的软件，甚至不需要任何专门的培训，只需有一台电脑就能连接到互联网。上网后，即可根据互联网银行网页的显示，按照提示进入自己所需的业务项目。简洁明快的用户指南，使具有互联网基本知识的一般网民都可以很快掌握网络银行的操作方法。E-mail通信方式也非常灵活方便，便于客户与银行之间以及银行内部之间的沟通。

● 思政拓展7-1　　　　　　　开放银行助力人民美好生活

党的十九大报告指出，中国特色社会主义进入新时代，我国社会主要矛盾已经转化为人民日益增长的美好生活需要和不平衡不充分的发展之间的矛盾。党的十九大报告用"人民美好生活"这样一种大众化、平民化、生活化的话语传播党的新思想、新战略、新目标、新远景、新蓝图等宏大主题，一下子拉近了党和人民之间的心理距离，也为各行各业的创新发展指明了方向。

服务实体经济和人民生活是金融行业的天职和宗旨，是金融健康发展的基本前提。随着居民财富增长、消费升级、消费观念转变，客户对于金融服务和产品的需求越来越丰富和个性化，中国零售金融市场展现出了广阔的发展前景。金融业需要不断思考如何整合庞大的客户、数据、渠道和技术资源，建设以客户为中心的金融生态圈，实现金融消费的生活化和场景化。例如，光大手机银行深入应用生物识别、大数据、API、SDK等金融科技技术，聚焦"移动化""开放化""生态化"三项核心服务能力，不断扩大手机银行的"朋友圈"规模，"金融+生活"的开放化服务场景体系持续丰富和完善。

2019年，光大手机银行5.0首次开放用户体系，面向更广阔的移动互联网用户提供"金融+生活"服务，并于2020年完成了开放银行App与手机银行的合并。用户体系的开放，使得手机银行的账户层次更加完整全面，没有光大银行卡的用户通过手机号即可注册使用，生活板块切实覆盖了"衣、食、住、行、游、娱、购"各个方面。同时，通过手机银行在线开通电子账户，客户还可进一步办理缴费、基金、保险等金融业务，实现"一部手机、一家银行"的轻型化、智能化服务模式，手机银行成为光大银行探索开放银行之路的重要平台。

在万物互联的时代，银行将会不断深化数字化转型的广度与深度，与互联网场景平台共建范在、多元、高效、智能的商业新生态，积极为客户提供更加便捷、安全、智能的"金融+生活"综合服务，使每个人都能享受到科技发展带来的金融便利，以高质量数字金融服务满足人民美好生活的需要。

综上，开放银行是银行数字化转型过程中的一个必然方向，开放银行不是一个简单的技术平台或系统，而是涉及银行客群、渠道、产品、运营和风控等能力或模式的转型和变革。通过开放银行使得金融的覆盖客群更加多样，范围更加全面，金融服务更加综合，客户的金融服务可获得感进一步增强，从而推动数字普惠金融发展，助力人民美好生活。

资料来源：周雷. 金融科技理论与应用［M］. 北京：人民邮电出版社，2022.

7.2　互联网银行的主要业务及风险防范

7.2.1　互联网银行贷款业务

1）个人消费网络贷款

个人消费贷款领域具有大量、高频、小额的特征，传统银行往往受成本和人力的限制，并不会将其作为贷款投放的重点领域，但消费金融却正好能够发挥互联网银行大数据技术的优势，成为互联网银行开展差异化经营、发展普惠金融的首选领域。首家互联网银行微众银行便将消费金融列为三大业务线之一，并推出了首款主打产品"微粒贷"。"微粒贷"依托腾讯在社交领域的垄断地位，依托海量社交数据，于2015年先后在手机QQ和微信端低调上线。与传统银行产品不同的是，"微粒贷"初期采用"白名单"制筛选用户，贷款额度由互联网大数据风控模型确定，最高20万元。同时，该行在个人消费网络贷款领域还积极推进平台金融战略，合作的互联网平台包括二手车电商平台"优信二手车"、家装平台"土巴兔"、生活消费平台"大众点评+美团"、物流平台"汇通天下"等。截至2015年年底，该行已为平台完成商户资金清算94万笔、总交易金额19亿元，为近2万平台消费者提供小额贷款逾2亿元。

2）小微企业网络贷款

传统银行偏好大中型企业，使小微企业很难获得正规金融的信贷支持，融资难、融资贵一直是小微企业发展的重要制约因素。互联网金融与网络银行的发展，为破解面广、量大的小微企业融资难题提供了一条可行的新路，小微企业成为网络贷款的重点投放领域之一。小微企业网络贷款的一个突出优势就是"端口前移"。"端口前移"外化在信贷业务方面，实现的是申请渠道、审批渠道、放款方式等的多方位前移。银行开通电话银行、网上银行、手机银行等渠道让客户申请贷款业务，还在手机App中增加小微企业贷款的宣传模块、在线申请模块、财务软件及流水单据模块。同时，银行还建立起预审批机制、搭建预审批系统，通过标准的审批机制和评分模型，实现快速预审批，在移动银行端还能实现随借随还，让客户自主操作，并提供银企电子对账单功能，让客户随时随地获取其银行交易流水信息，也让银行动态监测客户的合理信贷资金额度，防止客户过度负债和过高成本负债。为准确评估小微企业授信风险和确定合理的贷款额度，"端口前移"还与政府及社会公共信息平台对接合作，从税务、市场监督、海关、央行、社保、劳动、环保、质监、法院、融资担保等部门获取借款企业的非财务信息和财务信息，全面、准确地判断其真实的资信状况。

目前，网商银行的"自营+平台"模式，一头连接着小微企业的资金需求，另一头连接着包含一系列传统银行在内的资金供给方。一些小微企业发展壮大，超出了网商银行服务的能力范围后，网商银行便会把这些客户推荐给其他银行。这样的制度安排，进一步确认了网络银行小微企业金融服务的专营定位。此外，工商银行的小企业网络循环贷款（网贷通）业务，也是业内具有广泛影响的小微企业网络贷款业务种类。

3）互联网商户网络贷款

随着电子商务和跨境电商的快速发展，阿里巴巴、天猫、淘宝、京东、苏宁易购等主流电商平台上互联网商户的资金需求，包括自身的周转贷款需求和上下游的供应链金融需求日益增长。同样具有"互联网+"属性的网络银行，凭借着对互联网商户海量交易数据和行为数据的积累与挖掘，推出的网商贷款产品，能够有效地满足这些商户的融资需求。互联网商户网络贷款需要强大的系统支持，由于整个过程都要在网络平台上进行，所以必须建设一个强大的信贷系统来支撑网贷，这个系统要能接受贷款申请、进行对客户的综合分析，以及最终发放贷款。由于C2C平台每天发生海量交易，这个强大的系统需要基于主流电商平台强大的数据处理和挖掘能力来构建，从而随着"大数法则"的应用，每笔贷款的边际成本逐渐下降，最终的贷款成本会比常规贷款具有明显的优势。

微课 7-1

微众银行特色理财计划

互联网银行贷款与传统银行贷款相比，在交易成本和交易效率方面具有明显的优势。但是，当前网络诚信机制还不健全，互联网银行贷款仍面临着信用风险较高、存在信息安全隐患、监管机制不完善等弊端。

7.2.2 互联网银行的风险防范

互联网银行尽管基于互联网金融对银行商业模式进行了颠覆性的创新，突破性地采用完全网络化运营、大数据应用、深入开发长尾市场的经营模式，但要在当今市场条件下顺利投入运营，并在实际运营中发挥其功能，还需要突破以下诸多业务层面的障碍：

1）远程开户问题

互联网银行没有物理营业网点，客户无法像传统银行一样以面签的方式完成实名认证，实现银行电子账户开设。若按照直销银行的远程开户方式，即客户自助填写注册信息并提供由传统银行签发的实体银行卡，通过信息核查后将实体银行卡与虚拟银行账户绑定，最后结合账户小额划款验证等交叉验证方式完成间接实名认证，实现虚拟账户的开设，则互联网银行只能从传统银行存量用户中吸纳客户，必然受其牵制。若采用委托合作银行，通过其物理柜台完成开户的方式，虽然可靠但违背了完全网络化运营追求服务高效、便捷的初衷，并且合作银行能率先识别客户并抢夺客户资源。

2）吸收公众存款问题

由于拥有互联网企业背景的互联网银行属于Ⅱ类户（Ⅱ类户可以通过电子方式办理资金划转、购买投资理财产品、办理限定金额的消费和缴费支付等，不能存取现金，不能向非绑定账户转账），导致其无法获得持续、低成本的资金来源，制约贷款规模，无法满足未来开发长尾市场的资金需求。而且电子银行和互联网货币基金对其替代程度高，电子银行的业务体系较为全面，涵盖大部分银行业务，可在线销售各类存款和理财产品，且电子账户大多与实体银行账户绑定，因此在银行存量用户中覆盖面广，由于存在用户黏性，互联网银行难以吸引电子银行用户的存款向其转移。而互联网货币基金的认购门槛低，采用T+0赎回机制，收益率高于同期活期存款利率，对利率敏感的客户更具吸引力。互联网银行在存款利率管制尚未完全放开的情况下，无法发挥存款的价格竞争机制，面临存款流失风险。

3）存款准备金缴纳问题

《商业银行法》第三十二条规定，商业银行应当按照中国人民银行的规定，向中国人民银行缴存存款准备金，留足备付金。依据《商业银行法》的规定，互联网银行需要缴纳存款准备金，但因其为"纯网络无实体"模式，无网点和金库，故其存款需存放在其他商业银行里，缴纳存款准备金要依靠其他合作银行去完成。其存款准备金的缴纳标准和缴纳方式、各家合作银行是否收费、如何避免重复缴纳存款准备金等问题都亟待解决。

4）保障系统安全问题

互联网银行的计算机应用系统由应用服务器、数据库服务器、网站服务器和客户端组成。由于其业务完全基于网络渠道，业务处理大多依靠系统自动完成，交易记录、客户信息等数据电子化储存，相比传统银行更倚重系统安全，但它与各类外部系统对接，网站服务器作为公共站点，使整个系统对互联网敞开，面临比传统银行更严重的系统安全风险。系统安全风险来自计算机系统故障、黑客入侵系统、计算机病毒破坏三个方面，风险一旦发生，将导致系统无法运转、客户资金被盗、存储数据丢失等问题，使互联网银行遭受经济损失并影响其声誉。另外，"双11"等购物活动中密集的网购交易产生大量的支付结算业务，也将给银行系统运行造成巨大压力。

● 思政拓展7-2　　商业银行互联网贷款助力数字普惠金融"守正创新"

2005年国际小额信贷年首次提到普惠金融（Inclusive Finance），它与"金融排斥"互为正反面，又称为"包容性金融"。2015年12月31日，我国正式发布《推进普惠金融发展规划（2016—2020年）》，明确提出要继续发挥互联网在促进普惠金融发展中的有益推动作用，大力推进移动金融专项工程。2016年9月，G20杭州峰会审议通过《G20数字普惠金融高级原则》，数字普惠金融首次走上国际舞台，"倡导利用数字技术推动普惠金融发展"是第一原则。2016年在G20普惠金融全球合作伙伴（GPFI）报告中，对数字普惠金融的定义是：泛指一切通过使用数字金融服务以促进普惠金融的正规金融服务行动，关键点在于负责任、成本可负担、商业可持续。

数字普惠金融的重点服务对象包括小微企业、农民、城镇低收入人群、贫困人群和残疾人、老年人等特殊群体。

在P2P网贷"清零"以及部分网贷机构向网络小额贷款公司转型的同时，政府监管部门支持商业银行在审慎合规的基础上运用金融科技手段开展互联网贷款业务。各银行纷纷推出了面向普惠金融重点服务对象的互联网贷款创新特色产品，并积极申请纳入金融科技创新监管试点。商业银行等持牌金融机构开展互联网贷款业务有助于"开正门"，扩大数字普惠金融服务覆盖面，"堵偏门"，抑制高利贷、套路贷等非法金融活动，填补了P2P网贷清退和转型后的小微金融服务空白，更好地满足了长尾和小微客户的金融服务需求，推动数字普惠金融"守正创新"。

除了商业银行，小额贷款公司开展网络小额贷款业务也必须回归数字普惠金融本源，坚持持牌合规经营和风险可控基础上的创新。2020年9月16日，银保监会印发的《关于加强小额贷款公司监督管理的通知》提出，小额贷款公司应当依法合规开展业务，提高对小微企业、农民、城镇低收入人群等普惠金融重点服务对象的服务水平，支持实体经济发展。小额贷款公司应当主要经营放贷业务，不得从贷款本金中先行扣除利息、手续费、管理费、保证金等，鼓励小额贷款公司降低贷款利率，降低实体经济融资成本。

2021年3月11日第十三届全国人大四次会议表决通过的《中华人民共和国国民经济和社会发展第十四个五年规划和2035年远景目标纲要》提出，要完善现代金融监管体系，补齐监管制度短板，在审慎监管前提下有序推进金融创新，健全风险全覆盖监管框架，提高金融监管透明度和法治化水平。稳妥发展金融科技，加快金融机构数字化转型。强化监管科技运用和金融创新风险评估，探索建立创新产品纠偏和暂停机制。

由此可见，商业银行已经成为互联网贷款市场的正规军、主力军，而网贷转型后的网络小额贷款公司也是互联网贷款市场的重要补充。金融机构运用金融科技手段开展互联网贷款业务必须坚持"守正创新"，促进数字普惠金融可持续发展。

资料来源：周雷. 金融科技理论与应用 [M]. 北京：人民邮电出版社，2022.

7.3 互联网银行的发展趋势

1）发挥成本优势，共享收益

互联网银行具有不设立物理性网点的特点，能够节省传统银行所需的大规模员工的工资和客户信息搜寻成本。同时，小微客户小额、短期、高频的理财和融资需求特点与互联网银行的金融电子化相适应，能够解决传统银行处理此类业务交易和信息成本过高的问题。在未来的发展中，这些低成本优势又可以支持互联网银行将节省的费用一部分转化为高额利润与股东共享，一部分转化为较高的存款利息、低收费、部分服务免费等与客户共享，有利于进一步扩大客户市场。

2）积累信用信息数据，加速资源配置效率

基于互联网提供金融服务的互联网银行，能够在任何时间、任何地点以任何方式为客户提供方便、快捷、高效和可靠的全方位实时金融服务，满足用户的个性化需求且节约用户的交易时间，减少中间环节，提高金融服务的质量和效率，并能够积累信用信息数据。透明的信息使得资金拥有者能够迅速做出决策，资金需求者也能够快速获得所需资金，节省双方进行借贷的时间和精力，提高资源的配置效率。

3）客户黏性不断增强，扩大客户市场

随着我国互联网的不断普及和电子商务的快速发展，网络平台积累了庞大的数据资料，随着这些平台的发展和新平台的搭建，客户规模将不断扩大，客户黏性也不断增强。腾讯拥有8亿活跃的QQ用户及4亿活跃的微信用户，阿里拥有3亿支付宝实名认证用户和上亿淘宝用户，还拥有阿里小贷、芝麻信用等平台，两者都积累了大量的客户信息，包括社交、游戏、交易等数据，可凭借数据分析进行客户授信及客户细分等活动。在阿里得到银行牌照之前，其业务其实已经渗透到了银行传统的"存、贷、汇"业务。如果获得银行牌照，意味着阿里的"存、贷"业务将彻底打通，有利于互联网银行的发展。

互联网银行的发展具有两面性，既有投资少、维持费用低、跨越时空局限、业务功能强大、信息传递瞬时等优势，又有安全性较低、进入壁垒较低、风险扩散性强等劣势。在经济全球化的时代，各国之间的经济联系越来越紧密，我国金融业的改革是全球瞩目的大事。随着信息时代的到来，传统的银行发展模式已经发生了不可逆转的变化，从传统银行到互联网银行，银行从实体化向虚拟化发展。这实际上是一个不断"扬弃"的过程，互联网金融的发展将不断推动金融业改革创新，来不断适应时代的发展需要，可以说互联网银行是未来银行业必不可少的组成部分和发展的必然趋势。

头脑风暴7-1

你认为互联网银行未来的发展趋势是什么？

7.1 重要概念

互联网银行　小微企业网络贷款

7.2 单项选择题

2015年6月22日，银监会发布《关于促进民营银行发展的指导意见》，我国民营银行试点正式开闸，首批5家试点民营银行包括微众和网商两家互联网银行。由此可见，互联网银行是在民营银行试点的背景下成立的。2017年1月3日，随着梅州客商银行获批筹建，民营银行获批筹建总数达17家，其中许多民营银行定位为互联网银行，详见表7-1。

表7-1　　　　　　　　　　　部分民营银行获批筹建情况

银行	获批时间	定位
深圳前海微众银行	2014.7.25	互联网银行
上海华瑞银行	2014.9.26	服务小微大众、服务科技创新、服务自贸改革
浙江网商银行	2014.9.26	互联网银行
四川新网银行	2016.6.13	互联网银行
福建华通银行	2016.11.28	以线上为主，线下为辅的互联网银行
中关村银行	2016.12.21	科技银行、互联网银行
江苏苏宁银行	2016.12.21	线上线下融合和全产业链融合的互联网银行
吉林亿联银行	2016.12.27	生活服务网站银行

1）由表7-1可知，我国第一家纯线上的民营互联网银行是（　　　）。

A.网商银行　　　　　B.新网银行　　　　　　　C.华通银行　　　　　　　D.微众银行

2）下列说法不正确的是（　　　）。

A.华瑞银行总行位于上海自贸区

B.中关村银行重点服务科技型创业企业，主要开展金融科技业务

C.苏宁银行受江苏银监局监管

D.发展互联网银行有利于实现普惠金融目标

3）2016年，微众银行运用一项新技术开发了一套应用系统，用于该行与合作银行联合发放的"微粒贷"产品的结算与清算，实现了国内银行业首笔实时清算，交易过程和清算过程同步完成。那么，这项新技术是（　　　）。

A.云计算技术　　　　　B.人工智能AI技术　　　C.大数据技术　　　　　　　D.区块链技术

7.3 讨论题

有人认为，随着互联网银行的发展，传统银行终将成为"恐龙"。你认为互联网银行是否会最终取代传统银行？为什么？请结合互联网相关资料，谈谈你对互联网银行发展前

景的看法。

知识应用

□ 案例分析

　　小明因做生意周转需要，急需融资 10 万元，预计 20 天后就可以通过回收的应收账款归还。现有两种融资方案可供选择：一是通过互联网银行申请信用贷款，日利率为 0.05%，随借随还，申请当天贷款即可到账；二是向某传统银行申请应收账款质押贷款，贷款年利率为 9%，最短借款期限为 1 个月，且自提出申请起约需等待一周方能获得贷款，在等待期间，小明每天需承担 100 元的延期付款损失。

　　问题：试通过计算和分析，替小明做出融资方案选择。

　　分析提示：根据上述方案，互联网银行贷款的年化利率为 0.05%×365=18.25%，而传统银行贷款年利率为 9%，因此从表面上看，传统银行具有明显的利率优势。但考虑到小明的具体融资需求，需要进一步分析两个方案的实际融资成本。互联网银行由于当天放款、随借随还，没有额外的成本；而传统银行则需要承担借款等待的成本、利息支出和资金闲置成本。因此需要计算出传统银行的综合融资成本，再与互联网银行相比较，才能选出合适的融资方案。

□ 实践训练

　　实训项目：互联网银行特色理财业务
　　实训目的：学会分析"互联网银行"特征与互联网金融运行新规则。
　　实训步骤：
　　1）将同学们分组；
　　2）每组分别选择不同种互联网银行业务；
　　3）各组交流讨论，找出目前各家互联网银行业务有何不同；
　　4）各组提出建设性意见。

第8章
金融风险与金融监管

【学习目标】 在学习完本章之后，你应该能够：了解金融风险的概念、特征、成因、种类以及金融监管的含义等基本问题；明确金融监管的主体、对象以及认识金融风险的危害性，增强风险防范意识；熟知金融风险对经济的影响；掌握我国实行的金融监管体制。

● **引例**　　　　　　　　　　　震惊世界的麦道夫欺诈案

伯纳德·麦道夫，一个华尔街风云人物，运用一个并不新鲜的骗术，编织了一个长达20年、高达650亿美元、影响遍及全球近300万人的投资骗局，令世界为之震惊。

2008年12月11日，美国纳斯达克股票市场公司前董事会主席伯纳德·麦道夫因涉嫌欺诈被捕。检方指控麦道夫通过操纵对冲基金使投资者损失超500亿美元。美国《华尔街日报》报道，麦道夫欺诈案受害者包括美国多家公司和欧洲、日本众多投资者，其中国际投资大行如法国巴黎银行、日本野村证券、瑞士银行等都可能蒙受损失，不少对冲基金也涉足骗局，其中一家损失达73亿美元，有的对冲基金可能因此倒闭。

多年来，麦道夫对外宣称的投资记录非常成功，持续的高回报是麦道夫欺诈行为能够持续多年的重要因素。他从来不说明他的投资方法，也不解释他是如何利用投资者的资金获得回报的。不论市场好坏，他每年都可以支付10%以上的投资回报利润。后来麦道夫承认，他至少有10年根本就没有做过投资，只不过是设法吸引更多的新客户，用新来的人的投资去支付过去投资人的所谓利润。在经济状况好、投资人不断增加的情况下，可以继续维持。可是金融风暴一来，不但新投资人减少，过去的投资人也要抽回资本，欺诈骗局便暴露了。

在麦道夫案件中，美国证券交易委员会完全没有尽到职责。早在1999年，证券商哈里·马克波罗斯就曾经向证券交易委员会投诉麦道夫，但却没有引起任何注意。美国证券交易委员会目前的监督重点，主要集中在投资公司是否有违法行为，包括进行内部交易之类的举动方面。对于高风险投资模式以及投资人有可能遭受的损失，委员会并没有很好的监督模式。

资料来源：佚名. 纳斯达克前主席欺诈案震惊世人［EB/OL］.［2022-04-20］. http：//finance.sina. com.cn/money/usstock/nasdaqex.有改动。

这一案例表明：金融监管体系是否完善以及金融监管是否有效，对于保护投资者权益以及维护整个金融体系的安全、稳定至关重要。在美国这样一个金融监管相对完善的国家，都难免出现监管纰漏，可见金融监管工作的复杂性和高难度。那么，什么是金融监管？金融监管的原则、内容、方法有哪些？金融监管的主要机构有哪些？本章将主要介绍相关内容。

8.1　金融风险

8.1.1　金融风险的含义

风险存在于经济活动的各个领域，金融领域的风险更是伴随着金融活动的全过程。

所谓金融风险，是指在一定条件下和一定时期内，由于金融市场中各种经济变量的不确定性造成结果发生波动，而导致行为主体遭受损失的大小以及这种损失发生可能性的大小。损失发生的大小与损失发生的概率是金融风险的核心参量。自1694年英国的英格兰银行诞生至今，现代商业银行已经历了300多年的发展。从1897年我国第一家由国人创办的银行——中国通商银

微课8-1

金融风险及其
特征

行建立至今，我国银行业的发展也已经有100多年的历程。金融业作为以追求利润最大化为目标、经营货币资金、以信用为生命的行业，与其他行业相比属于高风险经营的特殊行业，金融业的每一项经营活动和营运过程的每个环节都充满了风险。

8.1.2 金融风险的特征

1）扩散性

金融风险的扩散性是指个别金融活动的某个环节出现经营危机，会迅速扩散到其他金融机构甚至引起整个社会的动荡。由于金融体系的发展进步和业务交叉，金融领域内各行业之间的联动和交互影响日益增强，许多金融工具必须在广泛的金融网络中才能运行，银行与银行之间每时每刻都在发生复杂的债权债务关系。一家银行倒闭，会造成社会公众对所有银行的信任危机，诱发挤提的金融风潮，引起一系列债权债务关系的破裂，产生银行相继倒闭的"多米诺骨牌效应"，殃及整个银行业。同时，金融机构作为信用中介组织，一方面是贷者的集中，另一方面是借者的聚集，其经营管理的失败，必然连带引发众多借者、贷者的损失。

2）偶发性

金融风险的偶发性是指金融风险大多由偶然事件触发，是众多不确定因素随机组合的结果。人们无法确切地知道金融风险在何时、何地以何种形式出现，也无法预测其危害程度、范围如何，一旦出现，猝不及防。

3）破坏性

金融风险的破坏性是指金融风险一旦发生，不仅会使客户和股东蒙受很大的经济损失，而且往往波及社会再生产的所有环节，影响社会再生产的顺利进行和经济的持续增长，造成巨额的经济损失，甚至危及社会稳定，引发政治危机。

4）社会性

金融风险的社会性是指金融风险的爆发有深刻的社会经济根源，是社会经济危机积累到临界状态的集中反映，其防范与化解往往需要整个社会机制共同作用。

5）周期性

金融风险的周期性是指金融风险受国民经济循环周期和货币政策变化的影响，呈现周期性、规律性的变化。货币政策在周期规律的作用下，有宽松期和紧缩期之分。一般而言，在货币政策宽松期，社会资金流动量大，货币供需矛盾缓和，影响金融机构安全的因素减弱，金融风险就小，但这时金融风险往往会被忽视或掩盖，因此这个时期也是金融风险逐步进行量的积累的时期，其显现与爆发往往有滞后期。反之，在货币政策紧缩期，货币供需出现较大缺口，影响金融机构安全性的因素逐渐增强，社会经济运行的链条常常发生断裂，金融风险增加。同时，金融风险的显现引起政府和金融机构的警觉，其采取强化控制措施，又使金融风险逐步缓解，为下一个宽松期创造条件。因此，货币政策宽松期，一般也是金融风险低发期；而货币政策紧缩期，往往也是金融风险高发期，特别是在两种货币政策交替期间尤其明显。

6）可控制性

所谓金融风险的可控制性，是指市场金融主体在一定条件下，可以采取一定的制度、措施对风险进行事前识别、预测，事中防范、转嫁和事后化解，控制风险的发生和尽量减少资产、收入的损失。金融风险是可以识别、分析和预测的，人们可以通过分析预测产生风险的因素，对其进行监控。现代科学技术和管理手段的发展，为控制金融风险提供了技术手段，现代金融制度（如金融法规、条例、监管办法等）为控制金融风险提供了制度保证。

7）隐蔽性和叠加性

由于金融机构具有一定的信用创造能力，因而可以在较长时间里通过不断创造新的信用来掩盖已经出现的风险和问题，而这些风险因素会一直被隐蔽并不断叠加起来。

8.1.3　金融风险的形成

金融风险是由各种风险因素的相互作用形成的。影响金融风险形成的主要因素有：

1）宏观经济政策

货币政策对经济的干预，必然会引起经济活动中投资总量、投资结构的变化以及货币供应量的变化，进而影响实际物价水平和人们对通货膨胀的心理预期。这些变化都会通过金融机构的客户行为影响金融机构的盈利性和资产的安全性。

2）金融资产价格的波动

在市场经济条件下，通货膨胀率、利率、汇率和证券价格处于不断的波动中，而且相互影响、相互作用。在一般情况下，通货膨胀率的上升，会造成利率上升，企业成本增加，同时也会影响证券投资者的成本，减少证券市场需求，引起股票价格下跌；汇率的变动可能会引起输入型的通货膨胀；证券价格的大幅波动则可能引发政府当局的干预行为，从而导致利率的变化。因此，金融资产价格波动的过程，也是金融风险积累的过程。

3）经济周期的波动

经济危机出现时，证券价格下降，企业出现大量不良债务，使得金融机构出现大量不良资产，从而导致金融危机爆发。在经济高涨时期，市场投机活动逐步加剧和贷款需求增加，会促使利率上升，并使证券价格出现下降趋势，企业利润率下降，从而损害企业的支付能力。

4）金融机构的微观决策和管理失误

利润最大化是企业经营的基本原则，因此金融机构都存在着利益扩张动机。但是，由于受信息不对称的影响，金融机构的决策不可能非常完美，必然存在失误，从而影响金融机构的安全、稳健运行。金融机构能否安全、稳健运行，还取决于内部的管理水平，管理水平低会导致坏账增加、利润下降等。

● **案例分析 8-1**　　贷款逾期，错上加错；放大风险，加大损失

一家商业银行分别向某食品公司和某集团实业公司两家企业贷款，从第一笔的 500 万元短期贷款发放后，不断采取以贷还贷、以贷还息的方式，先后发放贷款 4 562 万元。由于在贷款时该行副行长马某违规操作，致使贷款逾期无法偿还。

为掩盖该笔不良贷款，马某和两家公司的经理密谋之后，提议用"以物抵贷"的方式"购买"了位于该市的一栋大楼，由上述某集团实业公司的下属企业担保，并拟用作该行在本市设立支行的营业用房。在办理"以物抵贷"的过程中，马某利用职务便利，

指使房地产评估部门高估该大楼的价格，从而使抵债的大楼价格高于贷款企业欠该行的贷款本息总额。对高于贷款本息的部分，该行同意以贷款的方式支付，为此该行再次向贷款企业发放贷款3 000万元，用于支付高于贷款本息部分的楼款及"以物抵债"过程中的资金缺口。

虽然抵债操作不规范，既没有该行书面决议，又没有抵债合同，但以该大楼抵偿该行贷款本息4 562万元却已成为事实，至此该笔贷款实际已达到了7 562万元。随后银行处理该大楼产权，以1 200万元的价格拍卖，扣除该行应承担的拍卖费用、契税等，仅能抵消贷款925万元，抵债资产实际损失共6 637万元。

资料来源：作者根据相关资料整理。

分析：该行向两家公司发放贷款逾期未得到偿还后，不仅没有及时想办法化解或减少信用风险可能带来的损失，反而用"以物抵贷"的方法扩大风险，致使贷款损失由4 562万元上升为6 637万元，可谓放大风险、加大损失、错上加错，究其原因有以下几点：

一是在贷款企业的审查上把关不严，对借款人、保证人缺乏必要的了解，对其资历没有进行必要的核查，对贷款企业的经营情况、偿还贷款能力没有进行有效的跟踪调查，不良贷款形成后没有采取相应的措施。

二是当借款人不能偿还到期贷款时又用"借新还旧"的办法继续掩盖问题，扩大了风险，导致贷款损失进一步扩大。

三是在担保人的担保资格问题上也没有把握好。担保人是该集团实业公司下属关联企业，其根本不具备担保能力，担保形同虚设。

四是贷后的管理和清收不力，该行只是给相关企业简单地办理了"借新还旧"和以贷还息，不顾风险的扩大，违规操作。

五是在内部风险控制上缺乏对领导干部权力的监督和制约。

5）市场竞争的加剧

为了在竞争中生存，金融机构可能会不顾成本，大量吸收存款，发放贷款，扩大投资和加大交易数量。与此同时，金融机构也积聚了大量风险，当市场竞争加剧时，退出行业则可能是被迫的，而非自愿的，会有大量金融机构倒闭。

6）经济一体化和金融国际化

从世界经济的发展过程来看，经济一体化和金融国际化的发展，促使国际资本的流动速度加快，金融机构的业务范围不断扩大，金融工具日益增加。这就增加了经济和金融体系的不稳定性，使产生金融风险的原因更为复杂，表现形式更为多样，同时在国际上的传播速度加快，传播范围扩大，损害增加。

8.1.4 金融风险的种类

金融风险多种多样，从不同角度可以划分为不同种类。常见的影响较大的金融风险有：

1）信用风险

信用是从属于商品货币关系的经济范畴，最主要的形式是以应收账款和预付账款出现的商业信用。随着商品货币经济的发展和社会生产方式的变更，信用超出了商品范围，具有了更多的表现形式，包括以货币资金的借贷形式出现的银行信用、其他金融机构的信用和国家信用等。无论哪种信用，都有以下两个特点：

一是信用是到期履约，保证一个协议或契约的完整完成，即从起点出发能以约定的方式到达终点，完成一个周期。在这个过程中，各种因素交叉作用影响结果。银行有可能出现货币资金不能正常周转和有效增值的情况，从而带来风险。

二是信用的风险后果都是损失，不会有带来意外收益的可能。信用好，到期能完成交易，就会收到原来预定好的收益，不会获得额外收入；信用不好，到期不能履行，交易就会中断，造成损失。

视频 8-1

金融风险案例

2）利率风险

利率是资金的价格，在经济生活中，资金链中的现金流量（利息收入或支出）是以货币单位来计算的。同时，资产（或负债）的市场价格也是用货币来衡量的。当利率水平发生变动时，以货币表示的资产（或负债）和现金流量也随之变动。这样一来，就使损失或收益具有不确定性，金融风险以利率风险的形式表现出来了。第一种情况很明显，资金市场的供求关系和政府的调控会造成利率的上升与下降。如果利率上升，按固定利率收取利息的投资者就会有收入损失。相反，如果利率下降，则投资者就会有额外收益。如果行为人持有利率敏感性正缺口，其将面临利率下降、净收益或净利息收入减少的风险；反之，如果行为人持有利率敏感性负缺口，其将面临利率上升、净收益或净利息收入增加的可能。在另外一种情况下，由于货币时间价值的关系，当利率上升时，原来预期的收益就相对变低，从而造成损失；当利率下降时，以原先利率确定的收益就会比现时的市场收益高，行为人就获得额外收益。

3）购买力风险

购买力风险，又称通货膨胀风险，是指因一般物价水平的不确定变动而使人们遭受损失的可能性。首先，通货膨胀造成单位货币购买力下降，使债权人面临本金和利息损失的可能性。通货膨胀率越高，债权人受到的损失就越大。其次，通货膨胀会导致实际收益的潜在变动。因为实际利率等于名义利率与通货膨胀率之差，当名义利率一定时，通货膨胀率越高，实际利率就越低；当通货膨胀率高于名义利率时，实际利率将变为负值。因此，投资者通常要求税后收益率高于预期的通货膨胀率。但是，由于人们难以准确预测将来实际的通货膨胀率水平，所以投资者仍将面临遭受损失的可能性。另外，从社会整体经济环境看，通货膨胀还会影响企业的经营行为，它不仅使消费者行为、商品流通、生产经营环境等发生改变，还会导致企业的经营成本上升。

4）外汇风险

外汇风险是指汇率波动给行为人造成损失的不确定性。对于涉及外汇交易的金融实体来说，因汇率波动造成的金融风险主要体现在两个方面：其一是汇率波动会造成金融实体的现金流量的价值变化。在用外币支付的贸易中，出口商会因为外币贬值而造成损失，进口商会因外币升值而受到损失。对于外汇投资者来说，这种汇率的波动不确定性往往使其不但不能取得预期收益，反而还要损失原有的资本。其二是涉外企业会计科目中以外币记账的各项科目会因汇率变动而引起企业账面价值的不确定变动。

5）证券价格风险

证券价格风险，是指由证券价格的不确定变化导致行为人遭受损失的可能性。它是金融风险中较为突出的风险。在市场经济中，证券市场是整个市场体系的一个重要组成部分。在世界各国的证券市场上，每天都发生大量的股票、债券交易。产生证券价格风险的因素有政治、经济、社会心理等多种因素，其不确定性很大，导致行市波动频繁而又复杂，股票价格更是时起时伏、变幻莫测。所以，投资者既可能获得意外的收益，也可能遭受惨痛的损失。

6）流动性风险

流动性风险，是指一个人或一个机构的金融产品运转流畅、衔接完善的程度，即持有的资产能随时得以偿付，能以合理的价格在市场上出售，或者能比较方便地以合理的利率借入资金的能力。

除上述主要金融风险以外，还有金融衍生产品价格风险、经营风险、国家风险、政策性风险以及关联风险等各种金融风险。

8.1.5 金融风险对经济的影响

头脑风暴8-1

为什么金融行业的道德行为十分重要？

金融风险是金融市场的一种内在属性，对金融活动起着一定的调节作用。尽管一些市场参与者在金融风险中也有可能获取一些收益，但金融风险因素的不断积聚会给经济及社会发展带来严重影响。它不仅影响经济主体的经营和收益，给市场参与者造成重大损失，而且影响国家宏观经济的稳健发展，甚至会造成社会动荡。

1）金融风险对微观经济的影响

（1）金融风险的直接后果是可能给经济主体带来直接的经济损失。在我们的现实生活中，这样的例子不胜枚举。例如，投资者在认购股票后股价大跌；买进外汇进行套汇或套利时，汇率下滑；进行股价指数期货的炒作时，指数与预期相反。这些情况无疑都会给行为人造成重大损失甚至会导致金融企业的破产。

（2）金融风险会给经济主体带来潜在的损失。例如，一家银行存在严重的信用风险，会使消费者对存款安全产生担忧，从而导致银行资金不断减少，业务萎缩；一个企业可能会因贸易对象不能及时偿付债务而影响生产的正常进行；购买力风险不仅会导致实际收益率下降，而且会影响经济主体持有的货币余额的实际购买力等。

（3）金融风险影响着投资者的预期收益。金融风险与预期收益是呈正相关的，金融风险越大，预示着未来收益越多；金融风险越小，则预示着未来收益越少。

（4）金融风险增加了经营管理的成本。由于预期收益不确定性的存在，经济主体为了规避风险，把风险降到最低，会加大收集、整理信息的工作量，也就增加了管理成本，甚至还会因为对金融风险的估计不足而导致一些不应有的损失。

（5）应付风险的各种准备金的设立，降低了资金利用率。由于金融风险的广泛性及其后果的严重性，金融机构不得不持有一定的风险准备金来应付金融风险。对银行等金融机构而言，由于流动性变化的不确定性，难以准确安排备付金的数额，往往导致大量资金闲置。此外，由于对金融风险的担忧，一些消费者和投资者往往持币观望，从而造成社会上大量资金闲置，增加了机会成本，降低了资金利用率。

2）金融风险对宏观经济的影响

（1）金融风险将引起实际收益率、产出率的下降，以及消费和投资的减少，其下降和减少的幅度与风险大小成正比。例如，业主为降低投资风险，不得不选择风险较低的技术组合，导致产出率和实际收益率下降。同样，由于未来的不确定性，个人未来财富可能会出现较大波动，境况可能会相对变坏，从而不得不改变其消费和投资决策。也就是说，消费者为了保证在未来能获得正常消费，总是保持较谨慎的消费行为；投资者可能会因为实际收益率下降和对资本安全的忧虑，而减少投资，导致整个社会的投资水平下降。

（2）金融风险会造成产业结构畸形发展、整个社会生产力水平下降。因为金融风险的存在，大量资源流向安全性较高的部门，既导致边际生产力的下降，又导致资源配置不当，一些经济中的关键部门因此发展较慢，形成经济结构中的"瓶颈"。

（3）严重的金融风险还会引起金融市场秩序的混乱，破坏社会正常的生产和生活秩序，甚至使社会陷入恐慌，极大地破坏生产力。例如，一家银行因经营不善而倒闭会提高存款人对信用风险的警戒，可能会触发存款人对银行的信任危机，引起大规模挤提，严重的甚至会导致金融制度的崩溃。

（4）金融风险影响着宏观经济政策的制定和实施。它既增加了宏观经济政策制定的难度，又削减了宏观经济政策的效果。从宏观经济政策的制定来看，由于金融风险导致市场供求的经常性变动，政府难以及时、准确地掌握社会总供给和总需求状况以做出决策，而且金融风险常导致决策滞后；在政策的传导过程中，金融风险将使传导机制中的某些重要环节（如利率、信用或流动性等）出现障碍，从而导致政策效果出现偏差；从宏观经济的作用和效果来看，各经济主体为了回避风险，总是尽可能充分地利用有用的信息，并以此为依据，对未来的政策及其可能产生的效果做出判断，从而采取相应的措施来加以应对，这就使政府的政策难以达到预期效果。

（5）金融风险影响着一个国家的国际收支。金融风险直接影响着国际经贸活动和金融活动的进行与发展。首先，汇率的上升或下降影响着商品的进出口总额，关系着一个国家的贸易收支；其次，利率风险大、通货膨胀严重、国家风险大等会造成投资环境差，使外国人减少对本国的投资和其他交往，导致各种劳务收入的减少。另外，金融风险也影响着资本的流入和流出。

● 金融观察　　　　　　中国证券监督管理委员会

1992 年 10 月国务院证券委员会在北京成立，其是中国证券监督管理委员会的前身，在当时作为中国证券管理的最高权力机关，肩负着证券市场管理及保护投资者合法权益的重任。其宗旨是加强证券市场的宏观管理，统一协调有关政策，建立健全证券监管工作制度，保护广大投资者的利益，促进证券市场健康发展。其主要职责是：负责组织拟定有关证券市场的法律、法规草案；研究制定有关证券市场的方针政策和规章；制定证券市场发展规划和提出计划建议；指导、协调、监督和检查各地区、各有关部门与证券市场有关的各项工作。1998 年 3 月国务院证券委员会撤销，其工作由中国证券监督管理委员会承担。中国证券监督管理委员会设在北京，在各省、自治区、直辖市和计划单列市设立 36 个证券监管局，以及上海、深圳证券监管专员办事处。

资料来源：张娜. 课程思政视域下金融法律法规课程的教学改革思考 [J]. 北京宣武红旗业余大学学报，2021（7）. 有改动。

分析点评：

国务院领导下的中国证监会作为监管主体之于证券市场乃至中国经济具有重要意义。与商品市场一样，证券市场存在垄断、信息不对称等因素，而其固有的高投机性和高风险性更使得风险爆发导致市场崩溃、国民经济受创的风险加剧。鉴于其本身并不能自发地实现高效、平稳、有序运行，因此依据相关法律法规对证券市场进行监管无疑是资本市场发展的应有之义。而将看不见的手（市场作用）和看得见的手（政府作用）有机统一起来，进而协同促进经济健康发展，正是辩证法和两点论在现代经济中的灵活运用。

8.2　金融监管

8.2.1　金融监管的含义及目标

1）金融监管的含义

金融监管是指金融主管当局依据国家法律法规的授权对金融业（包括金融机构以及金融机构在金融市场上所有的业务活动）实施监督、约束、管制，使其依法稳健运行的行为总称。

通常来说，一国金融监管的范围涉及金融的各个领域，例如对存款货币银行的监管、对非存款货币银行金融机构的监管、对短期货币市场的监管、对资本市场和证券业以及各类投资基金的监管、对外汇市场的监管、对衍生金融工具市场的监管、对保险业的监管等。

2）金融监管的目标

金融监管目标是实现金融有效监管的前提和监管当局采取监管行动的依据。由于各国历史、经济、文化背景和发展情况不同，不同国家的具体金融监管目标也是不同的。一般来说，世界各国金融监管目标通常包括以下几个方面：

（1）确保金融稳定安全。金融业的安全稳定直接关系着整个国家经济的稳定，由于金融业经营的特殊性，一个金融机构出现问题或危机往往会引起连锁反应，导致更多金融机构经营困难，并且，由于金融交易的规模急剧增大，金融交易方式日趋复杂，各金融机构和金融市场之间相互依赖的程度与危机相互感染的可能性都明显增大。因此，金融监管的首要目标就是要确保金融稳定安全，防范金融风险。

视频 8-2

金融领域个人信息保护监管

（2）保护金融消费者的权益。金融机构是一种信用中介，集中了社会各阶层、各部门暂时闲置的货币和资本，与社会各方面的联系十分密切。金融机构如果在经营过程中出现问题，会直接损害和影响千千万万金融消费者（存款人和社会公众）的权益，进而引发社会政治、经济危机。因此，金融监管部门要将保护金融消费者的权益作为重要的金融监管目标。

（3）维护金融业的公平竞争。金融监管机构应通过对金融活动的监督管理，规范金融机构的行为，为金融企业创造一个公平竞争的环境，防止行业垄断，鼓励各家金融机构在合理、有序竞争的基础上提供高效率、多样化的金融产品，推进金融创新。

（4）保证中央银行货币政策的有效实施。货币政策的有效实施以金融业为作用点和传导中介，因此要通过金融管理当局的金融监管，使金融机构的经营活动与中央银行的货币政策目标保持一致。

● 知识链接 8-1　　　　　我国现阶段金融监管的具体目标

（1）经营的安全性。经营的安全性包括两个方面：保护存款人和其他债权人的合法权益；规范金融机构的行为，提高信贷资产质量。

（2）竞争的公平性。竞争的公平性是指通过中央银行的监管，创造一个平等合作、有序竞争的金融环境，鼓励金融机构在公平竞争的基础上，增强经营活力、提高经营效率和生存发展能力。

（3）政策的一致性。政策的一致性是指通过监管，使金融机构的经营行为与中央银行的货币政策目标保持一致；通过金融监管，促进和保证整个金融业与社会主义市场经济的健康发展。

8.2.2　金融监管的主体和对象

1）金融监管的主体

金融监管主体是作为社会公共利益的代表，运用国家法律赋予的权力去监管整个金融体系的特殊机构，通常指中央银行或其他金融监管当局。但由于政治、法律、民族传统的差异，以及金融体制和发展水平的不同，世界各国在金融监管的主体方面存在着较大的差别。有的国家由中央银行实施监管，有的国家由财政部实施监管，也有的国家由一个非中央银行、非财政部的独立的政府机构实施监管，更多的国家是由几个部门分别对不同的或同一金融机构实施监管。

● 金融观察　　　　　我国金融监管领域迎来重磅改革

通过机构设置调整和职责优化，落实党的二十大提出的"依法将各类金融活动全部纳入监管"相关部署，最终消除监管盲区，实现监管全覆盖。

2023年3月，我国金融监管领域迎来重磅改革。中共中央、国务院印发《党和国家机构改革方案》，其中多项涉及金融监管领域。自改革方案发布以来，有关部门正在紧锣密鼓地落实，改革稳步推进。

2023年5月18日，国家金融监督管理总局正式挂牌。这是深化金融监管体制改革、加强和完善现代金融监管、促进实现金融监管全覆盖的重大举措。此轮改革在中国银保监会基础上组建国家金融监督管理总局，通过构建"一行一局一会"的金融监管格局，把所有的合法金融行为和非法金融行为都纳入监管，让未来新出现的金融机构和金融业务都难逃监管，形成全覆盖、全流程、全行为的金融监管体系。

资料来源：吴雨，李延霞．"一行一局一会"将形成全覆盖全流程全行为金融监管体系［EB/OL］．［2023-05-19］. http://www.ce.cn/macro/more/202305/19/t20230519_38552731.shtml. 经过改编。

2）金融监管的对象

从各国金融法规的界定来看，金融监管的对象是一国或地区依法设立在境内或境外从事金融业务的银行业、信托业、证券业、保险业等金融机构和其他一切从事金融业经营活动的社会成员及其金融业务活动。

传统的金融业监管对象一般包括两类机构：一是银行机构，包括政策性银行、商业银行等；二是非银行金融机构，包括证券机构、保险机构、信托机构和其他金融机构等。随着金融工具的不断创新，金融监管的对象也开始发生较大的变化，有些国家金融监管的领域已逐步扩大到那些业务性质与银行类似的准金融机构。

8.2.3 金融监管的原则和方法

1）金融监管的原则

（1）依法监管原则。依法监管有两方面的含义：一是所有的金融机构都必须接受国家金融监管机构依据法律、法规的规定所进行的监督管理，不能有例外；二是国家金融监管机构实施监管必须依法进行，以确保金融监管的权威性、严肃性、强制性、一贯性和有效性。

（2）适度竞争原则。金融监管的根本宗旨就是通过适度的金融监管，形成和保持金融业适度竞争的格局。因此，金融监管机构的管理重心应放在创造适度竞争的环境上，既要避免造成金融高度垄断、排斥竞争从而丧失效率与活力，又要防止出现过度竞争、破坏性竞争从而波及金融业的安全与稳定。

（3）不干涉金融业内部管理原则。不干涉金融业内部管理是指要按金融监管的规律进行监管，不能对金融机构的内部管理以正规的或非正规的方式进行干预。按照这一原则要求，只要金融业的经营活动符合金融法律、法规规定的范围、种类和可承担的风险程度，并依法经营，监管机构就不应该做过多的干涉。

（4）综合监管原则。综合监管原则包括：各种金融监管手段即经济手段、行政手段、法律手段等要综合配套使用，以实现有效监管；金融监管的方式、方法或工具要综合运用，即监管工具要现代化、系统化、最优化，直接监管与间接监管、外部监管与内部监管、正式监管与非正式监管、事先监管与事后监管、国内监管与国际监管、经常性监管与集中突出性监管等要同时运用。

（5）安全稳健与社会经济效益相结合原则。要求金融机构安全稳健地经营是金融监管的中心目的，一系列金融法规和指标体系都着眼于金融业的安全稳健及风险防范，但金融业存在、发展的终极目的是满足社会经济的需要，促进社会经济的稳定发展，因此，金融监管应积极地把防范风险同促进金融机构实现经济效益协调起来。

（6）自我约束和外部强制相结合的原则。要保证监管的及时和有效，客观上需要自我约束与外部强制有机结合。因为外部强制管理不论多么缜密、严格，其作用也是相对有限的，假如监管对象不配合、不协作，而是设法逃避应付，则外部强制监管也难以收到预期的效果；反之，如果将全部希望都放在金融机构本身自觉、自愿的自我约束上，则可能诱导一些金融机构开展违规经营活动，产生道德风险。

（7）监管成本与效率原则。监管并非不计代价，以最低的监管成本获得最佳监管效果是金融监管机构开展工作的重要原则之一。在很多国家，金融监管的费用都是由被监管者承担的，这会迫使被监管者尽可能节约一切监管资源，减少监管成本，提高监管效率。

除上述主要原则外，金融监管还有其他多项原则需要遵循，而且金融监管原则还应该根据市场环境的变化及时进行调整。

2）金融监管的方法

金融监管方法是指金融监管的具体步骤和技术等。综合世界各国金融监管的实践，通行的金融监管方法包括：

（1）事先检查筛选。它主要是指金融机构建立之前的严格审查和注册登记，包括拟建机构的地址、规模、股东人数、资本金、经营管理水平、竞争力和未来收益等。

（2）定期报告和信息披露制度。监管机构针对这些报告和有关信息，通过趋势分析和比较分析两种方法，可查找出银行经营管理工作中存在的问题。

（3）行业监督与内部控制。行业自律构成广义的金融监管内容之一，其作用已日益凸显。

（4）现场检查。它是指派出检查小组，到监管对象经营场所实地检查，主要检查资本充足状况、资产质量、内部管理、收入和盈利状况、清偿能力等，以此做出全面评价。

（5）内外部稽核相结合。稽核是指对经营活动开展审查与核对，是一种监督检查的系统方法。目前，各国金融监管机构主要采取外部稽核和内部稽核相结合，以及监管机构强制性稽核和社会非强制性稽核相结合的办法。

当然，以上任何一种方法都并非单独运用，各国金融监管机构要根据本国的经济环境和金融发展特征，来确定和选择适合本国国情的监管手段与方法。

8.2.4 金融监管的主要内容

由于各类金融业务特点不同，经营性质也存在明显差异，对其监管的内容也应有所区别。下面从银行业、证券业、保险业三个方面分别阐述金融监管的主要内容。

8.2.4.1 对银行业的监管

银行业监管，是指金融主管机关或金融监管执行机关根据金融法规对银行机构实施监督与管理，以确保银行机构经营的安全性和盈利性。

1）银行业监管的目标

银行业监管的目标可分为一般目标和具体目标。所谓一般目标，就是监管者通过对银行业的监管所要达到的一个总体目标，即维持一个稳定、健全、高效的银行制度。各国银行业监管的具体内容和形式在不同的历史背景下虽然有异，但其具体监管目标大致相同，主要有：①维护公众对银行体系的信心；②保护存款人的资金安全，并在银行倒闭时，尽可能减少存款保险基金的损失；③培育能够以合理的成本满足公众对高质量金融服务需要的高效和有竞争性的银行体系；④保证商业银行通过规范化操作和自我约束机制的健全实现安全运营。

2）银行业监管的主要内容

纵观各国银行业监管状况，其监管内容大致包括以下几个方面：

（1）制定有关的金融政策法规。金融政策法规是一国金融活动的行为准则和金融监管当局进行监督及管理的依据与手段。各国金融监管当局均重视通过建立健全金融政策法规，使本国的金融监管朝规范化的方向发展，并且根据监管对象的不同及时地调整监管标准。

（2）市场准入的管理。市场准入是金融管理当局对新设机构进行的限制性管理，把好市场准入关是保障银行业稳健运行和整个金融体系安全的重要基础。批准高质量的银行和高级管理人员进入市场，并根据审慎性标准审批银行的业务范围，将有利于降低银行的经营风险，提高银行管理水平和服务水准，促进银行的稳健发展和金融体系的稳定。

（3）对银行业务的限制。对银行业务的限制主要包括以下几个方面：①对银行业务范围的限定。金融管理当局根据不同金融机构的性质，分别核定其业务范围或限制其进入某些活动领域。②对银行经营的监管。其具体体现在对银行经营的各项指标加以规定和限定，如风险控制指标（安全性指标）、流动性指标、资本充足率指标、资产质量指标等。

（4）存款保险制度。存款保险制度是指在金融体系内设立一个保险机构，各存款机构作为投保人按一定存款比例向其缴纳保险费，建立存款保险准备金，当投保人发生经营危机或面临破产倒闭时，由存款保险机构向其提供财务救助或直接向存款人支付部分或全部存款的一种制度。当银行面临破产清算时，如何保护存款人的利益是各国金融监管当局必须关注的一个重要问题。为此，许多国家都建立了存款保险制度，这是维护整个银行体系安全的一个重要措施。

● 小思考 8-1

世界上最早建立存款保险制度的是哪个国家？

答：美国。

● 知识链接 8-2　　　　　　我国存款保险制度核心要素

经国务院批准，《存款保险条例》已于 2015 年 2 月 17 日发布，自 2015 年 5 月 1 日起正式实施。

存款保险制度是市场经济条件下保护存款人权益的重要措施，是金融安全网的重要组成部分。这项制度的建立，对于更好地保护存款人利益，进一步完善金融安全网，建立金融稳定的长效机制，促进银行业健康发展，进一步提升银行业服务实体经济的水平，都具有十分重要的意义。

我国存款保险制度在制度设计上，立足于我国现实国情，充分吸取了国际经验特别是历次国际金融危机的经验和教训，符合国际存款保险的最佳实践，体现了国际金融改革发展趋势。制度的核心要素包括：

一是实行强制保险。为保证存款保险制度的公平性和合理性，存款保险将覆盖我国境内依法设立的所有存款类金融机构。

二是实行限额偿付。偿付限额为 50 万元，约为 2013 年我国人均 GDP 的 12 倍（国际上一般为 2~5 倍），能够为 99.63% 的存款人（包括各类企业）提供全额保护。

三是基准费率和风险差别费率相结合。初期以基准费率起步，逐步过渡到差别费率，以促进公平竞争，促使银行稳健经营。费率水平远低于绝大多数国家。

四是存款保险基金"取之于市场，用之于市场"。基金主要由存款类金融机构交纳的保费组成，存款人不需要交纳。基金管理和运用以安全性为首要原则，初期主要限于存放于中国人民银行，投资政府债券、中央银行票据、信用等级较高的金融债券及其他高等级债券。

五是充分发挥存款保险及时防范和化解金融风险的作用，赋予存款保险信息收集和核查、早期纠正及风险处置等必要职责。

六是以基金方式起步，以减少行政成本，提高效率；有利于增强公众对我国存款保险制度的信心，确保制度平稳推出和运行。

存款保险制度是一项十分重要的金融基础制度安排，制度的建立在我国金融改革和发展进程中具有十分重要的意义。

资料来源：作者根据相关资料整理。

8.2.4.2 对证券业的监管

证券业监管，是指证券管理机构运用法律、经济以及必要的行政手段，对证券的募集、发行、交易等行为以及证券投资中介机构的行为进行监督和管理。

1）证券市场监管的目标与原则

不同国家或处于不同发展阶段的证券市场，其监管目标存在一定的差异。但一般来说，证券市场监管的目标在于：运用和发挥证券市场机制的积极作用，克服证券市场上的种种缺陷（证券市场失灵）；保护市场参与者（尤其是投资者）的合法利益，保障正常合法的证券交易活动，监督证券中介机构依法经营；防止人为操纵、欺诈等不法行为，维持证券市场的正常秩序，确保市场的公平和透明；促进证券市场功能的发挥，调控证券市场的交易规模，保证证券市场的稳定高效，促进整个国民经济的稳定和发展。

为保障证券市场高效、稳定、有序、顺利地运行，围绕证券监管的各项目标，证券市场的有效监管必须确立下列原则：

（1）"三公"原则。"三公"原则是证券监管中最核心、最基本的原则，具体内容包括：①公开原则。公开原则的出发点在于增强证券发行与交易的透明度，任何市场参与者都不得利用内幕信息从事市场活动。这一原则要求证券发行人及其他中介机构和有关人员必须全面履行信息披露的法定义务，真实、准确和完整地披露与证券发行和交易有关的各种重要信息，避免任何信息披露中的虚假陈述、重大误导和遗漏，保证投资者及时、充分、全面、准确地了解证券发行人的各种信息。②公平原则。公平原则要求证券市场不存在歧视，参与市场的主体具有完全平等的权利、均等的市场机会，即无论是投资者还是筹资者，是监管者还是被监管者，也无论其投资规模与筹资规模的大小，只要是市场主体，在进入与退出市场、投资机会、享受服务、获取信息等方面都享有完全平等的权利。③公正原则。公正原则是对证券业监管者的基本要求，它要求证券监管者公正无私地进行市场管理和对待市场参与者。公正原则的内容包括立法公正、执法公正、仲裁公正。公正原则是有效监管的生命，是监管者以法律框架实现市场所有参与者之间的平衡与秩序的关键，并构成对管理者、立法者、司法者权力的赋予与制约。

（2）诚实信用原则。证券监管者在制定和实施各项法律、法规、制度的时候，必须以要求市场参与者诚实信用为原则。作为证券市场的筹资者，必须真实、准确、完整地公开财务信息；作为证券市场的中介机构，在提供市场信息与服务时不得存在欺诈或严重误导行为；作为证券市场的投资者，不得散布虚假信息、垄断或操纵市场价格、从事内幕交易、扰乱市场正常秩序。

（3）效率最大化原则。追求证券市场监管的效率最大化，不仅要求市场监管机构适时地制定相关市场规则，防止出现交易规则漏洞，而且要求交易规则能够为尽快完成交易提供条件，同时还要通过一系列的监管成本与收益的核算来获取监管效率的最大化。

（4）监管与自律相结合的原则。这一原则是指在加强政府、证券主管机构对证券市场监管的同时，也要加强从业者的自我约束、自我教育和自我管理，以建立完整的证券市场监督管理体系。国家对证券市场的监管是管好证券市场的保证，而证券从业者的自我管理则是管好证券市场的基础。

2）证券市场监管的主要内容

（1）对发行市场的监管。对证券发行市场的监管是整个证券监管工作的第一步，一般各国都是通过审核制度来实现的。世界各国的审核制度基本上可以划分为两类：①证券发行注册制。它是指法律责成证券发行者将依法必须公开的与证券发行有关的所有资料准确、充分、及时地向证券监管机构做出汇报、制成文件并申请注册登记，其内容不得存有虚假和重大遗漏。注册制遵循公开原则，监管机关的权力与责任仅限于保证证券发行者申报资料的完整性和正确性，而不做一系列实质性条件下的审查和批准。如果监管部门事后发现申报内容存在虚假、欺诈或不真实陈述与事项，可依法追究证券发行者的责任。注册制只适用于成熟的市场，即市场架构完善、投资者素质较高的市场。②证券发行核准制。它是指证券发行者不仅需要按法律规定公开所有必需的资料并确保信息的真实性，而且必须满足若干实质性条件。证券监管机构将对证券发行者进行实质性审核，并有权否决不符合实质性条件的证券发行申请。核准制奉行"实质管理"原则，据此可将不符合政府与管制机构要求的低质量的证券发行者排除在证券市场之外。核准制适用于证券市场历史不长、投资者素质不高的国家和地区。

（2）对交易市场的监管。证券交易市场监管是证券监管的重要组成部分，证券市场的所有行为最终都会体现到交易过程中，在交易领域集中了若干证券市场失灵问题。对交易市场监管主要体现在：一是对不正当证券交易行为的监管，包括反操纵监管、反内幕交易监管和反欺诈监管；二是对过度投机和市场稳定性的监管控制，包括信用交易管理制度、交易停止制度、价格限额制度、卖空限制和政府入市等。

（3）对证券经营机构和从业人员的监管。在证券市场上，证券发行与交易都是通过证券经营机构和从业人员来完成的，对其进行有效监管是证券监管中的重要一环。各国针对证券商的设立、财务责任和经营行为的监管制度各不相同。对证券从业人员的管理主要通过对其进行资格考试和注册认证以及市场禁入制度等来实现，这也是各国通行的做法。

（4）对信息披露的监管。充分、公开、公正的信息披露制度，可以保护公众投资者，使其免受欺诈和不法操纵行为的损害。各国均以强制方式要求信息披露，并要求信息披露具有全面性、真实性、时效性，使公司所有股东都受到公平和同等的待遇。信息披露具体包括证券发行与上市的信息公开制度、持续信息公开制度和证券交易所的信息公开制度，并针对违反披露制度的责任主体制定了相应的处罚和制裁措施及法规。

（5）对欺诈行为的监管。证券欺诈行为是指证券公司及其从业人员违背客户真实意思表示，从事损害客户利益的行为。从狭义上说，这里的欺诈行为监管指的是禁止在证券发行、交易及相关活动中有欺诈客户、虚假陈述等行为。其形式多种多样，各国在法律条款中都规定了证券经营机构、证券登记机构或清算机构以及其他相关机构存在各种欺诈和虚假陈述或误导行为时应承担的法律责任。

（6）对证券投资者的监管。首先是对个人投资者的监管，包括对个人投资者的资格审查、对买卖行为的管理和对买卖途径的管理；其次是对机构投资者的监管，包括对机构投资者资金来源的管理、对买卖资格及程序的管理和对买卖行为的管理。

8.2.4.3 对保险业的监管

保险业监管，是指一个国家对本国保险业的监督和管理。一个国家的保险监管制度通常由两部分构成：一是国家通过制定有关保险法规，对本国保险业进行宏观指导与管理；二是由国家专门负责行使保险监管职能的机构依据法律或行政授权对保险业进行行政管理，以保证保险法规的贯彻执行。

1）保险监管的目标与原则

（1）保险监管的目标。国家对保险业实行监督和管理的目的，主要是保护被保险人的正当权益和促进保险业的健康发展。具体来说，包括以下几个方面：保证保险人有足够的偿付能力，维护被保险人及受益人的合法利益；规范保险市场，促进并维护保险业的公平竞争；防止保险欺诈，保证保险业的健康发展；提高保险业的经济效益和社会效益。

（2）保险监管的原则。为实现各项保险监管目标，保险监管通常适用的原则有：

其一，坚实原则。其内容包括资产坚实和负债坚实，前者是对保险业资产的要求，不仅数量要充足，而且质量要上乘；后者是对各种准备金要求充足，以满足各种保险损失补偿或给付的需要。

其二，公平原则。公平原则是指保险监管者对保险加入者的公平和签订保险合同的公平。前者包括申请加入保险业者的资格公平、条件公平和保险经营过程中的竞争公平；后者包括对被保险人的保险费率公平和保单条款的公平。

其三，健全原则。健全原则是指保险监管者在监管过程中指导、督促保险业的正常经营和健康发展、提高保险经营效益、维护股东及合伙人的权益。

其四，社会原则。社会原则是指根据国家经济及社会政策的需要，积极发展保险事业，促进社会进步和经济发展。其内容包括扩大保险保障的覆盖面，宣传保险和风险管理知识，积极而又慎重地运用保险资金，为国家经济建设和社会发展服务。

2）保险监管的主要内容

（1）机构监管。其包括：①对保险机构设立的监管。为保证营业初期具备足够的偿付能力，保险公司必须拥有相当数量的资本金，并缴存一定比例作为保证金。同时，各国对保险机构的高级管理人员的任职资格也都有特别规定。②对营业范围的监管。它是指政府通过法律或行政命令，规定保险机构所能经营的业务种类和范围，一般表现在两个方面：一是金融各行业间（银行、保险、证券、信托业之间）的兼业问题，即是否允许保险人兼营保险以外的金融业务，或非保险机构兼营保险业务；二是保险业内不同业务的兼营问题，即同一保险人是否可以同时经营性质不同的保险业务。此外，国家对保险机构的监管还体现在对保险机构组织形式、市场退出的监管等方面。

（2）业务监管。其包括：①条款监管。在保险条款的监管中，各国保险监管机构一般要求保险条款内容完整，明确保险标的、保险责任与责任免除、保险期限、保险价值与保险金额、保险费及缴费方式、保险赔款及保险金给付办法、违约责任和争议处理等内容。②费率监管。各国保险监管机构对保险费率监管的目标是保证费率的充足性、合理性和无歧视性。因费率计算基础不同，各国对人寿保险和财产保险的费率监管采用不同的方式。对于人寿保险，只要公司没有使用歧视性规定，多数国家并不直接控制其费率；而对于财产保险，多数国家的费率监管要远比寿险严格，一般均由监管机构核定后方可使用。此外，为防止不正当竞争和分散风险，保险业务监管还包括经营行为监管和再保险监管等内容。

（3）财务监管。针对保险公司的财务监管即对其资产负债情况的监管，主要包括：①资产监管，涉及保险公司的资产认定和资产运用两个方面。②资金运用监管，通常分为两类：一是宽松型监管，主要由保险公司自己管理自己；二是严格型监管，一般通过立法来规定保险公司资金运用的方式与限额。③准备金监管，具体指在各国的保险法规中都有准备金提取的明确规定，且内容大体一致。

（4）偿付能力监管。所谓偿付能力，是指保险公司清偿到期债务的能力，在数值上等于认可资产与负债的差额。保险监管各方面的工作都是围绕确保保险公司的偿付能力不低于某一水平而展开的。

知识掌握

8.1 重要概念

金融风险　金融监管

8.2 单项选择题

1）1995年，英国巴林银行新加坡分行交易员尼克·里森越权购进大量日经指数期货，造成近10亿美元的亏损，其风险起因属于（　　　）。

A.信用风险　　　　　B.法律风险　　　　　C.操作风险　　　　　D.流动性风险

2）某银行面临存款人挤提存款的风险，这种风险属于（　　　）。

A.利率风险　　　　　B.信用风险　　　　　C.流动性风险　　　　　D.诈骗风险

3）信用风险又称（　　　）。

A.流动性风险　　　　B.违约风险　　　　　C.货币风险　　　　　D.国际收支风险

4）购买力风险是（　　　）。

A.流动性风险　　　　B.通货膨胀风险　　　　C.利率风险　　　　　D.外汇风险

5）金融监管的首要目标是（　　　）。

A.保护金融消费者的权益　　　　　　　　B.确保金融稳定安全

C.维护金融业的公平竞争　　　　　　　　D.保证中央银行货币政策的有效实施

6）各国证券监管中最核心、最基本的原则是（　　　）。

A.诚实信用原则　　　　　　　　　　　　B."三公"原则

C.效率最大化原则　　　　　　　　　　　D.自律原则

7）在保险监管中，保证保险业资产数量充足、质量上乘的原则是（　　　）。

A.坚实原则　　　　　B.公平原则　　　　　C.健全原则　　　　　D.社会原则

8.3 判断题

1）金融监管的根本宗旨就是通过适度的金融监管，实现适度的金融竞争。　　（　　）

2）所有金融机构都必须接受国家金融监管机构依据法律、法规的规定所进行的监督管理，特殊情况下允许有例外。　　（　　）

3）国家对证券市场的监管是管好证券市场的基础，而证券从业者的自我管理则是管好证券市场的保证。　　（　　）

4）核准制适用于证券市场历史不长、投资者素质不高的国家和地区。　　（　　）

5）国家对保险业实行监督和管理，主要是为了保护保险人的正当权益和促进保险业的健康发展。　　（　　）

6）金融业的每一项经营活动和营运过程的每个环节都充满着风险。　　（　　）

7）金融风险可能导致的损失不仅指本金的损失，还要考虑资本收益的相对损失。　　（　　）

8）金融风险是指宏观投资主体预期收入遭受损失的可能性。　　（　　）

8.4 简答题

1）简述金融风险的特征。

2）金融风险对宏观经济有哪些不良影响？

3）金融监管的目标是什么？

4）银行业监管的主要内容是什么？

5）证券市场监管的主要内容是什么？

6）保险监管的原则是什么？

知识应用

□ 案例分析

银保监会依法查处21家银行机构监管数据质量违法违规行为

2022年上半年，银保监会严肃查处一批监管标准化数据（EAST）数据质量领域违法违规案件，对政策性银行、国有大型银行、股份制银行等共21家银行机构依法做出行政处罚决定，处罚金额合计8 760万元。

近年来，银保监会高度重视监管数据的整体治理水平和质量控制机制，组织开展了对21家全国性中资银行机构EAST数据质量专项检查。对于检查发现的漏报错报EAST数据、部分数据交叉校核存在偏差等数据质量违规行为，银保监会依法严肃予以行政处罚。同时，督促银行机构严肃追责问责，深挖数据质量违规问题背后的治理不完善、机制不健全等根源性问题，坚持"当下改"与"长久立"相结合，完善机制缺陷，弥补制度漏洞。

监管数据真实性和准确性是银行机构内控合规的内在要求，更是贯彻落实政策部署和监管要求的具体体现。银行机构要切实承担数据质量的主体责任，对照监管数据标准化规范的相关要求，提升数据治理能力，强化数据质量管控，持续提高数据报送的准确性和全面性。

下一步，银保监会将继续加大对监管数据质量违法违规问题的查处力度，严肃市场纪律，提高违规成本，引导并督促银行机构切实发挥监管标准化数据在防范金融风险、提升内控水平等方面的作用。

资料来源：中国银行保险监督管理委员会．银保监会依法查处21家银行机构监管数据质量违法违规行为［EB/OL］．［2022-03-25］．http：//www.cbirc.gov.cn/cn/view/pages/ItemDetail.html？docId=1044195&itemId=915&generaltype=0.

问题：1）上述资料体现了银保监会的哪些职能？

2）结合资料分析银保监会主要监管内容是什么。

分析提示：参考银保监会的职能及监管内容展开分析。

□ 实践训练

实训项目：模拟期货交易

实训目的：通过期货交易的实际操作，深刻了解金融风险。

实训步骤：

1）熟悉期货的具体操作（可利用教学软件或实际操作）；

2）自己买入期货产品；

3）盯盘感受期货交易的杠杆性引起的高风险和高收益。

第3篇
金融宏观管理与调控

第9章
中央银行业务

【学习目标】 ● 在学习完本章之后，你应该能够：了解中央银行业务的总体构
成；明确货币发行的原则和渠道；熟知中央银行的金融服务性
业务；掌握中央银行的金融调控性业务。

● 引例 　　　　　　站在新的历史起点　全面推进中国反洗钱事业

2019年4月10日，中国人民银行反洗钱工作会议在西安召开。会议充分肯定了2018年中国人民银行反洗钱工作成绩，分析了当前反洗钱工作形势，对今后一段时期的反洗钱工作进行了部署。中国人民银行党委委员、副行长刘国强出席会议并讲话。

会议指出，在党中央、国务院的正确领导下，中国人民银行认真履行组织协调国家反洗钱职责，会同反洗钱工作部际联席会议成员单位攻坚克难，积极应对金融行动特别工作组（FATF）对中国的反洗钱互评估，确保中国互评估报告顺利通过FATF全会审议，标志着我国反洗钱工作取得了显著成绩。同时，在反洗钱体制机制和规章制度建设、反洗钱监管和调查协查、反洗钱监测能力建设、反洗钱国际合作等方面也取得了积极的成效。

会议指出，要进一步提高站位，从维护国家金融安全、推进国家治理体系和治理能力现代化、改善国际安全秩序的高度，深刻认识反洗钱工作的重要意义，努力提高我国反洗钱工作整体水平。

会议要求，站在新的历史起点，我们要努力用习近平新时代中国特色社会主义思想武装头脑，全面推进中国反洗钱事业。一是切实加强党对反洗钱工作的领导，为做好反洗钱工作提供可靠政治保障；二是不断完善反洗钱体制机制，充分发挥反洗钱工作部际联席会议作用，进一步加强人民银行与金融监管部门、特定非金融行业主管部门以及执法部门协调配合；三是推进反洗钱制度体系建设，针对重点难点问题和空白领域，尽快建立完善制度；四是加强队伍建设，打造一支强有力的央行反洗钱工作队伍；五是加大资源和人力投入，深度参与国际反洗钱治理，更好地为中国发展战略服务。

资料来源：佚名. 站在新的历史起点　全面推进中国反洗钱事业［EB/OL］.［2019-04-12］. http：//www.pbc.gov.cn/goutongjiaoliu/113456/113469/3806661/index.html.有删减。

微课9-1
中央银行

　　　　这一案例表明：中国人民银行反洗钱业务是我国中央银行除传统业务以外适应新形势需要开展的一项主要业务。那么，中央银行都办理哪些主要业务？其各项业务的主要内容有哪些？这些问题将在本章的学习中得到解答。

中央银行是以国家宏观金融管理机关的身份存在的特殊金融机构，其业务是由其职能决定的，第5章中已述及中央银行主要具有金融调控职能和金融服务职能，其业务也可相应划分为两大类：金融调控性业务和金融服务性业务。

> 头脑风暴9-1
> 市场经济国家的金融体系中为什么需要中央银行？

9.1　中央银行的金融调控性业务

为了履行宏观金融调控的经济职能，中央银行主要开展了以下几项业务，即货币发行业务、准备金存款业务、再贷款业务、再贴现业务、公开市场业务和国际储备业务等。

9.1.1　货币发行业务

1）货币发行业务的含义

货币发行是中央银行根据国民经济发展的需要，通过信贷形式向流通领域注入货币，构成流通领域的现金货币。货币发行有两层含义：一是指货币从中央银行的发行库中通过各家商业银行的业务库流到社会；二是指货币从中央银行流出的数量大于从流通中回笼的数量。中央银行资产负债表中的货币发行指的就是后者。

2）货币发行的原则

中央银行发行货币一般坚持以下三条基本原则：

（1）垄断发行原则。货币发行权高度集中于中央银行，由中央银行集中统一发行货币，这样才能统一国内的通货形式，避免多头发行造成的货币流通混乱；另外，这样也便于中央银行制定和执行货币政策，灵活有效地调节流通中的货币量，稳定货币流通。

● **小思考9-1**

中央银行区别于商业银行的根本标志是什么？

答：中央银行独立货币发行权。

（2）信用保证原则。中央银行发行货币不能光凭国家信用，必须建立相应的发行准备制度，使货币发行与外汇、证券、黄金等资产保持一定的联系。

（3）弹性发行原则。中央银行要根据经济情况，不断向市场投放或回笼货币，使货币发行具有一定的伸缩性和灵活性。既要充分满足经济发展的要求，避免因货币发行不足而导致通货紧缩与经济衰退，又要严格控制货币发行数量，避免因货币过量供应而造成通货膨胀和经济混乱。

● **知识链接9-1　　　　　2019年发行第五套人民币**

2019年8月30日，中央银行2019年版第五套人民币正式发行，面值包括50元、20元、10元和1元纸币，以及1元、5角、1角硬币，共7种。新版人民币无疑更好看，也更安全。虽然近年来随着非现金支付业务的迅速发展，我国现金使用率有所下降，但是由于一些消费者尤其是年长人群的消费习惯没有改变，纸币和硬币在流通领域还是有很大的市场，提升它们的质量和防伪技术很有必要。新版人民币发行只是流通中现金的版别发生了变化，这是以旧换新，即以新版人民币替换旧版人民币，对流通中的现金数量不会产生影响，更不会导致通货膨胀。

3）货币发行的渠道

中央银行的货币发行是通过再贴现、再贷款、购买证券、购买金银和外汇等业务活动，将货币注入流通领域，并通过同样的渠道反向组织货币的回笼，从而满足国民经济发展、商品生产与流通等对流通手段和支付手段的需求。中央银行发行的货币，包括现金货币和存款货币。图9-1以现金货币为例，介绍了货币的发行和回笼渠道。

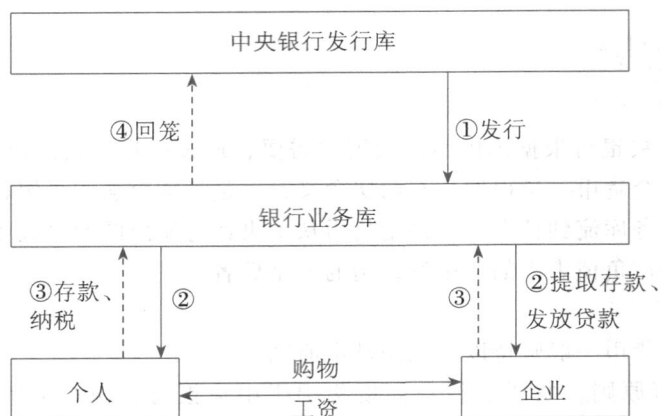

图9-1 现金货币的发行和回笼渠道

现金投放方式：工资、提取存款、发放贷款、采购农产品、企业管理支出等。

现金回笼方式：商品销售收入、服务收入、税收、存款等。

9.1.2 准备金存款业务

1）准备金存款业务的含义

视频9-1

基础货币的含义

准备金存款包括超额准备金存款和法定准备金存款。超额准备金存款是中央银行为金融机构办理清算业务的存款账户，也包括商业银行存放同业的存款。法定准备金存款是指商业银行将吸收的存款按中央银行确定的法定存款准备金率转存于中央银行的存款。本章所介绍的主要是对中央银行意义重大的法定准备金存款部分（以下统称为准备金存款）。货币发行和准备金存款是中央银行货币投放的主要资金来源，因而也被称为基础货币或储备货币。准备金存款不仅可以保障存款人的资金安全以及银行等金融机构的安全，更重要的是，可以通过调整法定存款准备金率来调控商业银行的信用规模，进而调节社会货币供应量。因此，准备金存款是中央银行一项重要的政策工具。

● 案例分析9-1 中国人民银行对中小银行定向降准，下调超额存款准备金率

为支持实体经济发展，促进加大对中小微企业的支持力度，降低社会融资实际成本，中国人民银行决定对农村信用社、农村商业银行、农村合作银行、村镇银行和仅在省级行政区域内经营的城市商业银行定向下调存款准备金率1个百分点，于2020年4月15日和5月15日分两次实施到位，每次下调0.5个百分点，共释放长期资金约4 000亿元。中国人民银行决定自2020年4月7日起将金融机构在央行的超额存款准备金利率从0.72%下调至0.35%。

中国人民银行实施稳健的货币政策更加灵活，把支持实体经济恢复发展放到更加突出的位置，注重定向调控，兼顾内外平衡，保持流动性合理充裕，货币信贷、社会融资规模增长同经济发展相适应，为高质量发展和供给侧结构性改革营造适宜的货币金融环境。

资料来源：货币政策司. 中国人民银行决定于2020年4月对中小银行定向降准，并下调金融机构在央行超额存款准备金利率［EB/OL］.［2020-04-03］.http://www.pbc.gov.cn/zhengcehuobisi/125207/125213/125434/125798/4002587/index.html .

分析：此次中国人民银行下调超额存款准备金利率，目的是推动银行提高资金使用效率，增强银行的贷款意愿，使银行能更好地服务实体经济，特别是中小微企业。这样可以进一步发挥金融政策的带动作用，缓解融资难、融资贵的问题，提供精准服务。

2）准备金存款业务的内容

　　准备金存款业务一般包括以下内容：

　　（1）规定法定存款准备金率。在准备金存款制度下，商业银行等金融机构吸收的存款必须按照法定比率提取准备金并缴存于中央银行，其余部分才能用于放款或投资。

　　（2）按存款的类别规定准备金提取比率。对不同类型的存款，多数国家规定了不同的法定存款准备金率，一般顺序为：活期存款准备金率最高，定期存款准备金率次之，储蓄存款准备金率最低，但也有只规定一种准备金率的。

　　（3）规定法定存款准备金率的调整幅度。由于法定存款准备金率的调整会对商业银行的信用产生巨大的影响，其调整效果往往过于强烈，因此多数国家中央银行都对法定存款准备金率的调整幅度有不同的规定，有些国家制定了调整的最高与最低界限，少数国家对存款准备金率的调整幅度不予限制。

　　（4）规定可充当法定存款准备金的内容。能够充当法定存款准备金的只能是存在中央银行的存款，商业银行持有的其他资产不能充当法定存款准备金。

　　（5）确定存款准备金计提的基础。其主要涉及两个问题：一是如何确定存款余额；二是如何确定缴存存款准备金的基期。

9.1.3　再贷款业务

　　再贷款业务是指中央银行直接为商业银行提供贷款。再贷款是中央银行向社会提供基础货币的主要渠道。

　　中央银行通常定期公布再贷款利率，商业银行提出借款申请后，中央银行根据货币政策的需要决定对商业银行贷款的数额、期限、利率和方式。中央银行对商业银行的放款有严格的限制，一般只发放短期贷款，只能用于解决临时性的资金周转困难，绝不能用于证券投资和长期放款。再贷款的方式一般有两种：一是信用放款，即仅凭商业银行的信用提供的贷款，只有少数信用极佳的商业银行才能得到。二是抵押放款，即再抵押，抵押对象多为政府债券和商业票据。为降低风险，防止失控，中央银行经常以抵押贷款形式向商业银行贷款。

9.1.4　再贴现业务

1）再贴现业务的含义

　　再贴现是中央银行买进商业银行已贴现的票据，即当商业银行资金周转困难时，把从客户手中贴现来的未到期票据再拿到中央银行办理贴现。再贴现从形式上看是一种票据买卖，实质上是一种特殊的放款。中央银行通过办理再贴现业务，一方面可以向商业银行提供资金，满足商业银行的资金需要；另一方面可以根据需要决定是否给予贴现或调整再贴现率，以达到控制、引导资金流向和规模的目的，最终实现对国民经济的宏观调控。

2）再贴现业务的内容

（1）再贴现业务的对象。只有在中央银行开立了账户的商业银行等金融机构才能够成为再贴现业务的对象。

（2）再贴现业务的申请和审查。商业银行必须以已办理贴现但尚未到期的合法票据申请再贴现。中央银行受理再贴现申请时，应审查票据的合理性和申请人的资金营运状况，确定是否符合再贴现的条件。

（3）贴现金额和贴现利率的确定。再贴现的实付金额是按票据票面金额扣除再贴现利息后的余额。再贴现利率是官定利率，通常采取定期挂牌的方式公布。

（4）再贴现票据的规定。商业银行等存款性金融机构向中央银行申请办理再贴现业务的票据，必须是以确有商品交易为基础的真实票据。

（5）再贴现的收回。再贴现的票据到期，中央银行通过票据交换和清算系统向承兑单位或承兑银行收回资金，如承兑单位账户存款不足，由承兑单位开户银行将原票据按背书行名退给申请再贴现商业银行，按逾期贷款处理。

9.1.5 公开市场业务

公开市场业务是指在金融市场买卖各种有价证券。一般说来，中央银行应持有优质且流动性较好的证券，因此中央银行在公开市场上买卖的证券主要是政府公债、国库券以及其他流动性很强的有价证券。

中央银行买卖证券一般有两种形式：①一次性买卖。当中央银行认为需要压缩或增加商业银行的超额准备金时，就会一次性出售或购买证券，直到售足或购足为止。②回购。在卖出（或买入）证券时，约定在未来某个时间再买入（或卖出）证券。前者称为正回购，后者称为逆回购，如图9-2所示。当中央银行想要在一定时间段内减少货币供给时，可实行正回购；当中央银行想要在一定时间段内增加货币供给时，可实行逆回购。

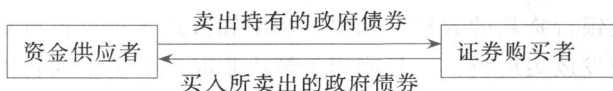

图9-2　逆回购

2013年中国人民银行开始启用公开市场短期流动性调节工具（SLO），作为公开市场常规操作的必要补充，在银行体系流动性出现临时波动时择机使用。所谓SLO，是指参与银行间市场交易的12家主要机构，可以在流动性短缺或者盈余时，主动与中央银行进行正回购或者逆回购的操作，操作期限一般不超过7天。这种调整更加符合国际主要经济体中央银行的惯例，也有利于推进我国利率的市场化进程。

● 知识链接9-2　　　　　　　　我国中央银行的公开市场业务

中国人民银行从1998年开始建立公开市场业务一级交易商制度，选择了一批能够承担大额债券交易的商业银行作为公开市场业务的交易对象。目前，我国公开市场业务一级交易商共包括40家商业银行，这些交易商可以运用国债、政策性金融债券等作为交易工具与中国人民银行开展公开市场业务。从交易形式来看，中国人民银行公开市场业务中的债券交易主要包括回购交易（正回购和逆回购）、现券交易和发行央行票据。

● 知识链接9-3   央行票据

央行票据即中央银行票据，是中央银行为调节商业银行超额准备金而向商业银行发行的短期债务凭证，其实质是中央银行债券。之所以称为"中央银行票据"，是为了突出其短期性的特点，从已发行的央行票据来看，期限最短的为3个月，最长的也只有1年。

央行票据与金融市场各发债主体发行的债券具有根本性区别：各发债主体发行的债券是一种筹集资金的手段，其目的是筹集资金，即增加可用资金；而中央银行发行的央行票据是中央银行调节基础货币的一项货币政策工具，其目的是减少商业银行可贷资金量。商业银行在支付认购央行票据的款项后，其直接结果就是可贷资金量的减少。

9.1.6 国际储备业务

1）国际储备业务的含义

国际储备业务是指中央银行为保证国际收支平衡、汇率稳定及本国货币币值的稳定，要统一掌握和负责管理国家的黄金、外汇等国际储备资产。具体来说，就是需要黄金、外汇者向中央银行申请购买，中央银行通过买卖黄金、外汇来集中储备，达到调节货币资金、改善经济和外贸结构、保持币值稳定、稳定金融市场的目的。所以，一国的黄金、外汇储备是否雄厚，是衡量该国经济实力强弱的一个重要标志。

2）国际储备管理的内容

（1）要确定合理的储备数量。国际储备过多是对资源的浪费，过少则有可能丧失国际支付能力。因此，确定国际储备的合理持有水平是一个十分重要的问题。一般认为，一国外汇储备应相当于3个月的进口额。

（2）要确定合理的储备结构，一般从安全性、流动性和收益性三个方面来考虑。

总之，金融调控性业务都直接与货币资金相关，都将引起货币资金的运动或数量变化。在上述业务中，货币发行、准备金存款业务是形成中央银行资金来源的业务，即负债业务；而再贷款、再贴现、公开市场业务及国际储备业务是中央银行的资产业务。这些业务所形成的债权债务状况综合反映在中央银行的资产负债表中（见表9-1）。

表9-1   货币当局资产负债表   单位：亿元人民币

项目	2021年1月	2021年2月	2021年3月	2021年4月
国外资产	218 073.61	219 328.80	219 213.98	219 122.64
外汇	211 400.06	211 634.89	211 553.27	211 727.11
货币黄金	2 855.63	2 855.63	2 855.63	2 855.63
其他国外资产	3 817.92	4 838.29	4 805.08	4 539.90
对政府债权	15 250.24	15 250.24	15 250.24	15 250.24
其中：中央政府	15 250.24	15 250.24	15 250.24	15 250.24
对其他存款性公司债权	132 072.17	124 384.38	124 657.22	124 490.83
对其他金融性公司债权	4 431.82	4 450.66	4 427.26	4 409.74
对非金融性部门债权	—	—	—	—

项目	2021年1月	2021年2月	2021年3月	2021年4月
其他资产	19 303.62	19 679.08	19 224.06	19 042.01
总资产	389 131.46	383 093.17	382 772.77	382 315.47
储备货币	316 822.07	321 556.29	326 956.16	318 677.99
货币发行	95 834.60	99 828.72	92 459.49	91 050.15
金融性公司存款	203 006.66	202 351.60	216 682.77	209 032.05
其他存款性公司存款	203 006.66	202 351.60	216 682.77	209 032.05
其他金融性公司存款	—	—	—	—
非金融机构存款	17 980.81	19 375.96	17 813.90	18 595.79
不计入储备货币的金融性公司存款	4 643.44	4 907.13	4 947.74	5 155.65
发行债券	900.00	1 000.00	900.00	900.00
国外负债	1 059.65	1 055.81	1 038.80	1 119.94
政府存款	53 529.47	42 405.69	36 719.33	43 754.83
自有资金	219.75	219.75	219.75	219.75
其他负债	11 957.07	11 948.50	11 990.98	12 487.31
总负债	389 131.46	383 093.17	382 772.77	382 315.47

资料来源：节选自中国人民银行货币当局资产负债表（2021年1—4月），数据有整理。

9.2 中央银行的金融服务性业务

中央银行的服务职能，是指中央银行为政府和金融机构提供金融服务。为了履行这一职能，中央银行主要开展以下几项业务，即代理国库业务、资金清算业务、信贷征信业务、反洗钱业务、会计业务和统计分析业务等。

9.2.1 代理国库业务

1）代理国库业务的含义

国库是国家金库的简称，是国家储藏财富的仓库。中央银行代理国库业务是指中央银行接受政府的委托，根据国家的法规条款，负责国库的组织建制、业务操作和管理监督。

中央银行代理国库，可以吸收大量的财政金库存款，成为它的重要资金来源之一；同时这种存款通常都是无息的，因而可以降低其筹资成本。对政府而言，由中央银行代理国库，既可减少（甚至完全免去）收付税款的成本，又可安全地保管资金，为其妥善使用提供方便。同时，它可以沟通财政与金融之间的联系，使国家的财源与金融机构的资金来源相连接，充分发挥货币资金的作用，并为政府资金的融通提供有力的调剂机制，当政府资金短缺时，可借助中央银行融通短期资金。可见，中央银行通过代理国库，也形成了政府债权和政府存款等资产负债业务。

● 小思考 9-2

我国政府可以向中央银行融资吗？

答：我国从法律上限制了中央银行向政府贷款。《中华人民共和国中国人民银行法》第二十九条规定：中国人民银行不得对政府财政透支，不得直接认购、包销国债和其他政府债券。第三十条规定：中国人民银行不得向政府、各级政府部门提供贷款。

2）代理国库业务的内容

（1）为政府保管资金，负责国家预算资金的收纳和库款的支拨。国家的全部预算收入须由国库收纳入库，一切预算支出须由国库拨付。

（2）代理政府债券的发行和兑付以及相关工作。在政府债券发售之前，中央银行协助政府确定债券收益率、预测市场需求；在发售时，中央银行负责公布发行条件、接受投标和认购，在报价人之间分配和发售债券，收取款项；到期时，由中央银行负责支付利息和兑付。

（3）代理政府的黄金和外汇买卖（已在"9.1.6 国际储备业务"中详述，在此不赘述）。

9.2.2 资金清算业务

1）资金清算业务的含义

中央银行的资金清算业务，是指中央银行作为一国支付清算体系的参与者和管理者，通过一定的方式和途径，使金融机构之间的债权债务清偿及资金转移顺利完成并维护支付系统的平稳运行，从而保证经济活动和社会生活的正常进行。资金清算业务是中央银行的重要职能活动，对一国的金融稳定和经济安全具有重大意义。

2）资金清算业务的内容

资金清算业务的主要内容包括组织票据交换清算、办理异地跨行清算、为私营清算机构提供差额清算、提供证券和金融衍生工具交易清算、提供跨国清算等。

（1）组织票据交换清算。票据交换是同城银行间进行债权债务和资金清算最基本的手段，具体是指各银行收到客户提交的支票、本票和汇票等票据之后，需通过票据交换的方式，将代收的票据交给付款行，并收回其他银行代收的以己方为付款行的票据，彼此间进行债权债务抵销和资金清算。

（2）办理异地跨行清算。由于各行间的异地债权债务形成了各行间的异地汇兑，会引起资金头寸的跨行、跨地区划转，因此各国中央银行通过各种方式、途径提供服务，保证异地跨行清算的顺利进行。这样，通过中央银行的中介服务，可对清算账户集中处理，使跨行汇划款项通过中央银行完成最终清算，以提高支付效率，减少资源消耗。

（3）为私营清算机构提供差额清算。在有些国家由私人机构经营清算中心，这些清算中心拥有支付网络系统，为经济交易和消费活动提供不同形式的支付清算。为了实现清算机构参与者间的差额头寸清算，很多清算机构都利用中央银行提供的差额清算服务，中央银行通过对相关清算活动参与者的账户进行差额头寸的转移划拨而完成最终的清算。

（4）提供证券和金融衍生工具交易清算。由于证券和金融衍生工具交易的清算不同于其他经济活动所产生的债权债务的清算，因此在许多发达国家都有专门为证券和金融衍生工具交易提供结算服务的支付系统。同时，由于证券交易金额大，不确定因素多，易引发支付系统风险，尤其是政府证券交易直接关系到中央银行公开市场业务的操作效果，因此中央银行对其格外关注，有些国家的中央银行甚至直接参与其支付清算活动。

（5）提供跨国清算。跨国清算就是按照一定的规则、程序并借助结算工具和清算系统，清偿国际债权债务和实现资金跨国转移的行为。中央银行作为一国的货币当局，不仅为国内经济与金融活动提供支付清算服务，在国家的对外支付结算和跨国支付系统网络建设中也发挥着不可或缺的重要作用。

9.2.3 信贷征信业务

1）信贷征信业务的含义

征信是指为信用活动提供的信用信息服务，具体指专业化的机构依法采集、调查、保存、整理、提供企业和个人的信用信息，并对其资信状况进行评价，以此满足从事信用活动的机构在信用交易中对信用信息的需要。中央银行的信贷征信业务是指由中央银行管理信贷征信业、推动建立社会信用体系。

● **金融观察**　　　　　　　　　**个人征信很重要，一定要重视**

王先生去某银行申请住房贷款，该行经过审核拒绝了王先生的贷款要求，理由是王先生征信报告被多家小贷公司查询且贷款审批未通过，由此判断王先生财务状况和还款能力出现了问题，所以拒贷。王先生十分奇怪，到人民银行征信服务大厅打印了个人信用报告，发现报告中"机构查询记录明细"一栏有多个小额贷款平台以"贷款审批"为由的查询记录。王先生表示自己并未在小贷平台申请过贷款，为什么会有这么多查询记录呢？工作人员询问王先生是否浏览过这些小贷公司平台网站或者手机APP，并且点击了"同意"按钮？王先生回忆说，自己确实浏览并进入有关网页或者APP，也确实在协议页面点击了"同意"按钮，但是自己并没有详细阅读协议内容，也没有真的申请网络贷款。工作人员向王先生解释，虽然王先生并未办理网络贷款，但是点击协议页面的"同意"按钮则很大可能已经授权了对方查询其信用报告，因而出现了上述小贷公司的查询记录。通过网络进行贷款已经成为很多网民的选择。多数平台一进入就要求客户对有关协议点击"同意"或者"不同意"，有些网民并无真实信贷需求，仅仅是对业务进行了解或者仅仅想查询网贷额度。但是，点击了"同意"按钮也就是给对方授权，在自己"不知情"的情况下被查了信用报告。

分析点评：

个人征信报告在办房贷、办信用卡，民间借贷、招聘求职、租房子等多个领域都有重要作用，个人信用报告是最直接反映个人信用的纸面报告。首先，买房、买车、办信用卡等，都需要查看个人的征信报告，若是个人征信上有不良记录，银行或者其他贷款机构是不会放贷的；其次，信用良好的人，除了比较容易申请到贷款，甚至申请贷款额度也往往比较高；最后，通过个人信用记录反映个人征信记录不好的人，还可能会影响日后的求职，因为你个人信用不好，那么也就是没有信用的人，而现在这个社会，个人信用是十分重要的。对于信用记录不好的人，往往用人单位在聘用时都会有所考虑。因此，在日常生活中一定要谨慎，一定要认真阅读协议内容，否则不仅可能影响个人信用记录，影响正常信贷，还存在非常大的个人信息泄露的可能。

资料来源：姜伟. 金融知识 个人征信典型案例 ［EB/OL］. ［2021-09-02］. http://m.dezhoudaily. com/p/1559668.html.

2）信贷征信业务的内容

各国中央银行信贷征信业务是针对本国征信活动的实际所开展的。按照国务院的授权，根据《企业和个人征信体系建设方案》，中国人民银行信贷征信业务的主要内容如下：

（1）推进征信法律法规建设。推动包括关于征信业管理和关于政务、企业信息披露及个人隐私保护两大方面的征信法律法规建设，以规范征信机构的运行和管理，提高政府部门、企业和个人信息透明度，实现信息共享，保护企业商业秘密和个人隐私不受侵犯。

（2）推进征信机构体系建设。逐步建立少数采集保存全国信用信息资源的大型征信机构和众多提供信用信息评估等信用增值服务的征信服务公司并存、相互分工、公平竞争、运行高效的社会征信机构体系。

（3）推进信用信息数据库建设。逐步建成覆盖全国的、统一的、以金融机构和金融市场为服务对象的企业和个人信用信息数据库。

（4）推进征信行业标准化建设。建立信息标志、信息分类数据格式编码和安全保密等征信行业标准化工作，为各部门建立的系统实现互通互联、信息共享及信息安全奠定基础。

（5）加强对征信市场的监管。积极发挥其对征信市场监管的主导作用，建立必要的监管制度，大力促成《征信业管理条例》的尽快正式推出，以便依法规范征信市场运行，维护国家经济信息安全和社会稳定。

● 知识链接9-4　　　　　中国征信体系建设有哪些进展？

我国的信用体系建设从20世纪90年代就开始了，大致可以用探索、推动完善和发展提高这三个阶段来概括。

第一阶段是探索阶段。20世纪90年代，随着改革开放的深入推进，贷款证制度陆续出现。当时为了对外贸风险进行判定，一些评级机构也开始成立。随着信息技术的发展，原先纸质的贷款证发展成为银行信贷登记咨询系统，在2002年实现全国联网。

第二阶段是推动完善阶段。从2003年开始，一是推动《征信业管理条例》的起草工作，二是党的十六届三中全会也给征信业发展提供了一个良好的制度基础，它提出16个字方向：完善法规、特许经营、商业运作、专业服务。大量的征信机构应运而生。2006年，随着计算机技术和通信技术的发展，银行信贷登记系统升级为集中统一的金融信息数据库，在全国开通运行。

第三阶段是发展提高阶段。以2013年《征信业管理条例》出台为标志，国家相继发布了大量信用体系建设方面的文件，如国务院发布了《社会信用体系建设规划纲要（2014—2020年）》，2016年国务院又发布了《关于建立完善守信联合激励和失信联合惩戒的制度》。这个阶段社会征信机构蓬勃发展，首家个人化征信机构成立了，同时实现了高水平的对外开放。

资料来源：根据央行征信管理局信息整理。

9.2.4　反洗钱业务

1）反洗钱业务的含义

反洗钱是指政府动用立法、司法力量，调动有关的组织和机构对可能的洗钱者予以识别，对有关款项予以处置，对相关机构和人士予以惩罚，从而达到阻止犯罪活动目的的一种系统行为。

中央银行的反洗钱业务是指为了预防通过各种方式掩饰、隐瞒毒品犯罪、黑社会性质的组织犯罪、恐怖活动犯罪、走私犯罪、贪污贿赂犯罪、破坏金融管理秩序犯罪、金融诈骗犯罪等犯罪所得及其收益的来源和性质的洗钱活动，中央银行依照法律规定采取相关措施的行为。

2）反洗钱业务的内容

根据《中华人民共和国反洗钱法》，我国中央银行反洗钱业务的主要内容有：

（1）组织、协调全国的反洗钱工作。

（2）负责反洗钱的资金监测。

（3）指导、部署金融业的反洗钱工作，制定或者会同国务院金融监督管理部门制定金融机构反洗钱规章，监督、检查金融机构履行反洗钱义务的情况。

（4）会同国务院有关部门指导、部署非金融高风险行业的反洗钱工作，研究、制定非金融高风险行业反洗钱规章。

（5）在职责范围内调查可疑交易活动。

（6）会同国务院有关部门、机构和司法机关建立反洗钱信息沟通机制。

（7）依法加强对现金、银行账户、黄金交易以及支付清算组织的管理，采取有效措施防范洗钱风险。

（8）代表中国政府与外国政府和有关国际组织开展反洗钱国际合作，依法与境外反洗钱机构交换与反洗钱有关的信息和资料，协调、管理金融业反洗钱工作的对外合作与交流项目等。

9.2.5　会计业务

1）会计业务的含义

中央银行会计业务是针对中央银行的职能特点及业务范围，按照会计的基本原则制定核算形式和核算方法，体现和反映中央银行履行职能，监督、管理、核算财务的会计业务。中央银行会计是金融系统会计的重要组成部分，是由中央银行的特有地位和职能所决定的一种专业会计。

2）会计业务的内容

（1）正确组织会计核算。根据国家法令及有关规定，通过建立中央银行会计核算体系和组织会计核算，真实、客观、完整、及时地记录和反映金融活动所产生的资金变动情况。

（2）加强服务与监督。通过办理资金收付与划拨清算，掌握金融机构的经营状况和资金变化，督促其认真执行财经纪律，严格遵守会计制度和会计原则。

（3）加强财务管理。通过正确核算成本，有效地管理银行内部资金和财务收支，提高效益。

（4）加强会计检查与分析。通过会计检查与分析，提高会计工作质量与效率，并运用会计资料和数据，分析金融业务变化情况，为金融决策提供信息。

（5）防范会计风险。鉴于中央银行会计的特殊地位，须通过强化会计的内部控制和制度建设，防范其自身会计风险，并有义务指导、督促各类金融机构健全会计风险防范机制。

9.2.6　统计分析业务

1）统计分析业务的含义

中央银行的统计分析业务是指按照规定的统计制度，根据统计的一般原理，运用科学的统计方法，对金融活动的数量信息进行收集、整理、分析，从而为经济和金融决策提供依据及政策建议的过程。中央银行统计分析业务是中央银行获取金融信息的基本渠道，也是分析和研究一国经济金融状况的重要途径。

2）统计分析业务的内容

（1）货币供应量统计。按照国际货币基金组织的货币供应量统计方法，各成员方的货币供应量统计常采用三级汇总形式进行。第一级是将金融资料合并成货币当局、存款货币银行和非货币金融机构三个职能部门，并分别形成三个部门的资产负债表。第二级是将货币当局和存款货币银行的资产负债表合并成"货币概览"，用于提供关于货币和信贷的统计方法及数据资料。第三级是将非货币金融机构资产负债表与货币概览合并成"金融概览"，提供整个金融体系与其他经济部门之间经济联系的信息资料。

● 案例分析9-2　　　　　2022年2月金融统计数据报告

一、广义货币增长9.2%，狭义货币增长4.7%

2022年2月末，广义货币（M2）余额244.15万亿元，同比增长9.2%，增速分别比上月末和上年同期低0.6个百分点和0.9个百分点；狭义货币（M1）余额62.16万亿元，同比增长4.7%，增速比上月末高6.6个百分点，比上年同期低2.7个百分点；流通中货币（M0）余额9.72万亿元，同比增长5.8%。当月净回笼现金8 961亿元。

二、2022年2月人民币贷款增加1.23万亿元

2022年2月末，本外币贷款余额203.93万亿元，同比增长11.1%。2022年2月末，人民币贷款余额197.89万亿元，同比增长11.4%，增速分别比上月末和上年同期低0.1个百分点和1.5个百分点。

2022年2月，人民币贷款增加1.23万亿元，同比少增1 258亿元。分部门看，住户贷款减少3 369亿元，其中，短期贷款减少2 910亿元，中长期贷款减少459亿元；企（事）业单位贷款增加1.24万亿元，其中，短期贷款增加4 111亿元，中长期贷款增加5 052亿元，票据融资增加3 052亿元；非银行业金融机构贷款增加1 790亿元。2022年2月末，外币贷款余额9 557亿美元，同比增长4.5%。2022年2月，外币贷款增加249亿美元，同比多增222亿美元。

三、2022年2月人民币存款增加2.54万亿元

2022年2月末，本外币存款余额245.27万亿元，同比增长9.7%；人民币存款余额238.61万亿元，同比增长9.8%，增速比上月末高0.6个百分点，比上年同期低0.6个百分点。

2022年2月，人民币存款增加2.54万亿元，同比多增1.39万亿元。其中，住户存款减少2 923亿元，非金融企业存款增加1 389亿元，财政性存款增加6 002亿元，非银行业金融机构存款增加1.39万亿元。

2022年2月末，外币存款余额1.05万亿美元，同比增长9.6%。2022年2月，外币存款增加297亿美元，同比多增73亿美元。

四、2022年2月银行间人民币市场同业拆借月加权平均利率和质押式债券回购月加权平均利率均为2.06%

2022年2月，银行间人民币市场以拆借、现券和回购方式合计成交106.06万亿元，日均成交6.63万亿元，日均成交同比增长57.1%。其中，同业拆借日均成交同比增长23.8%，现券日均成交同比增长69.1%，质押式回购日均成交同比增长59.4%。

2022年2月，同业拆借加权平均利率为2.06%，比上月高0.05个百分点，与上年同期持平。质押式回购加权平均利率为2.06%，比上月高0.02个百分点，比上年同期低0.04个百分点。

五、当月跨境贸易人民币结算业务发生5 389亿元，直接投资人民币结算业务发生3 507亿元

2022年2月，以人民币进行结算的跨境货物贸易、服务贸易及其他经常项目、对外直接投资、外商直接投资分别发生4 117亿元、1 272亿元、765亿元、2 742亿元。

资料来源：根据中国人民银行官网统计分析部分整理所得。

分析：中央银行根据党和国家的方针政策和国家管理经济的要求，及时、准确、全面地完成各项金融业务统计报表；收集、整理、积累有关金融和国民经济的统计资料；开展统计调查和统计分析，为金融部门和国家进行宏观经济决策，检查和监督经济、金融运行情况，加强金融监管和经营管理提供依据。

（2）信贷收支统计。信贷收支统计是对金融机构以信用方式集中和调剂的资金进行数量描述与分析的专门统计，综合反映金融机构的全部资产和负债状况。信贷收支统计报表以信贷资金收支余额表的形式编制，由资金来源和资金运用两部分组成。

（3）金融市场统计。金融市场统计一般以金融市场类型划分统计范围，重点反映各金融市场中的交易主体、交易对象、交易工具、交易方式、交易价格以及交易规模的情况。金融市场统计一般包括货币市场统计、资本市场统计和外汇市场统计。

（4）资金流量统计。资金流量统计是从收入和分配社会资金的角度描绘国民经济各类交易活动，各部门资金来源和运用以及各部门间资金流量、流向变动的一种统计核算方法。资金流量表是资金流量统计的数据描述，反映国民经济各部门之间以及国内与国外之间所发生的一切金融交易的流量。

（5）对外金融统计。对外金融统计是对涉外的所有金融活动进行的统计工作。我国的对外金融统计主要包括外汇信贷业务统计、国家外汇收支统计、国家对外借款统计、国际收支统计四部分。

对中央银行业务进行上述分类，是为了更清楚地介绍中央银行的具体业务活动。但是，上述的分类是相对而言的，虽然各类业务各有特点和范围，但它们之间的界限不是那么分明，彼此之间也不能截然分离，各类业务之间存在有机联系并密切相关。

知识掌握

9.1　重要概念

货币发行　准备金存款　代理国库业务　反洗钱业务

9.2　单项选择题

1）一般认为一国外汇储备应相当于（　　　）的进口额。

A.1 个月　　　　　　　　　　　　B.3 个月

C.6 个月　　　　　　　　　　　　D.9 个月

2）下列业务中，（　　　）属于中央银行的负债业务。

A.再贷款　　　　　　　　　　　　B.证券买卖

C.货币发行　　　　　　　　　　　D.国际储备

3）下列业务中，（　　　）属于中央银行的资产业务。

A.代理国库　　　　　　　　　　　B.资金清算

C.再贴现　　　　　　　　　　　　D.准备金存款

4）如按存款的类别提取准备金，（　　　）的存款准备金率最高。

A.活期存款　　　　　　　　　　　B.定期存款

C.活期储蓄存款　　　　　　　　　D.定期储蓄存款

5）再贷款资金的用途仅限于（　　　）。

A.股票投资　　　　　　　　　　　B.房地产抵押贷款

C.债券投资　　　　　　　　　　　D.临时性资金不足

9.3　判断题

1）能够充当法定存款准备金的只能是存在中央银行的存款和存在金融同业的存款。　　　　　　　　　　　　　　　　　　　　　　　　　　　　（　　　）

2）中央银行代理国库，可形成大量的资金来源。　　　　　　　（　　　）

3）票据交换是同城和异地的银行间进行债权债务和资金清算最基本的手段。（　　　）

4）货币发行和准备金存款是中央银行货币投放的主要资金来源，因而也被称为基础货币或储备货币。　　　　　　　　　　　　　　　　　　　（　　　）

5）再贷款是中央银行向社会提供基础货币的主要渠道。　　　（　　　）

9.4　简答题

1）货币发行的原则是什么？

2）准备金存款业务的内容是什么？

3）中央银行买卖证券的形式是什么？

4）代理国库业务的内容是什么？

知识应用

□ 案例分析

中国香港金管局的货币发行管理

货币发行是中央银行的基本功能之一。与中央政府以及一般的中央银行制度不同，中国香港的纸币发行是由香港金融管理局授权三家商业银行在香港发行银行纸币，而货币的调控则集中表现为联系汇率制度。香港金融管理局的首要货币政策目标是在联系汇率制度的架构内，通过稳健的外汇基金管理、货币操作及其他适当的措施，维持汇率稳定。

香港在1983年开始实施联系汇率制度，这是一种货币发行局制度。根据货币发行局制度的规定，基础货币的流量和存量都必须得到外汇储备的十足支持。换言之，基础货币的任何变动必须与外汇储备的相应变动一致。三家发钞银行分别为香港上海汇丰银行有限公司、渣打银行（香港）有限公司和中国银行（香港）有限公司。作为发行纸币的条件，这三家银行发行纸币时必须按照联系汇率制度指定的汇率，即1美元对7.80港元，向政府外汇基金交出美元；赎回已发行纸币时也必须以相同汇率从外汇基金取回相应美元。由于香港采取的是这种特殊的货币发行方式，因此香港没有法定存款准备金率的要求，其他货币政策工具也很有限。基准利率主要是盯住联邦基金利率。

香港的外汇基金是根据1935年的《货币条例》（后改名为《外汇基金条例》）设立的。自成立以来，外汇基金一直持有支持香港纸币发行的储备。外汇基金的作用在1976年扩大，硬币发行基金（作为支持政府发行硬币）的资产和政府一般收入账目的大部分外币资产均转拨到外汇基金。1978年12月31日，硬币发行基金与外汇基金合并。政府在1976年开始将其财政储备转拨到外汇基金。推出这项安排，是为了避免财政储备承担来自外币资产投资的汇兑风险，以及集中政府对金融资产的管理。香港金管局的收入就是来自外汇基金投资。

资料来源：曹凤岐，贾春新．香港金融管理局的货币发行与银行监管［J］．农村金融研究，2009（5）：7–10．

问题：1）上述香港的货币发行注重什么发行原则？与中国人民银行的货币发行相比有何不同？

2）港元如何实现弹性发行？

分析提示：1）港元的发行注重信用保证原则；中国人民银行的货币发行注重垄断发行和信用保证发行的原则。

2）港元通过与美元之间的汇率变动实现弹性发行。当外汇市场美元上涨，超过7.8港元时，表明港元发行量过多，超过需求，出现贬值，发行银行为了自身利益会向外汇基金赎回美元，在外汇市场上卖出美元买入港元，这样外汇市场上美元的价格会回落到7.8港元，港元的供求也会趋于平衡。同样道理，当外汇市场上美元价格降到7.8港元以下时，也会通过发行银行出于利益最大化的买卖操作，使市场美元价格上升到7.8港元，港元的供求也会得到调节，从而使港元坚持了弹性发行的原则。

□ 实践训练

实训项目：模拟中央银行的资金清算业务

实训目的：模拟中央银行资金清算过程，使同学对该业务有具体的感观认识，便于加强对该业务的理解。

实训步骤：

1）将同学们分组；

2）确定中央银行组和各商业银行的总行组、分行组；

3）同城票据交换清算过程的设计及具体模拟；

4）异地跨行清算过程的设计及具体模拟；

5）各组总结同城、异地跨行清算的特点，分析其过程；

6）教师总结中央银行资金清算的过程及作用。

第10章
货币供求及均衡

【学习目标】 在学习完本章之后，你应该能够：了解现实中货币需求量的测定；明确货币均衡的内涵和货币均衡的标志；熟知货币需求、货币供给、基础货币及货币乘数的含义；掌握存款货币的创造及现代经济中货币供给量的测定。

　　　　　　　　　　　货币需求动机

　　一个新婚家庭，丈夫在政府机关工作，每月收入6 000元左右，妻子在一家跨国公司工作，每月收入20 000元左右。两人对家庭理财问题所持观点不同。丈夫认为，除了留下平常必需的花费以及预防发生意外事件的费用以外，剩下的钱要定期存入银行，不能动用，这样可以获得稳定的利息收入，又没有损失的风险。而妻子受外企工作环境的影响，认为自己收入不低，不需考虑将来，况且银行利率也不高，除了购买一些高档消费品以外，她想拿出部分钱来投资股票、债券和基金，以实现资产的增值。

　　这一案例表明：个体不同，货币的需求动机也存在差异，个体根据自身的收入水平、消费倾向决定不同的货币需求，对社会的货币需求产生影响。那么，一个社会或国家的货币需求是如何决定的呢？受哪些因素的影响？如何进行货币的供给才能与货币的需求保持平衡呢？本章将介绍货币的供求及均衡问题。

10.1　货币需求

10.1.1　货币需求的含义

　　市场经济离不开货币，就整体经济来说，在一定的发展水平上，总是需要一定数量的货币来推动其运行；而就单个经济单位或个人来说，要依据一定的动机才能持有一定数量的货币。这就产生了对货币的需求。

　　货币需求，是指社会公众（个人、企业、政府）愿意以货币形式（现金和存款货币）持有其拥有的财富的一种需要。把所有社会公众的货币需求加总起来，就形成全社会的货币需求。在理解货币需求的含义时，需要把握以下几点：

视频10-1

货币需求

　　（1）货币需求是一个存量概念。货币需求主要考察在特定的时间和空间范围内（如某年、某国等），社会各部门在其拥有的全部资产中愿意以货币形式持有的数量或份额。

　　（2）货币需求是有条件限制的。货币需求是一种愿望与能力的统一。经济学意义上的"货币需求"必须满足两个条件：一是必须有持有货币的愿望；二是必须有持有货币的能力。

　　（3）人们产生对货币需求的根本原因在于货币所具有的职能。现代市场经济社会中，人们需要以货币方式取得收入，用货币作为交换、支付和财富贮存的手段，由此产生对货币的需求。

　　（4）现实中的货币需求既包括对现金的需求，又包括对存款货币的需求。凯恩斯的货币需求理论认为人们持有货币主要出于三种动机：交易动机、预防动机和投机动机。交易动机是指人们为应付日常商品、劳务交易需要而持有货币的动机。预防动机是指人们为预防意外的支付而持有一定量的货币。投机动机是指人们根据对市场利率变动的预测，需要持有一定数量货币，伺机进行投资并从中获利的动机。根据持有货币的三种动机，货币需求也分为三种，即交易性货币需求、预防性货币需求和投机性货币需求。交易性货币需求强调货币的交易功能，而预防性货币需求和投机性货币需求则把货币看成一种资产，属于资产性需求。

货币需求还有名义货币需求和实际货币需求的区别。名义货币需求是指在不考虑通货膨胀的因素下，按现行价格计算的各经济主体对货币的需求量。实际货币需求是在扣除了通货膨胀因素后各经济主体实际对货币的需求量。由于名义货币需求包含价格因素在内，不能准确地反映经济主体对货币的真实需求，因此我们更应注意考察的是实际货币需求。

头脑风暴10-1

一个一无所有的穷人希望拥有足以维持其温饱的货币，他的这种愿望是否构成经济学家所谓的货币需求？

● 小思考10-1

现实生活中你对货币的需求有哪些？其中何种需求占主要地位？

答：一般来讲，存在三种货币需求，即交易性货币需求、预防性货币需求和投机性货币需求。至于何种需求占主要地位，不同收入水平、不同消费倾向、不同经济时期，都会有所不同。

10.1.2　货币需求量的影响因素

货币需求是指人们以货币形式持有财富的行为。那么，哪些因素将决定人们的这一行为呢？影响货币需求量的因素主要有收入状况、价格水平、利率、货币流通速度、其他资产的收益率、企业对利润和个人对价格的预期等。

1）收入状况

在市场经济中，微观经济主体的收入最初都是以货币形式获取的，其支出也都要以货币支付。一般情况下，收入提高说明社会财富增多，支出也会相应扩大，也就需要更多的货币来进行商品、劳务交易。因此，收入与货币需求总量呈同方向变化。

2）价格水平

在市场经济中，价格是调节经济活动的重要杠杆。在商品和劳务量既定的条件下，价格与货币需求量之间成正比变化关系，即价格越高，社会商品流转额就越大，用于交易和周转的货币需求量越大；反之，价格越低，货币需求量越小。因此，价格和货币需求，尤其是交易性货币需求之间，是同方向变动的关系。

3）利率

在市场经济中，利率表示的是一定时期内资金的使用价格。利率变动会对交易性货币需求产生影响。从投资需求的角度来讲，利率升高意味着企业和个人使用资金的成本上升，利润率降低，社会总投资的水平下降，对货币的需求量下降；反之，对货币的需求量则增加。所以从这个角度来讲，利率与交易性货币需求量呈反方向变化。

西方经济学认为，如果人们不持有货币，那么人们就会选择购买债券，所以利率又会对投机性货币需求产生影响。利率与投机性货币需求的关系需要具体情况具体分析。首先，当利率下降时，意味着债券价格上涨，这时候人们会购买债券，而不愿意持有货币，货币需求下降。除非当债券价格高到人们认为不会再高了，只能下降的时候，人们就会反过来出售债券，而愿意持有货币，此时也是利率不会再降低的时候，这就是"流动性陷阱"。其次，当利率提高时，意味着债券价格降低，人们会出售债券，对货币的需求增加，即愿意持有货币。这种状况会一直维持到人们认为利率不可能再高了，只能下降的时候，人们又会反过来购买债券，货币需求量又会减少。

● 小思考10-2

正常情况下，市场利率与货币需求是什么关系？
答：负相关。

4）货币流通速度

货币流通速度是指一定时期内货币转手的次数。在商品与交易总额一定的前提下，货币流通速度越快，对货币的需求量就越少；反之，货币流通速度越慢，对货币的需求量就越多。因此，货币流通速度与货币需求成反比。

5）其他资产的收益率

其他资产如股票、债券等的收益率越高，持有货币就越不划算，货币需求会减少；反之，货币需求会上升。

6）企业对利润、个人对价格的预期

当企业对利润预期很高时，往往有很大的交易性货币需求；反之，交易性货币需求下降。因此，它同货币需求呈同方向变化。当人们对通货膨胀的预期较高时，即预期通货膨胀率上升时，人们会担心货币进一步贬值，转而购买实物资产、增加消费而不愿保存货币，因而对货币需求减少；预期通货膨胀率下降时，则货币需求会增加。所以，通货膨胀预期与货币需求呈反方向变化。

在现实生活中，除了上述几个因素外，还有一些其他因素如制度因素、信用的发达程度等也会决定或影响货币需求。

● 知识链接10-1　　　　　凯恩斯货币需求理论

凯恩斯认为，人们之所以需要持有货币，是因为存在流动性偏好这种普遍的心理倾向。所谓流动性偏好，是指公众愿意用货币形式持有收入和财富的欲望和心理，这种愿望构成了对货币的需求。因此，凯恩斯的货币需求理论被称为流动性偏好理论。

1.货币需求动机

凯恩斯认为，人们的货币需求源于以下三种动机：交易动机、预防动机和投机动机。

（1）交易动机，是指人们为了日常交易的方便，而在手头保留一部分货币，基于交易性动机而产生的货币需求就被称为货币的交易需求。它取决于收入的数量和收支的时距长短。交易动机下的货币需求是收入水平的增函数。

（2）预防动机，又称谨慎动机，是指人们需要保留一部分货币以备未曾预料的支付。凯恩斯认为，人们因谨慎动机而产生的货币需求，也与收入同方向变动。因为人们拥有的货币越多，预防意外事件的能力就越强。这类货币需求就被称为货币的预防需求，预防动机下的货币需求也是收入的增函数。

（3）投机动机，是指人们根据对市场利率变化的预测，需要持有货币以便满足从中投机获利的动机，由此产生的货币需求被称为货币的投机需求。凯恩斯认为，投机动机下的货币需求是利率水平的减函数，即利率与投机动机下的货币需求成反向变化关系。

首先，在凯恩斯的分析中，营利性金融资产主要是指债券。凯恩斯假定货币的预期收益为零（活期存款不支付利息），而债券却有两类收益——利息和资本利得。利息收入显然取决于利率的高低，资本利得是指债券的卖出价和买入价之间的差额，它也与利率有关。债券的价格和利率成反比，利率越高，债券的价格就越低，反之亦然。

其次，凯恩斯假定人们可以以两种形式来持有财富——货币和债券，而且要么持有债券，要么持有货币。同时，凯恩斯还假定，人们心目中都有一个正常的利率水平，即点预期利率水平。若当前利率水平偏离了点预期利率，则人们会预期它将向点预期利率趋近，当金融市场利率高于这个点预期利率水平时，人们就会预期当前利率将下降，从而预期债券价格将上升，债券的资本利得会增加，因而会选择放弃货币而持有债券，货币需求下降；反之，若当前利率低于这个点预期利率水平，人们则会预期当前利率将上升，从而预期债券价格将下降，债券的资本利得会减少，甚至可能为负，从债券资产中获得的利息收入可能不足以补偿资本损失，因此会选择放弃债券而持有货币，货币需求上升。

因此，对货币的需求取决于当前利率水平与正常利率水平（点预期利率水平）的对比。考虑到正常利率水平既定，当前利率水平就成为关键因素。当前利率水平越高，预期它下降的可能性就越大，则货币需求越低；当前利率水平越低，预期它上升的可能性就越高，则货币需求越高。可见，利率与货币需求成反向变动关系。

2.货币需求函数

凯恩斯把与实际收入水平成正向关系的交易性货币需求和预防性货币需求归在一起，称为第Ⅰ类货币需求，用M1表示，M1随收入水平的增加而增加，即：

M1=L1（Y）

式中，L1代表第Ⅰ类货币需求与收入之间的函数关系。这里的M1，不是狭义货币，而是交易性货币需求与预防性货币需求之和。

凯恩斯将投机性货币需求称为第Ⅱ类货币需求，用M2表示。它随着利率的上升而减少，即：

M2=L2（r）

式中，L2代表利率与M2之间的函数关系。

综合以上两个函数，就得到凯恩斯的货币需求总函数，即：

Md/P=M1+M2=L1（Y）+L2（r）=L（Y，r）

式中，等式左边为剔除了价格因素的实际货币需求余额。它是收入水平的增函数，是利率水平的减函数。

把利率作为影响货币需求的重要因素是凯恩斯的一大贡献。凯恩斯明确地将货币需求对利率的敏感性，作为其宏观经济理论的重要支点。因为市场利率是经常变化的，货币需求是不稳定的。凯恩斯认为，在有效需求不足的情况下，可以通过扩大货币供给量来降低利率，以刺激投资，增加就业，扩大产出，促进经济增长。

资料来源：蒋先玲.货币金融学［M］.2版.北京：机械工业出版社，2020.有删减。

10.1.3　现实中货币需求量的测定

经济界有多种货币需求学说，它们各自从不同的角度研究了货币需求量同其影响因素之间的数量关系，形成了许多不同的货币需求理论，如马克思的货币需求理论、凯恩斯的货币需求理论、弗里德曼的货币需求函数等。对货币需求的理论探讨固然重要，但对货币需求富有实际意义的还是量的分析和测定。

现实中，我国对人民币必要量的测算是依据马克思的货币需求理论进行的。实际测算方法较多，有经验数据法、基本公式法、回归分析法、微分法、优选计算法等。下面主要介绍基本公式法和微分法。

1）基本公式法

基本公式法从马克思揭示的货币流通规律出发，考虑到经济活动中货币流通的连续性和继承性，根据经济增长率、物价变动率和货币流通速度变化率三个因素，计算计划期的货币需求量增长率。其公式如下：

$$M'_d = \frac{(1+n')(1+P')}{1+V'} - 1$$

当货币流通速度延缓时，取$-V'$，加快时取$+V'$。

式中：M'_d为货币需求量增长率；n'为经济增长率；P'为物价上涨率；V'为货币流通速度变化率。

2）微分法

根据本书第2章中所讲，马克思的货币流通规律可表示为：$M = \frac{PQ}{V}$，把马克思的货币流通规律变形为：

$$MV = PQ$$

然后微分得：

$$\frac{dM}{M} = \frac{dP}{P} + \frac{dQ}{Q} - \frac{dV}{V}$$

其经济含义是，货币需求量变动率（$\frac{dM}{M}$）等于商品价格变动率（$\frac{dP}{P}$）加上商品数量变动率（$\frac{dQ}{Q}$），减去货币流通速度变动率（$\frac{dV}{V}$）。其中，商品数量变动率可用社会总产值变动率代替，商品价格变动率可用物价指数变动率代替。如果我们用M'_d表示$\frac{dM}{M}$，用n'代替$\frac{dQ}{Q}$，用P'代替$\frac{dP}{P}$，用V'代替$\frac{dV}{V}$，则上面微分公式可表示为：

$$M'_d = n' + P' - V'$$

以上两种计算模型有两点需要注意：一是两种模式计量的都是计划期货币需求增长率，是一个计划相对数，因而必然要求基期货币流通状况基本正常；否则，要相应加以调整。二是两种模式计量的都是流通手段需要量，是狭义的货币需求量。以上两个公式计算结果不太一致，实际应用时可互相印证或根据经验数据调整。

10.2　货币供给

10.2.1　货币供给的含义

货币供给是与货币需求相对的一个概念。货币供给可以从静态和动态两个角度来考察和理解。静态的货币供给是一个存量的概念，人们往往称之为货币供给量，它是一个国家在一定时点上流通的货币总量。动态的货币供给则是指货币供给主体，即现代经济中的银行向货币需求主体提供货币的整个过程。

理解货币供给的含义应从以下方面入手：

1）货币供给的主体

不同的货币体制中，货币供给的主体是不同的。在国家垄断货币发行权之前，货币供给主体是分散的，尤其是在金铸币本位制下，几乎所有拥有货币金属的主体都可以成为货币供给者。但在国家垄断货币发行权以后，特别是中央银行出现后，货币由国家统一授权给中央银行组织发行。

2）货币供给的客体

货币供给的客体是指发行者或者货币供给者向流通中供应什么样的货币。不同的货币制度下也存在不同的差别。在信用货币制度下，发行者供给的货币是多层次的，既有现金，也有存款，还有其他形式的货币。

3）货币的供给过程

货币的供给过程是与具体的货币制度相联系的。在现代不兑现的信用货币制度下，流通中的货币不论是现金，还是存款，都是通过银行的信用活动形成的。因此，银行是货币供给的主体。在货币供给过程中，商业银行和中央银行分别发挥不同的作用。整个货币的供给是由中央银行提供基础货币，在货币乘数的作用下，通过商业银行的信用创造，向社会经济提供包括现金、存款等各种不同层次的货币。货币供给调控机制如图10-1所示。

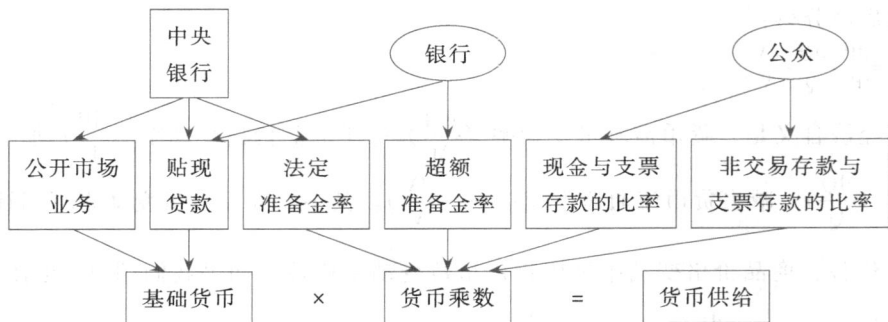

图10-1　货币供给调控机制

● 知识链接10-2　　　　　　　　货币发行机制

货币发行不仅包括现金发行，也包括存款等广义货币的创造。在信用货币体系下，商业银行通过发放贷款等资产扩张创造广义货币，中央银行则通过资产扩张创造基础货币，并通过调节基础货币来调控商业银行创造广义货币的能力。

国际上，各经济体一般都是根据自身经济发展和货币政策调控需要，主动选择相应的货币发行机制。例如，美联储主要通过在公开市场上买卖国债投放基础货币，支持其发行货币的基础实际上是美国财政的信用。在国际金融危机之前，美国银行体系持有的准备金较少，绝大部分基础货币都是现金，因此美联储购买国债的数量与其现金投放的数量基本上是挂钩的。货币发行机制不是一成不变的，会根据实际需要调整。为应对国际金融危机的冲击，2008年以后，美、欧、日等发达经济体先后实施量化宽松等非常规货币政策，通过购买国债、高等级信用债、交易所指数基金（ETF）等，向市场大量投放基础货币。

我国的货币发行机制也主要服务于经济发展和宏观调控需要，并根据不同阶段的需要适时进行调整。进入21世纪以来，我国经济运行中的一个显著特征，就是国际收支持续大额双顺差和外汇储备的积累。为适应形势需要，在启动汇率市场化改革、增强人民币汇率弹性的同时，中国人民银行主要通过在市场上买入外汇相应投放基础货币。虽然这个阶段我国主要通过外汇占款投放基础货币，但这并不意味着货币发行和信用扩张受制于美元等其他国家货币。实际上，外汇储备是由我国出口货物等换回来的，随时可用来从国际上购买物资，因此人民币发行的基础本质上是国家掌握的物资。中国人民银行在买入外汇、投放人民币的同时，通过提高准备金率、公开市场操作、发行央行票据等方式，进行了大规模的流动性对冲，加上提高人民币汇率灵活性，有效应对双顺差带来的挑战和问题，保持物价水平基本稳定和经济的平稳增长，并为经济结构调整创造了较为适宜的货币环境。

自2014年以来，我国国际收支更趋平衡，中国人民银行主要通过公开市场操作、中期借贷便利（MLF）、抵押补充贷款（PSL）等工具，向市场投放基础货币，并为国民经济重点领域和薄弱环节提供有力支持。中央银行主动供给和调节流动性的能力进一步增强。我国基础货币发行机制的改变，不仅适应了经济金融发展的新情况、新变化，有效地满足了银行体系创造广义货币的需要，也为加快推进货币政策调控框架从数量型调控为主向价格型调控为主转变创造了条件。

资料来源：节选自中国人民银行中国货币政策执行报告（2018年第四季度），有删减。

10.2.2 存款货币的创造

1）原始存款与派生存款

原始存款是银行吸收的客户以现金形式存入商业银行的直接存款以及商业银行对中央银行的负债余额。派生存款是指由银行贷款通过转账创造出来的存款。原始存款是创造派生存款的基础。

2）创造派生存款的前提条件

商业银行创造派生存款需要具备两个基本条件：

（1）部分准备金制度。部分准备金制度是银行将所吸收的存款按一定比例作为准备金的制度。在部分准备金制度下，银行可以在保留部分准备金的条件下，将客户存款的其余部分用于发放贷款。

（2）非现金结算。非现金结算是以非现金流通方式进行的结算，即在银行存款的基础上，通过存款货币的转移完成债权债务的清偿，存款被社会当作货币来使用。在这种结算方式下，货币运动只是存款货币从一个账户转移到另一个账户，是银行的债权人和债务人的相对变化，而用于支付的货币仍然停留在银行的账户上。

3）存款货币的创造过程

为了简化分析，我们还要做以下假定：①整个银行体系由一个中央银行和至少两个商业银行构成；②商业银行只持有法定存款准备金，其余部分全部贷出，超额准备金为零，法定存款准备金率为10%；③客户不持有现金，其收入的一切款项均存入银行，形成活期存款，不增加其定期存款和储蓄存款。

假设第一家银行接受了其客户存入的10 000元现金（原始存款）。在第一家银行原来持有的准备金正好满足中央银行规定的法定存款准备金比率的条件下，根据以上假设，该银行应再提取准备金1 000元，并将剩余准备金9 000元全部用于发放贷款。而取得贷款的客户又将款项用于支付，收款人又将这笔款项全部存入其开户的另一家银行——第二家银行。第二家银行存款增加了9 000元，并且在不留超额准备金的假设下，它也必将根据中央银行规定的法定存款准备金比率，提取准备金900元，然后，将剩余的8 100元用于放贷。依此类推，随着商业银行存贷机制的不断展开，存款货币派生出来，派生过程见表10-1。

表10-1   商业银行体系存款货币的派生过程   单位：元

银行名称	存款额	法定准备金	贷款额
第一家银行	10 000	1 000	9 000
第二家银行	9 000	900	8 100
第三家银行	8 100	810	7 290
第四家银行	7 290	729	6 561
⋮	⋮	⋮	⋮
合　计	100 000	10 000	90 000

由此可见，在部分准备金制度下，第一家银行最初的10 000元原始存款，通过商业银行贷款业务，使银行系统的存款总额增至100 000元，其中有90 000元是由贷款转化的派生存款。

具体来看，各指标之间的数量关系如下：

$$银行体系存款扩张的倍数 = \frac{1}{法定存款准备金比率}$$

$$银行体系的存款总额 = \frac{原始存款}{法定存款准备金比率}$$

$$派生存款 = 银行体系的存款总额 - 原始存款$$

上述公式是在前述假定的基础上得出的，而在现实的经济生活中，由于存在许多客观制约因素，所以银行的存款扩张能力要小得多。

● 金融观察   正确认识货币供给与通胀的关系

有观点认为，2008年国际金融危机后，主要发达经济体长期货币超发但并未出现通胀，说明货币和通胀之间的关系失灵，因此把央行通过资产购买扩张货币作为既可以刺激经济，又不会带来通胀的"灵丹妙药"。对此，要合理看待2008年国际金融危机后和2020年新冠肺炎疫情后两种量化宽松政策的区别，正确认识货币和通胀之间的关系。

一种是以增加基础货币为主的量化宽松政策，真正的货币增长有限。2008年国际金融危机后的近十年，尽管主要发达经济体长期处于低通胀的成因较多，包括供给端的全球化、技术进步，需求端的人口老龄化、债务透支、贫富分化等；但从货币视角来看，2008年三季度末至2017年12月，美、欧、日央行虽然实施量化宽松政策，大幅扩表增加基础货币，但货币供应量（广义货币）的年均增速仅分别为6.5%、2.8%和2.7%，与同期3.1%、1.8%和0.4%的名义GDP平均增速大体相当，这是发达经济体没有引发明显通胀的根本原因。应当看到，在现代银行信用货币制度下，货币创造的直接主体是银行而非央行，央行购买国债等量化宽松政策并不必然带动货币增长。基础货币不同于货币，基础货币主要是满足银行体系准备金和支付清算的需要，而货币才是经济主体使用流通的资金，是由银行通过贷款等资产扩张创造的。从长期来看，货币与通胀关系密切。2008年国际金融危机后，美国等发达经济体央行购买国债，增加了银行体系的超额准备金，但由于央行只是主要购买了市场上的存量国债，并没有明显的财政赤字货币化，且银行体系通过贷款创造货币的积极性也不高，这部分超额准备金滞留在银行体系，货币并没有显著增加。从2008年8月至2017年12月，美、欧、日央行资产负债表分别累计扩张了375%、209%和375%，而同期货币供应量仅分别累计增长了80%、30%和27%，扩张幅度明显落后。

另一种是新冠肺炎疫情后央行和财政配合大量增加货币的量化宽松政策，推动2021年全球通胀明显升温。2020年新冠肺炎疫情暴发以来，面对疫情冲击、为支持经济恢复，主要发达经济体实施了极度宽松货币政策和大规模财政刺激的组合政策，由政府主导推动货币增长。从背后的机理来看，央行购买国债增加超额准备金，财政新增发债推动银行超额准备金转为财政存款，财政向家庭、企业支出使得财政存款转为经济主体存款，这些行为相互交织配套，货币因此增加。2020年，美联储共购买了约52%的新增国债，由此支持财政支出形成的货币供应量占美国新增M2的61%。2020年12月，美、欧、日货币供应量分别同比增长24.9%、12.3%和7.6%，而名义GDP增速分别为-2.3%、-5%和-4%，货币增长大幅偏离了名义GDP增速。

从物价走势来看，美国通胀形势最为严峻，其货币扩张相对名义GDP增速的偏离也最大。2020年6月美CPI达到了创13年新高的5.4%，较上年末上升4个百分点，当月欧、日CPI分别较上年末上升了2.2个百分点和1.4个百分点。还应当看到，政府主导增加广义货币，也会带来破坏财经纪律、损坏银行体系市场化货币创造能力、经济内生活力不足等诸多不利的后遗症。

资料来源：节选自中国人民银行中国货币政策执行报告（2021年第二季度），有删减。

分析点评

货币与通胀的关系没有变化，货币大量超发必然导致通胀，稳住通胀的关键还是要管住货币。当前我国通胀压力整体可控，这很大程度得益于我国货币供应量增速自2020年5月起就领先其他大型经济体逐步回归正常，2021年6月末我国M2增速为8.6%，与新冠肺炎疫情前基本相当，与名义经济增速基本匹配，从宏观上稳住了物价。货币政策要坚持稳字当头，稳健的货币政策灵活精准、合理适度，保持货币供应量和社会融资规模增速同名义经济增速基本匹配，坚持央行和财政两个"钱袋子"定位，从根本上保持物价水平总体稳定。

10.2.3　中央银行宏观调控下货币供给量的确定

上面我们分析了存款货币的创造，理解存款货币的创造是理解货币供给过程的基础。在货币供给过程中，商业银行和中央银行分别发挥不同的作用。整个货币的供给是由中央银行提供基础货币，在货币乘数的作用下，通过商业银行的信用创造，然后向社会经济提供包括现金、银行存款等各种不同层次的货币。

假设货币供给量为M，基础货币为B，货币乘数为m，则用公式表示三者的关系为：

$$M = m \times B$$

由此我们可以看出，货币供给量主要取决于基础货币和货币乘数这两个因素，而这两个因素又受多重复杂因素的影响。所以我们需要从这两个方面具体分析。

1）基础货币

微课 10-1

基础货币

（1）基础货币的含义。基础货币又称强力货币或高能货币，是指具有使货币供给总量倍数扩张或收缩能力的货币。它表现为中央银行的负债，是中央银行投放并直接控制的货币。它由两部分构成：一是商业银行的准备金（包括商业银行库存现金和商业银行存放于中央银行的存款）；二是流通于银行体系外而被社会公众持有的现金，即通常所说的"通货"。

基础货币通常用公式表示为：

$$B=R+C$$

式中：B 为基础货币；R 为商业银行的准备金；C 为流通于银行体系外而被社会公众持有的现金。

基础货币的改变对商业银行信用规模的影响直接而且巨大，它直接决定了商业银行存款货币创造能力，是商业银行借以创造存款货币的源泉。

（2）影响基础货币的因素。①买卖政府债券。中央银行无论是向商业银行还是向非银行部门购买政府债券，都会增加基础货币的供应；反之，基础货币收缩。②再贷款及再贴现。当中央银行向商业银行提供再贷款或者再贴现时，银行体系的储备存款相应增加，基础货币增加；当商业银行归还中央银行的贷款时，银行体系储备存款相应减少，基础货币收缩。③政府贷款或者透支。政府贷款或者透支都会造成中央银行资产业务规模的扩大，引起基础货币的增加。通常这种由中央银行对政府赤字融资而导致的货币供应增加被称为债务货币化。④买卖黄金或外汇储备。中央银行购买黄金、外汇，基础货币增加；中央银行卖出黄金、外汇，基础货币减少。

● 小思考 10-3

2021年12月，为维护银行体系流动性合理充裕，结合金融机构流动性需求，中国人民银行对金融机构开展中期借贷便利操作共 5 000 亿元，期限 1 年，利率为 2.95%。期末中期借贷便利余额为 45 500 亿元。请问中国人民银行对金融机构开展中期借贷便利对基础货币量会产生什么影响？

答：中期借贷便利（Medium-term Lending Facility，MLF）是2014年9月由中国人民银行创设的货币政策工具，对象为符合宏观审慎管理要求的商业银行、政策性银行，可通过招标方式开展。中期借贷便利采取质押方式发放，金融机构提供国债、央行票据、政策性金融债、高等级信用债等优质债券作为合格质押品。中国人民银行适时开展中期借贷便利操作，弥补银行体系中长期流动性缺口，中期借贷便利成为央行基础货币供给的重要渠道，使基础货币量增加。

2）货币乘数

（1）货币乘数的含义。货币乘数是指货币供给的扩张倍数，也就是货币供给量与基础货币的比值。在基础货币一定的条件下，货币乘数决定了货币供给的总量。货币乘数越大，则货币供给量越多；货币乘数越小，则货币供给量越少。所以，货币乘数是决定货币供给量的又一个重要的甚至是关键的因素。货币乘数是以商业银行创造货币的扩张倍数为基础的。

（2）影响货币乘数的因素。具体包括：

一是法定存款准备金率。定期存款与活期存款的法定准备金率均由中央银行直接决定。通常，法定存款准备金率越高，货币乘数越小；反之，货币乘数越大。

二是超额准备金率。商业银行保有的超过法定存款准备金的准备金与存款总额之比，称为超额准备金率。显而易见，超额准备金的存在相应减少了银行创造派生存款的能力，因此，超额准备金率与货币乘数之间也呈反方向变动关系。超额准备金率越高，货币乘数越小；反之，货币乘数就越大。

三是提现率（现金漏损率）。所谓提现率，是指客户提现额与活期存款的比率。现实经济生活中，客户在银行取得贷款后，通常提取部分现金满足自己的需要，这样就会在创造存款过程中出现现金漏出银行体系的情况，从而影响存款扩张倍数。提现率上升，则货币乘数下降；反之，则货币乘数上升。

● **小思考 10-4**

为支持实体经济发展，促进综合融资成本稳中有降，中国人民银行决定于2022年4月25日下调金融机构存款准备金率0.25个百分点（不含已执行5%存款准备金率的金融机构）。这会对货币乘数产生什么影响？

答：法定存款准备金率与货币乘数负相关。中国人民银行下调金融机构存款准备金率，在其他条件不变的前提下，货币乘数上升。

四是定期存款比率。由于活期、定期存款的利率有差别，客户常会将部分活期存款转化为定期存款。这种转化影响到商业银行贷款的资金来源结构，从而影响存款的创造。

（3）货币乘数的计算。考虑到影响货币乘数的因素，货币乘数的计算公式如下：

$$m = \frac{1+c}{r_d + r_t \cdot t + e + c}$$

式中：m 为货币乘数；r_d 为活期存款的法定准备金比率；r_t 为定期存款的法定准备金比率；t 为定期存款比率；e 为超额准备金率；c 为提现率。

例题：2021年9月，某国的活期存款的法定准备金率为8%、定期存款比率为30%、定期存款的法定准备金率为3%、超额准备金率为2%、提现率为6%。2021年该国的基础货币为9 000亿元。试计算：（1）该国2021年9月的货币乘数的值；（2）该国2021年的货币供应量。

解：（1）$r_d=8\%$，$r_t=3\%$，$t=30\%$，$e=2\%$，$c=6\%$

$$m = \frac{1+6\%}{8\% + 3\% \times 30\% + 2\% + 6\%} = 6.272$$

该国2021年9月的货币乘数为6.272。

（2）$M = m \times B = 6.272 \times 9\,000 = 56\,448$（亿元）

按9月份的货币乘数，该国2021年的货币供应量为56 448亿元。

● **案例分析 10-1** 　　　　　以适度的货币增长支持高质量发展

我国在过去较长一段时期，M2增速高于名义GDP增速，这主要与我国经济结构特征和较多依赖投资的发展模式有关。一是我国相对较高的储蓄水平和以间接融资为主的融资结构，使得我国货币需求较之其他经济体更大一些。二是住房货币化和金融深化进程也显著增加了全社会的货币需求。房地产在交易环节基本不创造GDP，却需要大量货币来支持，金融深化也会使得金融资产以快于非金融资产的速度积累，在宏观上表现为M2增速高于名义GDP增速。三是过去较长时期我国经济主要依靠出口与投资驱动，2008年国际金融危机爆发后，外需明显减弱，经济增长对投资等内需的依赖增强，各方面需求叠加导致货币增速相对较高。2018年12月我国M2存量为182.7万亿元，M2/GDP比例在200%左右，M2/GDP持续上升往往意味着债务积累，这不利于经济结构调整优化，也容易产生金融风险隐患。2018年以来，中国人民银行多次下调存款准备金率，支持金融机构加大对实体经济信贷支持力度。完善中央银行调节货币供应流动性、资本和利率约束的长效机制，实现了M2和社融增速同名义经济增速基本匹配，稳住了"货币锚"，既保持了金融支持实体经济力度稳固，又避免了"大水漫灌"，有效防范了宏观金融风险。2018—2021年，我国M2平均增速为9%，与同期名义GDP8.3%平均增速大致相当。

资料来源：节选自中国人民银行中国货币政策执行报告（2019年第一季度），有删减。

分析：从上述案例可以看出，广义货币M2增速与国内生产总值（GDP）名义增速要匹配。近年来，我国M2增速与名义GDP增速趋近，从满足实体经济合理需求的角度看，M2增速是适度的。一方面，在保持总量适度的前提下，要不断优化信贷结构，提高中长期贷款、普惠小微贷款和民营企业贷款占比；另一方面，要坚持结构性去杠杆的基本方向，提高存量货币流通速度和资金周转效率，在防范风险的同时发挥存量货币的作用，积累兼顾总量适度、结构优化和防范风险的调控经验。

10.3　货币均衡

10.3.1　货币均衡的含义

1）货币均衡的内涵

货币均衡（货币供求均衡），是指从某一时期来看，货币供给量与货币需求量在动态上保持一致，处于相对稳定的状态。它表现为市场繁荣，物价稳定，社会再生产过程中的物质替换和价值补偿都能顺利实现。对于货币均衡，我们可以从以下方面理解：

（1）货币均衡既包括总量的平衡，也包括结构上的平衡。

（2）货币均衡是货币供求作用的一种状态，是货币供给与货币需求的大体一致，而不是货币供给与货币需求在数量上的完全相等。

（3）货币均衡是一个动态的均衡，是一个由均衡到失衡，再由失衡回到均衡的不断运动的过程。

（4）货币均衡在一定程度上反映了国民经济的总体平衡状况。货币供求的相互作用反映了国民经济运行的全过程，并有机地将国民经济运行与货币供求的相互作用联系在一起。

2）货币均衡的标志

在市场经济条件下，货币均衡主要体现在物价水平和利率水平上。

（1）物价水平。市场经济条件下，物价水平是衡量货币是否均衡的主要标志。当流通中的货币量超过了货币的必要量时，单位货币代表的价值量下降，纸币贬值，物价就上涨；反之，物价就下跌。只有当货币供应量与商品价值总额基本平衡时，市场物价才会基本平衡。

（2）利率水平。货币均衡在金融市场上表现为利率稳定，资金供求平衡，因此利率水平也是判断货币均衡的重要标志。在金融市场上，货币是特殊的商品，利率是货币资金的价格。当货币供不应求时，利率上升；反之，利率则下降。只有在货币供求基本一致时，利率才会处于一个基本平衡的状态，此时货币供求也基本均衡。

10.3.2　货币均衡与社会总供求平衡

从货币均衡的含义中我们知道，货币均衡在一定程度上反映了国民经济的总体平衡状况，因此分析货币均衡还要结合社会总供给与社会总需求（国民经济均衡）来分析。

1）社会总供求平衡

在现代经济中，社会总供给是指一国在一定时期内生产部门按一定价格提供的全部产品和劳务价值之和以及市场上出售的其他金融资产总量，即一定时期内社会的总收入；社会总需求通常是指一国在一定时期内社会各方面实际占有或使用的全部产品与劳务价值之和，即一定时期内社会的全部购买支出。社会总供求平衡，是指社会总供给与总需求相互适应的状态，在短期内，两者可以有一定程度的偏离，所以它也是一种动态的均衡。

视频 10-2

货币均衡与
经济均衡

2）社会总供求与货币总供求

社会总供求与货币总供求之间的关系可用图10-2来表示。

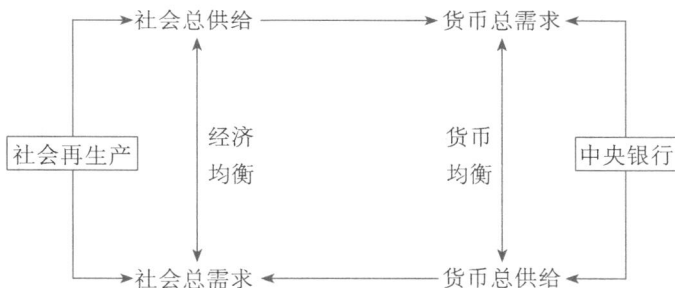

图10-2　社会总供求与货币总供求平衡关系图

从图10-2中可以看出：

（1）社会总供给决定货币总需求。在货币经济中，社会上的商品和劳务供给的目的是获取等值的货币。因此，经济体系的运动表现为商品和劳务的运动和货币运动。货币方面的任务就是通过货币与实际部门资源的对流保证商品和劳务的正常运转。可见，经济体系中到底需要多少货币，从根本上来说取决于有多少实际资源需要货币实现其流转并完成生产、交换、分配和消费相互联系的再生产流程。但同等的总供给有偏大或偏小的货币需求。

（2）货币总需求决定货币总供给。中央银行控制货币供给量的出发点和归宿点都在于使货币供给适应货币需求，以实现货币均衡。因此，货币供给取决于货币需求，并以货币需求为前提和基础。

（3）货币总供给是社会总需求实现的载体。社会总需求实际上表现为有支付能力的社会购买力，而购买任何商品或劳务都必须支付货币，所以一定时期内的货币供给量构成了相应时期的社会总需求。

（4）社会总需求影响社会总供给。社会总需求偏大或偏小都会对总供给产生巨大的影响。总需求不足，会使总供给不能充分实现；总需求过多，虽然在一定条件下有可能推动总供给的增加，但若总供给满足不了过度的总需求，也会出现失衡。

所以，货币均衡与社会总需求平衡具有内在的统一性和一致性。货币供求失衡，必然导致社会总供求失衡。可见，货币均衡是实现社会总供求平衡（经济均衡）的前提条件，而社会总需求平衡是货币均衡的现象形态。商品和劳务的总需求必须与商品和劳务的总供给保持平衡。如果不平衡，就会造成物价波动，经济发展受到阻碍。因此，保持社会总供给与总需求的平衡，是政府宏观管理的最终目标。

知识掌握

10.1　重要概念

货币需求　派生存款　基础货币　货币均衡

10.2　单项选择题

1）人们根据对市场利率变动的预测，需要持有一定数量货币，伺机进行投资并从中获利的动机是（　　）。

A.交易性动机　　　　B.预防性动机　　　　C.投机性动机　　　　D.预测性动机

2）在正常情况下，市场利率与货币需求（　　）。

A.正相关　　　　　　　　　　　　B.负相关

C.正负相关都可能　　　　　　　　D.不相关

3）在其他条件不变的情况下，商业银行的超额准备金率越高，则货币乘数（　　）。

A.越大　　　　　　B.越小　　　　　　C.不变　　　　　　D.不确定

4）货币供给的主体是（　　）。

A.中央银行　　　　B.商业银行　　　　C.政策性银行　　　　D.金融机构

5）假设银行系统的原始存款为4 500亿元，法定存款准备金率是9%，提现率是2%，超额准备金率是1%，则存款总额是（　　）亿元。

A.62 500　　　　　B.57 500　　　　　C.95 000　　　　　D.50 000

6）在基础货币一定的条件下，货币乘数越大，则货币供应量（　　）。

A.越多　　　　　　B.越少　　　　　　C.不变　　　　　　D.不确定

7）一国政府向中央银行借款，以推行赤字财政政策，扩大社会总需求，则货币供应量会（　　）。

A.减少　　　　　　B.增加　　　　　　C.不变　　　　　　D.不确定

10.3　判断题

1）货币需求就是人们持有货币的愿望，而不考虑人们是否有足够的能力来持有货币。　　　　　　　　　　　　　　　　　　　　　　　　　　　　　　（　　）

2）在现代货币供给理论中，货币供给总量通常是一个流量的概念。　　（　　）

3）一般来说，基础货币是中央银行能够直接控制的，而货币乘数则是中央银行不能完全控制的。 （　　）

4）货币均衡就是货币供给与货币需求在量上完全相等。 （　　）

10.4 简答题

1）影响货币需求的因素有哪些？

2）如何理解货币供给的含义？

知识应用

□ 案例分析

我国货币供求与经济均衡的关系

2021年，中国人民银行以稳健的货币政策，灵活精准、合理适度地强化跨周期调节，统筹做好跨年度政策衔接，货币政策服务实体经济的质量和效率不断提升。

一是保持流动性合理充裕。综合运用多种货币政策工具投放的流动性，2021年7月和12月两次降准各0.5个百分点，共释放长期资金约2.2万亿元，引导金融机构跨周期做好年底和下年初信贷安排，增强信贷总量增长的稳定性。二是推动综合融资成本稳中有降。2021年12月下调支农支小再贷款利率0.25个百分点，2022年1月推动1年期中期借贷便利和7天期公开市场操作利率均下降10个基点，带动货币市场和债券市场利率相应下行。发挥贷款市场报价利率（LPR）改革效能，2021年12月以来1年期和5年期以上LPR分别下行15个和5个基点，引导企业贷款利率下行。2021年全年企业贷款加权平均利率是改革开放四十多年来的最低水平。三是加大对国民经济重点领域和薄弱环节的支持力度。2021年年初增加2 000亿元再贷款额度，引导信贷增长缓慢地区地方法人银行增加信贷投放；2021年9月增加3 000亿元支小再贷款额度，支持地方法人银行增加小微企业和个体工商户贷款；2021年11月推出碳减排支持工具和2 000亿元支持煤炭清洁高效利用专项再贷款，支持低碳转型发展。四是把握好内部均衡和外部均衡的平衡。深化汇率市场化改革，坚持以市场供求为基础、参考一篮子货币进行调节、有管理的浮动汇率制度，增强人民币汇率弹性，加强预期管理，发挥汇率调节宏观经济和国际收支自动稳定器功能。五是防范化解金融风险取得新成效。坚持市场化、法治化原则处置风险，金融风险总体收敛。

2021年货币政策体现了灵活精准、合理适度的要求，前瞻性、稳定性、针对性、有效性、自主性进一步提升，主要金融指标在2020年高基数的基础上继续保持有力增长，金融对实体经济支持力度稳固。2021年全年新增人民币贷款19.95万亿元，同比多增3 150亿元，2021年12月普惠小微贷款和制造业中长期贷款余额同比增速分别达到27.3%和31.8%。2021年12月广义货币（M2）和社会融资规模存量同比分别增长9.0%和10.3%，宏观杠杆率为272.5%，比上年末下降7.7个百分点。全年企业贷款加权平均利率为4.61%，比2020年下降0.1个百分点，比2019年下降0.69个百分点。

资料来源：节选自中国人民银行中国货币政策执行报告（2021年第四季度），有删减。

问题：1）货币均衡和社会总供求平衡存在怎样的关系？

2）我国现行的货币政策是如何实现货币均衡与社会总供求平衡的？

分析提示：1）社会总供给决定货币总需求；货币总需求决定货币总供给；货币总供给是社会总需求实现的载体；社会总需求影响社会总供给。

2）从稳健的货币政策的含义和内容展开分析。

□ 实践训练

实训项目：我国基础货币、货币乘数变化的原因

实训目的：掌握影响基础货币、货币乘数的因素。

实训步骤：

1）将同学们进行分组；

2）收集 2019—2021 年中国基础货币、货币乘数的数据；

3）分组讨论 2019—2021 年中国基础货币、货币乘数发生变化的原因。

第11章
通货膨胀与通货紧缩

【学习目标】 ● 在学习完本章之后，你应该能够：了解通货膨胀和通货紧缩的含义；明确通货膨胀的效应及通货紧缩的影响；熟知通货膨胀的度量及类型；掌握治理通货膨胀和通货紧缩的措施。

引例

微课 11-1

你不可不知的
通货膨胀与
通货紧缩

俄罗斯民众抢购商品抗御通胀

2014年，在俄罗斯国内通胀高企、卢布快速贬值的背景下，俄罗斯民众赶着在手中的纸币变成废纸之前把它花掉。媒体报道称，在卢布暴跌、物价飞涨的情况下，俄罗斯人已经开始冒着冬夜的奇寒在商店外排队，抢购珠宝、家具、汽车甚至住房等一切可以用钱买到的东西。在卢布汇率崩溃性下跌的情况下，大家都急着把手里的现金快些花出去，以免其最终变成一堆废纸。在囤积家具和珠宝等商品之余，俄罗斯人还抢着把卢布存款兑换成美元和欧元，当地外汇兑换所几乎被挤爆。接受采访的俄罗斯民众表示，大家都不知道卢布最终会贬值成什么样子，因此现在买些诸如家用电器之类的耐用品囤在家里总是没错的。于是，莫斯科市内宜家家具店的门前在当地时间凌晨2点仍然排着长龙，而当时气温已经降至零下15摄氏度。经济人士认为，俄罗斯民众正在恐慌情绪的驱动下采购一切他们需要或者不需要的商品，但消费市场的火爆只是暂时性的，等到大家把积蓄花光之后，该国经济的漫漫长冬便会真正地来到。

资料来源：佚名. 俄罗斯民众抢购商品抗御通胀，GDP或暂时不降反升［EB/OL］.［2014-12-17］. http://money.163.com/14/1217/18/ADMG81UI00253B0H.html.

视频 11-1

通货膨胀与
通货紧缩

这一案例表明：通货膨胀对人们的生活会产生很大的影响。那么究竟什么是通货膨胀？通货膨胀是如何产生的？通货膨胀对社会经济生活有哪些影响？我们将在本章介绍通货膨胀与通货紧缩的问题。

11.1 通货膨胀

11.1.1 通货膨胀的含义

通货膨胀是指在纸币流通的条件下，由于国内货币供应量超过商品流通的客观需要量，从而引起纸币不断贬值和一般物价水平持续上涨的经济现象。从当今社会来看，造成通货膨胀的原因是多方面的，因此对通货膨胀我们可从以下方面理解：

1）通货膨胀不仅是货币现象，也是一种经济现象

通货膨胀是因为货币供应量超过了经济生活中的客观需要，导致货币贬值、物价上涨。显然通货膨胀直接与货币供应量有关，因此通货膨胀是一种货币现象。同时，通货膨胀又是一种经济现象。货币作为商品经济的价值载体，其供应量的多少是相对于市场商品供给而言的。货币供应数量变化直接作用于经济体系的商品物价，因此它又是一种经济现象。

● 知识链接 11-1　　　　　　　　货币以什么为锚？

货币的发行量绝不是某国或某政府随意印发的，一定有某种根据。我们将这种根据称之为锚。1944年，布雷顿森林体系建立，美元与黄金挂钩，其他国家货币与美元挂钩。众所周知，该体系自身存在明显缺陷——因各国货币依附于美元，只有在美国对各

国长期贸易逆差的情况下，才可能将美元输入到各个国家。但长期的贸易逆差会降低人们对美元的信心，造成美元危机。但当美国贸易收支平衡或者贸易顺差时，其他国家由于长期得不到美元流入，从而外汇储备不足，缺乏国际清偿能力。这就是著名的"特里芬悖论"。

2）通货膨胀与物价上涨既紧密相关又有区别

物价上涨是通货膨胀的必然结果，但是物价上涨时并不一定就会出现通货膨胀。引起物价上涨的因素有很多，如商品本身价值的增加、供求关系的变化、劳务质量的提高等。这些物价上涨的现象并不是由纸币发行量过多引起的，不属于通货膨胀的范畴。所以，通货膨胀必然引起物价上涨，但物价上涨不一定就是通货膨胀。

> **头脑风暴 11-1**
>
> 有些经济学家提出，牺牲一定程度的物价稳定来缓解剩余劳动力过多的问题是值得的，你怎样认为？

3）存在公开的通货膨胀和隐蔽的通货膨胀两种形式

在公开的形式下，政府不采取物价管制和物价津贴等措施，因此物价上涨很明显，无从隐蔽。但在某些非市场经济或由于种种原因采取物价管制政策的国家，过多的货币供应并非都通过物价上涨表现出来，有时通货膨胀也会表现为商品短缺、凭票供应、持币待购以及强制储蓄等，即物价水平隐蔽地上升。

4）通货膨胀是指一般物价水平普遍、持续地上涨

一般物价总水平的上涨，是指全部商品及劳务的加权平均价格的上涨，而不是个别商品或劳务价格的上涨。如果某一商品价格上涨被其他商品的价格下跌所抵销，而使得一般物价总水平没有改变，则只能称个别商品价格上涨，而非通货膨胀。另外，经济生活中季节性、暂时性或偶然性的价格上涨也不能视为通货膨胀。

● 小思考 11-1

我们到超市买米和油时，发现价格上涨了，是不是意味着通货膨胀了？

答：通货膨胀是指一般物价水平普遍、持续地上涨。如果只是个别商品如米和油的价格上涨并不一定意味着通货膨胀。

11.1.2 通货膨胀的度量

一般情况下，采用物价指数来衡量通货膨胀。常用的物价指数有居民消费价格指数、生产者物价指数和国内生产总值平减指数三种。

1）居民消费价格指数（CPI）

居民消费价格指数是根据一系列的商品和服务价格所编制的指数，衡量消费物价的变动情况，是市场衡量通货膨胀表现的重要数据。如果经济增长快，消费市场需求上升，消费物价便会大幅攀升，造成通货膨胀压力，因此政府可能会加息控制通胀，冷却经济，所以居民消费价格指数是衡量经济是否过热的指标。目前，中国和许多国家用此项指标度量通货膨胀。

● 小思考 11-2

什么是一篮子物品？

答：一篮子物品，就是货币政策参考容易量度、价格清楚、涉及老百姓衣食住行等需要的物品作为货币之锚，如石油、棉花、铁、水泥等，而制造业成品和房地产等不易量度的物品不适合。

2）生产者物价指数（PPI）

生产者物价指数用于度量制造业、采矿业、农业、渔业、林业等行业中间产品价格的变化情况，当将制造商到批发商再到零售商这些中间环节中商品的流动也看作中间产品的流动时，也可以称为批发物价指数。这一指数反映了企业生产成本的变化状况。

3）国内生产总值平减指数（GDP平减指数）

国内生产总值平减指数是指按当年价格计算的国民生产总值与固定价格计算的国内生产总值的比率。它反映全部生产资料、消费品和劳务费用的价格变动程度。目前，世界银行的年度报告以这一指标的增长率测定通货膨胀。

● 案例分析 11-1 　　　2022年2月份CPI总体平稳　PPI同比涨幅回落
——解读2022年2月份CPI和PPI数据

国家统计局发布了2022年2月份全国CPI（居民消费价格指数）和PPI（工业生产者出厂价格指数）数据。对此，国家统计局城市司高级统计师董莉娟进行了解读。

一、CPI环比涨幅略有扩大，同比涨幅总体平稳

2022年2月份，受春节因素和国际能源价格波动等共同影响，CPI环比涨幅略有扩大，同比涨幅总体平稳。

从环比来看，CPI上涨0.6%，涨幅比上月扩大了0.2个百分点。其中，食品价格上涨1.4%，涨幅与上月相同，影响CPI上涨约0.26个百分点。食品中，受春节因素影响，鲜菜、水产品和鲜果价格分别上涨6.0%、4.8%和3.0%，鸡肉、鸭肉、牛肉和羊肉价格涨幅在0.3%~1.4%之间；猪肉和鸡蛋供应充足，价格分别下降4.6%和3.7%。非食品价格上涨0.4%，涨幅比上月扩大了0.2个百分点，影响CPI上涨约0.34个百分点。非食品中，工业消费品价格由上月持平转为上涨0.8%，主要是能源价格上涨带动，其中汽油、柴油和液化石油气价格分别上涨了6.2%、6.7%和1.3%。服务价格由上月上涨0.3%转为持平。其中，就地过年带动文娱消费及近郊游热度升高，电影及演出票价上涨9.3%，民宿等其他住宿价格上涨2.2%；节后务工人员陆续返城，服务供给有所增加，家政服务和母婴护理服务价格分别下降6.8%和1.9%。

从同比来看，CPI上涨0.9%，涨幅与上月相同。其中，食品价格下降3.9%，降幅比上月扩大了0.1个百分点，影响CPI下降约0.76个百分点。食品中，猪肉价格下降42.5%，降幅比上月扩大了0.9个百分点；鲜果、食用植物油和水产品价格分别上涨6.6%、6.4%和4.9%，涨幅均有回落。非食品价格上涨2.1%，涨幅比上月扩大了0.1个百分点，影响CPI上涨约1.68个百分点。非食品中，工业消费品价格上涨3.1%，涨幅比上月扩大了0.6个百分点，其中汽油和柴油价格分别上涨23.9%和26.3%，涨幅比上月均有扩大。服务价格上涨1.2%，涨幅回落0.5个百分点，其中飞机票和旅游价格分别上涨18.0%和4.5%，涨幅比上月均有回落；教育服务和医疗服务价格分别上涨2.7%和0.9%，涨幅均与上月相同。

据测算，在2月份0.9%的同比涨幅中，去年价格变动的翘尾影响约为-0.1个百分点，新涨价影响约为1.0个百分点。扣除食品和能源价格的核心CPI同比上涨1.1%，涨幅比上月回落0.1个百分点。

二、PPI环比由降转涨，同比涨幅回落

2022年2月份，受原油、有色金属等国际大宗商品价格上涨等因素影响，PPI环比由降转涨，同比涨幅回落。

从环比来看，PPI由上月下降0.2%转为上涨0.5%。其中，生产资料价格由下降0.2%转为上涨0.7%，生活资料价格由持平转为上涨0.1%。国际原油价格大幅上涨，带动国内石油相关行业价格上行，其中石油开采价格上涨13.5%，精炼石油产品制造价格上涨6.5%，有机化学原料制造价格上涨2.9%。受国际因素影响，国内有色金属冶炼和压延加工业价格上涨2.0%。煤炭价格继续回落，煤炭开采和洗选业、煤炭加工价格均下降2.4%。另外，电力热力生产和供应业价格上涨0.9%，黑色金属冶炼和压延加工业价格上涨0.7%；非金属矿物制品业价格下降1.0%。

从同比来看，PPI上涨8.8%，涨幅比上月回落0.3个百分点。其中，生产资料价格上涨11.4%，涨幅回落0.4个百分点，生活资料价格上涨0.9%，涨幅扩大0.1个百分点。调查的40个工业行业大类中，价格上涨的有36个，与上月相同。主要行业中，价格涨幅回落的有：煤炭开采和洗选业上涨45.4%，回落5.9个百分点；化学原料和化学制品制造业上涨19.7%，回落1.3个百分点；黑色金属冶炼和压延加工业上涨12.9%，回落1.8个百分点；化学纤维制造业上涨11.4%，回落2.7个百分点。价格涨幅扩大的有：石油和天然气开采业上涨41.9%，扩大3.7个百分点；石油煤炭及其他燃料加工业上涨30.2%，扩大0.1个百分点；有色金属冶炼和压延加工业上涨20.4%，扩大0.6个百分点；电力热力生产和供应业上涨8.5%，扩大0.8个百分点。

据测算，在2022年2月份8.8%的同比涨幅中，2021年价格变动的翘尾影响约为8.4个百分点，新涨价影响约为0.4个百分点。

资料来源：国家统计局. 国家统计局城市司高级统计师董莉娟解读2022年2月份CPI和PPI数据[EB/OL]. [2022-03-09]. http://www.stats.gov.cn/xxgk/jd/sjjd2020/202203/t20220309_1828496.html.

分析：总体来看，我国经济持续恢复发展，工农业产品和服务供给充裕，粮、油、肉、蛋、奶、果蔬等重要民生商品供应充足，煤炭、油气等基础能源保障有力，有效应对市场价格异常波动的能力显著增强。

11.1.3　通货膨胀的类型

按照不同的标准，通货膨胀可分为很多类型，但通常是按形成原因划分通货膨胀类型。

1）需求拉动型通货膨胀

需求拉动型通货膨胀是指社会总需求大于总供给，从而引起一般物价水平持续上升，即物价上涨是由需求过多拉动的。流通中的货币都是有支付能力的有效需求，社会总需求大于总供给，这意味着较多的货币追逐相对较少的商品，从而引起物价上涨，诱发通货膨胀。而社会总需求之所以会大于总供给，根源在于国民收入的超分配，即国民收入的分配额超过国民收入的生产额。因此，在经济尚未达到充分就业和生产能力尚未被充分利用时，由货币数量增加而导致的总需求增加，能够促使就业和产量的增加，并不会导致通货膨胀，只有当社会处于充分就业和生产能力已被充分利用时，货币数量的增加才会诱发通货膨胀。

2）成本推进型通货膨胀

成本推进型通货膨胀是指由于产品成本（如材料、能源、工资等）上升，为保持一定利润水平而使物价水平普遍上涨的一种经济现象。成本的上升可能是工资的增长超过了劳动生产率的增长造成的，也可能是原材料价格上涨导致的。另外，在企业垄断市场的情况下，垄断企业为获取更多利润而提高产品售价，也会造成通货膨胀。

3）结构型通货膨胀

结构型通货膨胀，是指当社会总需求与总供给处于平衡状态时，由于经济结构、部门结构等的变化所引起的物价上涨。例如，总需求结构的变动会导致某些部门处于扩张状态，而另一些部门处于收缩状态，由于原有经济结构刚性的存在，资源不能迅速适应这种变化而在各部门间重新配置，资源缺乏的扩张部门不得不提高工资和原料价格以吸引资源流入，而资源剩余的收缩部门却由于工资和物价的刚性，没有调低价格，甚至会与扩张部门保持同比例上升，最终造成物价总水平的上涨。

4）混合型通货膨胀

混合型通货膨胀，是由于需求拉动、成本推进和社会经济结构共同作用形成的一种一般物价水平持续上涨的货币经济现象。

● 案例分析 11-2　　　　　　　　　　　津巴布韦的恶性通货膨胀

当非洲的津巴布韦在1980年成为一个独立的国家时，津巴布韦元（Zimbabwe dollar）实际上比美元的价值还要高，与美元的汇率为1∶1.25。由于没有节制地印刷纸币和部族冲突造成强征土地，津巴布韦元在21世纪初开始经历恶性通货膨胀。到2004年，通货膨胀率达到了前所未有的624%，到了2006年更是飙升到了1 730%。2006年8月，政府发行第二代津巴布韦元，新的津巴布韦元以1∶1 000的兑换率取代了旧货币。2007年，通货膨胀率达到了11 000%。自2008年5月起，政府陆续发行了1亿面值、2.5亿面值、5亿面值、25亿面值、50亿面值和100亿面值的津巴布韦元。2008年8月，政府从货币上去掉了10个零，发行第三代津巴布韦元，100亿津巴布韦元相当于1新津巴布韦元，但这仍未控制住恶性通货膨胀，通货膨胀仍在加剧。2009年1月16日，津巴布韦发行了一套世界上最大面额的新钞，这套面额在万亿津元以上的新钞包括10万亿津巴布韦元、20万亿津巴布韦元、50万亿津巴布韦元和100万亿津巴布韦元四种。2009年2月，津巴布韦中央银行决定从第三代津巴布韦元面值上去掉12个零，发行第四代津巴布韦元，1万亿津巴布韦元等于1新津巴布韦元。截至2009年年初，津巴布韦通胀率高达231 000 000%。津巴布韦政府于2009年3月宣布取消外汇管制，容许国民在津巴布韦元以外使用外国货币买卖交易，意味政府承认抗通胀努力失败，并不得不允许国民用美元、英镑、欧元和南非兰特等多种外币交易结算，希望用此办法来遏制通胀的疯狂飙升。

资料来源：兰克. 恶性通货膨胀的故事［N］. 卫报，2009-06-16.

分析：造成通胀的原因还有津巴布韦连续4年遭遇旱灾，粮食歉收。雪上加霜的是，自2000年起以英、美为首的西方国家对其实行经济封锁，要求其尽快偿还外债，从而造成该国外汇、燃油和电力的严重短缺。粮食短缺造成通货膨胀是其主要原因，由于现实购买力大于产出供给，导致货币贬值，而引起的一段时间内物价持续而普遍地上涨。其实质是社会总需求大于社会总供给（求远大于供）。通货膨胀的货是指"货币"。粮食短缺造成的通货膨胀是需求拉动的通货膨胀，即由于经济运行中总需求过度增加，超过了既定价格水平下商品和劳务等方面的供给而引发通货膨胀。

11.1.4 通货膨胀的效应

通货膨胀的社会经济效应，在理论界存在不同的观点，大体可分为促进论、促退论和中性论三类。促进论认为，通货膨胀具有正的产出效应，会促进经济增长。促退论则认为，通货膨胀不仅不会促进经济增长，还会损害经济增长。中性论认为，通货膨胀对产出和经济成长既无正效应也无负效应。尽管理论界对通货膨胀的经济效应有不同的看法，但从总体上来讲，严重的、恶性的通货膨胀会对经济产生破坏作用。

1）通货膨胀对生产的效应

（1）通货膨胀影响企业的技术进步。通货膨胀一方面使企业的技术改造成本增加；另一方面企业由于产品热销而不重视技术改造，结果导致技术进步缓慢，降低了劳动生产率和产品的升级换代能力。

（2）通货膨胀导致生产衰退。在通货膨胀期间，由于原材料等初级产品的价格上涨往往快于产成品，因此会增加生产性投资的风险和经营成本，使投资不如投机，生产不如囤积的现象普遍出现。其结果，一方面使生产领域的资金大量流向流通领域，导致生产萎缩；另一方面造成原材料越短缺越囤积，出现短缺和积压并存的恶果。

（3）通货膨胀加大了经济核算的困难。通货膨胀期间币值不稳定，企业的经济核算缺乏稳定的价值尺度和核算工具。

（4）通货膨胀导致不合理的产业结构，使国民经济畸形发展。

2）通货膨胀对流通的效应

（1）通货膨胀使市场价格信号失真，导致商品价格升降并不能真正反映商品供求关系的变化。失真的价格导向会使社会资源盲目流动和组合，从而引起社会资源的巨大浪费。

（2）通货膨胀使人们对商品产生过度需求。在通货膨胀时期，为了保值和防止物价进一步上升，人们都会尽快把手中的货币换成商品，而较少考虑这种商品是否是必需的。这种需求和抢购行为使货币流通加快，商品供应更加短缺，又会进一步加剧通货膨胀。

3）通货膨胀对分配的效应

（1）收入分配效应。收入分配效应是指由于通货膨胀形成的物价上涨而造成的收入再分配。在通货膨胀时期，由于物价的变动，人们的名义货币收入与实际货币收入间会产生差距。判断通货膨胀对收入分配的影响程度，则主要以实际收入变动为标准。在物价变动作用下，虽然名义收入变动不大，甚至无变化，但是实际的收入变化会千差万别。不同收入种类的人，在通货膨胀中，各自的利益所受影响不同。通货膨胀的收入分配效应具体表现为：以工资和租金、利息为收入者，在通货膨胀中会遭受损失；而以利润为主要收入者，却可能获利。

● 小思考11-3

通货膨胀时，债权人和债务人谁的损失大？

答：债权人。

（2）财富分配效应。通货膨胀不仅会引起收入的再分配，也会引起人们持有财富的再分配。整个社会，每个人或阶层总会或多或少地积累一定的财富，但人们持有财富的形式极不相同。面值和收益稳定的金融资产，在通货膨胀期间其价值会降低，因此持有这些资产的个人和阶层会受到损失，其债务人则会因通货膨胀而受益。各种实物资产在通货膨胀期间会因价格上涨而使其持有者受益，不过各种不同实物资产价格上涨程度有所不同，因此其持有者所持有的实际价值会发生改变。至于收益和价值不定的金融资产，在通货膨胀期间收益增长与其价格上涨并非一致，因此其持有者是否获益取决于两者的相对变化。

4）通货膨胀对金融业的影响

（1）通货膨胀会降低借款成本，从而诱发过度的资金需求，迫使金融机构不得不加强信贷配额管理，进而削弱了金融机构的运营效率。

（2）通货膨胀破坏正常的信用活动。通货膨胀有利于债务人，有损于债权人，从而使商品交易中的现金交易增加、商业信用萎缩、各种债券发行受阻，影响集资活动。

（3）通货膨胀影响了货币职能的正常发挥。通货膨胀使价值尺度和价格标准混乱，一旦人们的货币幻觉消亡，必将挤兑盛行，有可能引起银行的破产和倒闭，甚至引发更大的经济危机等。

● 金融观察　　　　　　　正确看待通货膨胀，切莫恐慌

16世纪，西班牙物价上涨了4倍多，年上涨率为1.5%，贵金属过剩是这次通货膨胀的根源。1501—1600年，由墨西哥和秘鲁神话般的矿山产出的1 700万千克纯银和18.1万千克纯金涌入西班牙。除官方渠道，走私的数量估计相当于官方进口的10%，相对于已有的储存，来自新世界的金银可谓数额巨大。无论如何，贵金属的涌入掀起了一场价格革命。这次通货膨胀价格上涨缓慢，没有对西班牙的各个经济部门产生什么影响。想想年增长率1.5%，这在目前来说是经济发展过程中一个再合适不过的数字了。

分析点评：

首先货币不等于财富，其次和缓的通货膨胀可以和经济增长兼容。货币是经济的润滑剂，通货膨胀代表市场中货币的供给增加，也就是润滑剂增加，如果是缓缓增长可以有促进资源流动的效果。尽管货币幻觉充满了神秘感，但如果人们警惕周围的变化，其迷惑性必将大大降低。因此，同学们应树立正确的货币观及价值观。

资料来源：佚名. 典型通货膨胀案例［EB/OL］.［2011-11-17］. https: //www.docin.com/p-289337241.html.

11.1.5　通货膨胀的治理

通货膨胀对国民经济的发展总的来说是不利的，对经济社会具有巨大的破坏作用。因此，各国政府为减轻或消除通货膨胀的压力做出了不懈的努力。由于通货膨胀的形成原因、性质及表现形态各不相同，因此治理通货膨胀的措施千差万别。以下介绍几种较为常见的治理通货膨胀的对策。

1）控制需求

针对需求拉动型通货膨胀，政府往往采取紧缩性的货币政策和财政政策来抑制过旺的总需求。

（1）紧缩性货币政策，即中央银行通过采取一定的政策措施压缩商业银行信贷规模，减少货币供给量来实现宏观紧缩。这主要是通过中央银行的三大政策工具来实现的：通过公开市场业务的操作，出售有价证券，回笼货币资金，以相应减少流通中的货币量；提高法定存款准备金率，减少银行的超额准备金，抑制其信贷扩张能力，从而减少投资和货币供应量；提高再贴现率，以影响商业银行的借款成本和市场利率，控制商业银行的信贷规模，减少对信贷的需求，减少货币流通量。

（2）紧缩性财政政策，即政府通过增收减支的办法来抑制总需求的增长，实现宏观紧缩。紧缩性财政政策的基本内容是增加税收和削减政府财政支出。

2）收入政策

收入政策是治理成本推进型通货膨胀的有效方法。收入政策是为了降低一般物价水平的上涨幅度而采取的强制性或非强制性的限制货币工资与价格的政策，其目的是在降低通货膨胀的同时，不造成大规模的失业。紧缩性收入政策的主要手段有工资管制、确定工资–物价指导线、运用税收手段等。

3）改善供给

改善供给，是指以积极刺激生产的办法增加供给，同时压缩总需求来抑制通货膨胀的政策。改善供给的主要措施有：降低所得税税率、提高机器设备的折旧率、促进投资、增加供应等。政府实行有松有紧、区别对待的融资政策，以优化产业结构和产品结构，通过社会资源的合理配置，从根本上改善货币流通状况，减少政府对企业活动的限制，让企业更好地增加商品的供给。

4）收入指数化政策

所谓收入指数化，是指工资、利息、各种证券收益以及其他收入一律实行指数化，同物价变动联系起来，使各种收入按物价指数滑动或随物价指数的变动而进行调整。收入指数化既能剥夺政府从通货膨胀中获得的收益，杜绝制造通货膨胀的动机，又可抵销或缓解物价波动对个人收入水平的影响，克服因通货膨胀造成的分配不公，并可避免抢购商品、贮物保值等加剧通货膨胀的行为。

5）货币改革

在通货膨胀已经达到恶性程度，整个货币制度已经处于或接近崩溃的边缘，上述的治理措施已无济于事时，政府要进行货币改革。一般做法是，废除旧币发行新币，对新币制定一些保证币值稳定的措施，以消除旧币流通的混乱局面，重振经济。

● 知识链接11-2　　　为什么CPI与部分公众感受不一致？

（1）一般认为，居民消费价格指数（CPI）、GDP平减指数等指标都可以从不同角度反映通货膨胀的程度。

（2）感知差异在许多统计指标中都存在，中外皆如此，大多数国家的居民也都会抱怨统计结果与自身感受不一致。产生差异的原因很多，就CPI而言，可能有以下三个方面：

一是个体与总体、部分与全部的差异。CPI是一个综合统计指标，从影响人群来看，既包括城镇居民，也包括农村居民；既包括高收入者，也包括低收入者；既包括东部地区居民，也包括西部地区居民。每个人的消费结构不同，所处地区不同，对反映总体的CPI的感受也会有差异。例如，低收入家庭的支出大部分集中在食品和水电气等生活必需品上，当食品价格涨幅相对较大时，低收入家庭的消费支出必然增加较快，对价格上涨的感受也会相对更为明显，这种感受与反映总体的CPI的变动就会存在差异。从统计内容来看，CPI包括食品烟酒、衣着、居住、生活用品及服务、交通和通信、教育文化和娱乐、医疗保健、其他用品和服务八大类、268个基本分类，其中既有价格上涨的商品，也有价格下降的商品。每个消费者感受到的商品和服务的价格变动通常为这268个基本分类的一部分，如果仅拿这种个体对部分商品价格的感受，与反映综合水平的CPI比较，必然会感觉到差异。例如，2020年4月，全国蛋类和鲜果价格同比分别下降2.7%和10.5%，但CPI同比上涨3.3%。此时，蛋类和鲜果价格走势就与CPI走势存在差异，购买蛋类和鲜果的人群可能也会认为CPI与自身感受不一致。

二是感知度的差异。消费频率会影响人们的感知度。一般来说，人们对于自己经常消费的商品或一些生活必需品的价格变动感受较为明显，如更易于感觉到猪肉、鸡蛋、鲜菜、鲜果等商品的价格变动；而对于不经常消费的商品和服务，如汽车、手机、家用电器、飞机票等，即使价格下降幅度较大，个人感受也并不明显。

三是对比时间的差异。日常生活中，人们感受到的价格变化，往往用时点价格进行比较，如今天与昨天相比，这次与上次相比。CPI是用时期均价进行比较，如同比指数是本月均价与上年同月均价对比，环比指数是本月均价与上月均价对比。实际中，常常会出现时点价格与时期均价走势相反的情况。例如，今天猪肉价格比昨天或上周下降，但由于上月价格上涨较多，本月均价仍可能高于上月。如果此时把今天与昨天或上周的价格对比感受同月度环比指数进行比较，自然会出现差异。

资料来源：杨曦. 为什么CPI与我们的感受有差异 [EB/OL]. [2021-03-09]. http://finance.people.com.cn/n1/2021/0309/c1004-32047062.html.

11.2 通货紧缩

11.2.1 通货紧缩的含义

所谓通货紧缩，是指社会价格总水平（即商品和劳务价格）持续下降，货币不断升值的过程。准确理解通货紧缩的定义，应注意把握以下方面的内容：

1）通货紧缩本质上是一种货币现象

通货紧缩实质上是货币供应量的增长幅度落后于经济的增长幅度，其在实体经济中的根源是总需求对总供给的偏离，或现实经济增长率对潜在经济增长率的偏离。

2）通货紧缩的基本特征是商品和劳务价格普遍地、持续地下跌

通货紧缩时期物价持续下跌不是由技术的进步和劳动生产率的提高引起的，而且这种下跌不是局部的、结构性的，也不是存在于相对较短的时间内的，而是在较长时间内，商品与劳务价格普遍地、不断地下降。

3）通货紧缩的同时经常伴随着生产下降，经济衰退

在通货紧缩时期，消费需求疲软、投资意愿低迷、企业开工不足。随着市场的萎缩，产品价格下降，企业订单减少，利润降低甚至发生亏损，企业不愿扩大再生产，不愿再追加投资，失业人数增加，工资收入下降，进一步制约了市场对商品的有效需求，使总需求更加小于总供给。

4）通货紧缩使货币流通速度趋缓

当经济中出现通货紧缩时，货币流通速度就会趋缓，导致货币供应量的增加部分被一定程度地抵销，从而加剧通货紧缩。

● 小思考11-4

通货紧缩意味着商品价格的下降，对广大居民来说是不是一件好事？

答：通货紧缩意味着人们手中的货币购买力不断升值，从表面来看是有益的，但长期的通货紧缩会导致经济衰退，人们的货币收入可能会下降。

11.2.2　通货紧缩的分类

按照不同的标准，通货紧缩可分为很多类型，但通常按产生的原因划分通货紧缩类型。

1）需求不足型通货紧缩

由于总需求不足，正常的供给显得相对过剩，由此引发的通货紧缩称为需求不足型通货紧缩。需求不足可由多个原因引起，如消费抑制、投资抑制、国外需求抑制等。

（1）消费抑制型通货紧缩。消费抑制是指由于即期收入的减少或预期未来支出增加，以及对未来诸多不确定性而采取的减少即期消费的一个预防性行为，如失业增加，将使失业者失去可靠的生活来源而不得不减少即期消费；由于对通货紧缩的持续有一定的预期，为了未来在更便宜的时候再消费而抑制即期消费等。这种对即期消费的抑制，将使供给相对过剩，从而造成产品积压，生产能力闲置，企业开工不足，收入减少，物价下跌，通货紧缩由此引发。

（2）投资抑制型通货紧缩。投资是总需求的一个重要方面，在发展中国家，投资对经济增长的拉动起着举足轻重的作用。如果因为种种原因，投资被抑制，新建项目减少，生产资料和生活资料的需求都将减少，新增劳动力无从就业，同样会造成供给相对于需求的过剩，导致通货紧缩。

（3）国外需求抑制型通货紧缩。国外需求主要表现为一国的出口。国外需求减少，出口不畅，也会减少国内的需求总量，造成出口企业开工不足，产品积压，引起通货紧缩的产生。

2）供给过剩型通货紧缩

供给过剩，在这里不是指供给的相对过剩，而是指由于技术创新和生产效率的提高所造成的产品绝对数量的过剩，是物质产品极其丰富的情况下可能出现的情况。

● 知识链接11-3　　　　　　　通货紧缩产生的原因

1. 紧缩性货币财政政策

如果一国采取紧缩性的货币财政政策，降低货币供应量，削减公共开支，减少转移支

付，就会使商品市场和货币市场出现失衡，出现"过多的商品追求过少的货币"，从而引起政策紧缩性的通货紧缩。

2.经济周期的变化

当经济到达繁荣的高峰阶段，会由于生产能力大量过剩，商品供过于求，出现物价的持续下降，引发周期性的通货紧缩。

3.投资和消费的有效需求不足

当人们预期实际利率进一步下降，经济形势继续不佳时，投资和消费需求都会减少，而总需求的减少会使物价下跌，形成需求拉动性的通货紧缩。

4.新技术的采用和劳动生产率的提高

由于技术进步以及新技术在生产上的广泛应用，会大幅度地提高劳动生产率，降低生产成本，导致商品价格下降，从而出现成本压低性的通货紧缩。

11.2.3 通货紧缩的影响

通货紧缩对经济发展和社会稳定会造成严重危害。严重的通货紧缩会使可利用资源闲置浪费、经济萎缩、失业增加、人民生活水平下降，引发社会和政治问题。我们可以从以下四个方面看一看通货紧缩的影响。

1）通货紧缩抑制消费需求

对消费者来说，通货紧缩意味着以同样数量的货币可以购买到更多数量的商品，即货币的购买力增强，这将促使人们更多地增加储蓄、削减消费。同时，消费者常常"买涨不买跌"，在预期价格水平会进一步下跌，失业率可能上升，收入水平可能下降的情况下，消费者会缩减支出，增加储蓄。这样，通货紧缩就会抑制个人消费支出，使消费总量趋于下降。

2）通货紧缩抑制投资需求

在通货紧缩时期，物价的下跌会提高实际利率水平，使企业投资成本增加，使投资项目变得越来越没有吸引力。同时，社会消费总量下降，会使企业出现利润下降甚至亏损的情况，因此企业不愿意扩大再生产，投资意愿下降。

3）通货紧缩会使银行不良资产比率上升

通货紧缩会使实际利率上升，从而增加债务人的负担，债务人因经营困难不能按时还贷，致使银行不良资产比率上升。

4）通货紧缩会造成经济衰退、失业增加

持续、普遍的物价下跌，会使生产者的利润减少甚至出现亏损，这会严重挫伤生产者的积极性，使他们缩减产量或不愿生产，从而使经济增长的速度变慢。另外，为了降低成本，他们会大量裁员从而使失业率上升，而失业率的上升又会使消费需求进一步萎缩，物价继续下跌，企业破产率上升，失业率上升，形成恶性循环；同时商家会降低在职员工的工资水平，使其收入下降，而这又进一步加重了社会总需求不足的状况，使整个宏观经济陷入衰退。

11.2.4 通货紧缩的治理

1）扩张的货币政策

扩张的货币政策通过增加货币供应量，降低利率水平等来刺激有效需求的增加。扩张的货币政策应采取降低金融机构法定存款准备金率、降低贴现率和再贴现率、在公开市场买进政府债券等措施，这些措施也是货币政策工具的主要内容，将在第12章中详述。

2）积极的财政政策

（1）政府增加公共投资，主要用于基础设施建设，以拉动投资品市场的需求，带动居民支出，激活经济。

（2）削减税收。如果政府在增加财政支出的同时，相应地增加税收，那么增加公共支出的政策效应便很可能被抵销。因此，在增加财政支出的同时，应考虑减少税收。

3）扩大有效需求

有效需求不足是通货紧缩的主要原因，因此扩大有效需求是治理通货紧缩的有效措施。总需求包括投资需求、消费需求和出口需求。影响一国需求的主要因素是投资需求和消费需求，因此，必须采取措施，努力扩大投资需求和消费需求。

4）结构性调整

对由于某些行业的产品或某个层次的商品生产绝对过剩引发的通货紧缩，一般采用结构性调整的手段，即减少过剩部门或行业的产量，鼓励新兴部门或行业发展，调整产业结构。

知识掌握

11.1 重要概念

通货膨胀　通货紧缩　消费物价指数

11.2 单项选择题

1）认为通货膨胀的原因在于经济发展过程中社会总需求大于总供给，从而引起一般物价水平持续上涨，是（　　　）。

A.需求拉动论 　　　　　　　　　　B.成本推进论

C.开放型通货膨胀 　　　　　　　　D.隐蔽型通货膨胀

2）通货膨胀对策中，通过公开市场业务出售政府债券属于（　　　）。

A.控制需求 　　　　　　　　　　　B.改善供给

C.收入指数化政策 　　　　　　　　D.紧缩性财政政策

3）通货膨胀对策中，工资管制属于（　　　）。

A.收入政策 　　　　　　　　　　　B.改善供给

C.收入指数化政策 　　　　　　　　D.紧缩性财政政策

4）通货膨胀对策中，压缩财政支出属于（　　　）。

A.改善供给 　　　　　　　　　　　B.紧缩性收入政策

C.收入指数化政策 　　　　　　　　D.紧缩性财政政策

5）下列说法中，明显是错的是（　　　）。

A.物价水平的持续下降意味着实际利率的上升，投资项目的吸引力下降

B.物价水平的持续下降意味着货币购买力不断提高，从而使消费者增加消费，减少储蓄

C.通货紧缩可能会引发银行业危机

D.通货紧缩制约了货币政策的实施

6）（　　）不属于治理通货紧缩的措施。

A.提高金融机构法定存款准备金率　　　　B.削减税收

C.政府增加公共投资　　　　D.在公开市场买进政府债券

11.3　判断题

1）在通货膨胀时期，物价上涨，债务人受损，债权人受益。（　　）

2）采用固定利率可在一定程度上消除通货膨胀对债权债务的影响。（　　）

3）价格上涨就意味着通货膨胀。（　　）

4）供给过剩型通货紧缩指的是商品和劳务的相对过剩。（　　）

5）普遍、持续的物价下降意味着单位货币购买力的不断上升，对投资者来说意味着投资成本降低，对经济发展是有利的。（　　）

11.4　简答题

1）如何理解通货膨胀的含义？

2）治理通货膨胀的措施有哪些？

3）治理通货紧缩的措施有哪些？

知识应用

□ 案例分析

2018年中国经济需警惕五方面通胀源头

2018年的通胀形势将继续保持温和，预期涨幅不会超过2.5%。然而，从一些苗头或迹象来看，受五方面因素影响，2018年通胀出现超预期上升。

第一，食品烟酒价格逐渐走出低迷。在调整后的CPI权重中，食品烟酒的比重仍高达30%。2018年食品烟酒类价格将逐渐走出低迷状态，原因或表现主要有四个方面：一是2017年食品价格涨幅为-1.7%，为历史最低涨幅，2018年面临2017年的低基数效应造成的上涨压力。二是对食品价格影响最大的猪肉价格处于止跌反弹趋势中，这源于规模化养殖对生猪养殖效率提升的天花板效应，另外，2017年猪肉价格低基数效应同样值得关注。三是啤酒等部分消费品出现淡季涨价。近期先是茅台等白酒集体涨价，随后是雪花、青岛等啤酒在淡季涨价，华润雪花和青岛啤酒在调价通告函中均表示：由于原材料价格上涨、人工成本增加、运输费用增加和环保税开征等原因，生产成本增加。四是食用农产品价格实现触底反弹。2017年下半年以来，商务部发布的食用农产品价格指数已由108.22上升到1月19日的118，涨幅接近10%，触底反弹趋势确立。

第二，国内成品油价格仍有较大上升空间。油价的影响极为广泛，国际原油价格持续走强，将带动CPI中燃料相关分项价格上涨，并抬升PPI石油相关行业价格。2017年下半

年以来，布伦特原油价格由45美元/桶上涨至1月中旬的70美元/桶，涨幅达55.6%。与此同时，根据2013年国家发改委确定的成品油价格形成机制，国内汽油价格与国际原油价格波动几乎是同步的。然而，2017年以来国内汽油价格涨幅明显滞后于原油价格涨幅。因此，前期国际油价上涨对后期通胀的压力仍然不容忽视，即便是国际原油价格保持当前的水平，国内成品油价格仍有一定的上调空间。

第三，工资和人力成本仍处于上升趋势。近年来，中国经济增速的回落并没有对新增就业造成明显影响，2017年全国新增城镇就业人数已连续5年稳定在1 300万人，超出了政府预期目标1 000万人。反映到劳动力市场中，全国职业市场的求人倍率于2017年三季度末达到了1.16，为有统计数据以来最高水平。相应地，CPI中最能反映劳动力市场供需状况的分项指标——生活服务类价格在2017年12月的涨幅已上升到1.6%。其中，家庭服务类涨幅长期保持在4%以上。由此可见，从长周期来看，当前我国人力成本上升趋势仍在持续，这将是造成成本推进型通胀压力的重要因素。

第四，CPI中服务类价格上涨动力强劲。2018年，服务类价格有三项上涨因素值得高度关注：

首先，医改使得医疗服务价格上涨动力较大。2017年3月，全国医改工作会议要求在当年9月份前全面取消公立医院药品加成，这从根本上动摇了多年的"以药养医"制度。数据显示，2014年公立医院三项收入来源——医疗服务项目收费、销售药品收入和国家财政补助，占比分别为54.3%、37.9%和7.8%，财政补贴的上涨难以跟上药品销售收入的下降，必然会带来医疗服务收费的大幅上升。2017年12月，CPI中医疗服务价格涨幅高达8%，而药品的价格涨幅仍保持在5%以上。随着医疗改革的持续推进，医疗服务价格上涨趋势仍将持续。

其次，房地产市场的租购并举和租售同权改革，对CPI中居住类价格产生较大压力。长期以来，我国CPI中租金价格难以反映居民实际居住成本的上升，其原因在于，CPI居住分项中仅考虑建房及装修材料、住房租金、自有住房、水电气费用等支出。其中，住房租金是按相同市场价值的同类住房租金，间接对自有住房产生的住房消费进行估算，这与实际租金涨幅并不完全对等。与此同时，全国大多数城市租金回报率都在3%以下，其原因之一是租赁住房难以享受产权房在户口、医疗、教育等的同等待遇。随着中央层面在全国范围内推进租售同权，未来房租价格将有望向上修复，从而推动CPI居住项的攀升。

最后，居民消费结构的持续不断升级，也将对CPI服务类价格上升造成长期压力。2017年全国城乡恩格尔系数（居民食品消费支出占比）分别为28.6%和31.2%，全国整体恩格尔系数为29.3%，已达联合国富足标准。在此消费升级的大趋势下，居民服务类消费需求快速增长，叠加上文所述的人力成本的持续上升，将使得CPI中服务类价格面临长期上涨的压力。

第五，前期PPI高位增长对CPI的传递效应值得关注。本轮PPI高位增长，并没有对CPI起到明显的拉动作用，其原因可能在于：2016年下半年以来PPI的强势回升，主要在于以行政手段力推的过剩行业（煤炭、钢铁、水泥等）去产能，造成了PPI中采掘工业、原材料工业和加工工业PPI指数大幅上涨，而PPI中生活资料价格主要集中在下游行业，涨幅始终在1%以下。然而，2018年上游领域累积的价格涨幅，仍将向下游制成品和生活资料价格缓慢传递。因此，2018年CPI温和上升、PPI平稳回落，两者的裂口有望进一步弥合。

综合来看，尽管2018年的通胀风险看似高枕无忧，但考虑到油价反弹、猪价止跌、医疗涨价、农产品价格反弹等因素，同时全球经济特别是美国经济也处于通胀趋势之中，加上影响食品和农产品价格的气候变化等不确定因素的影响，我们不能过度低估物价上涨的压力。

资料来源：黄志龙. 2018年中国经济需警惕五方面通胀源头［EB/OL］.［2018-02-24］. http：//finance.people.com.cn/n1/2018/0224/c1004-29831645.html.

问题：思考当前我国有无通货膨胀的现象。

分析提示：结合本章所讲通货膨胀的度量指标进行分析。

□ 实践训练

实训项目：分析我国CPI、PPI的走势

实训目的：通过分析CPI、PPI的走势，掌握CPI、PPI与通货膨胀、通货紧缩的关系。

实训步骤：

1）将同学们进行分组；

2）收集2017—2021年中国CPI、PPI的数据；

3）分组讨论2017—2021年中国CPI、PPI发生变化的原因，并判断在何阶段有通货膨胀、通货紧缩的迹象。

第12章
货币政策与宏观金融调控

【学习目标】 ● 在学习完本章之后，你应该能够：了解货币政策的目标、中介目标和货币政策的工具；明确货币政策的制定、实施过程；熟知宏观金融调控的原理及方法；掌握中国人民银行实施宏观调控的过程及政策效果。

● 引例　　　　　　　金融危机下中国的货币政策与宏观调控

2008年爆发的国际金融危机急剧恶化，对我国经济产生了较大影响，一方面明显缓解了当时国内通胀压力，但另一方面也催生了经济下滑现象。在当时的情况下，我国政府果断调整宏观调控政策，把从紧的货币政策调整为适度宽松的货币政策，同时充实、完善了应对国际金融危机的一揽子计划，并制定了金融促进经济发展的九项措施。与此同时，中国人民银行紧紧围绕"保增长、扩内需、调结构"的主要任务，认真执行适度宽松的货币政策，适时下调金融机构存贷款利率和法定存款准备金率，引导金融机构加大对经济发展的支持力度，及时释放确保经济增长和稳定市场信心的信号。通过这一系列政策的实施，我国经济运行中的积极因素不断增多，宏观调控效果显著，经济回升态势日益显现，最终实现了2009年保持经济增长率8%的预期目标。

这一案例表明：货币政策是一国调节宏观经济的重要政策，对经济起着至关重要的调节作用。那么什么是货币政策？货币政策又是如何进行宏观调控的呢？本章将系统介绍货币政策的调控原理和调控机制，以及通过货币政策实现宏观调控的过程、方法和作用效果。

12.1　货币政策的内容

微课12-1

货币政策

货币政策是中央银行作为一国货币当局为实现其特定的经济目标而采取的用于控制和调节货币供应量及利率的各种方针和措施的总和。货币政策的含义如图12-1所示。

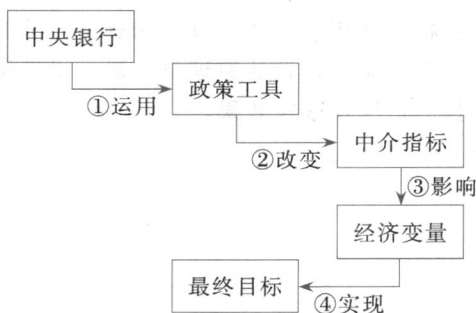

图12-1　货币政策的含义

货币政策从内容上包括三个部分，即货币政策目标、货币政策的中介目标和货币政策工具。

12.1.1　货币政策目标

所谓货币政策目标，是指中央银行制定和实施某项货币政策所要达到的特定的经济目标。这种目标就是货币政策所要达到的最终目标。货币政策是国家控制、调节和稳定货币的一种经济政策，其实质反映了货币与经济发展之间的关系。从这个意义上来说，货币政策目标就是国家宏观经济目标。

1) 货币政策目标的内容

尽管中央银行的货币政策目标在不同国家、不同时期在表述上有所差异，但基本内容是一样的。一般来说，货币政策目标包括稳定物价、充分就业、经济增长和国际收支平衡。

（1）稳定物价。稳定物价又称稳定币值，这一目标的含义是指社会一般物价水平在一定时期内大体保持稳定，不发生明显的波动。一般物价水平以物价指数来表现，物价的变动以物价涨跌来表示。在正常的经济发展过程中，物价受各种因素（如工资、税收、利润、原材料价格等）的影响，总体水平可能呈上升趋势，所以稳定物价并不要求物价一成不变，物价上涨率不可能为零，但物价上涨率过高就意味着通货膨胀。因此要确定一个适当的物价上涨率，作为稳定物价这项货币政策目标的定位。一些国家的经验数据表明，物价上涨率应控制在5%以下，以2%~3%为宜。

（2）充分就业。劳动力就业程度是通过失业率高低来体现的，即全社会的失业人数与自愿就业的劳动力人数之比。按传统的西方经济理论，一般情况下，社会上存在三种失业：一是"摩擦性失业"，这种失业是由生产过程中生产季节性变化、原材料短缺、机器故障等引起的局部的、暂时的劳动力供求失调；二是"自愿失业"，这种失业是指劳动者自身不愿意接受现有的工作而拒绝参加工作；三是"非自愿失业"，这种失业是指劳动力愿意接受现有的工资和工作条件而仍找不到工作。传统的西方经济理论通常把前两种失业排除在外，即它们的存在与充分就业本身是不矛盾的，只有减少第三种失业，即"非自愿失业"，社会才能实现充分就业。因此，通常失业率中所指的失业人数是就"非自愿失业"人数而言的。

充分就业所涉及的具体问题比较复杂，如在统计失业人数、分辨失业原因等方面，都难以做到准确无误，因而各国对失业率的计算和评价也各有不同。一般来说，中央银行把充分就业目标定位于失业率不超过4%。

（3）经济增长。经济增长一般以剔除价格上涨因素以后的国内生产总值的增加作为衡量指标。在一个国家的经济发展过程中，影响经济增长的因素很多，其中有促进经济增长的因素，如科技进步、劳动生产率提高、投资增加等；还有若干抵销经济增长的因素，如资源浪费、环境污染等。因此，经济增长是社会经济的一项综合发展目标，要求全社会共同努力去实现。中央银行将其纳入货币政策目标，是因为可以通过中央银行对货币供应所形成的投资规模的调控，对经济增长产生重要的影响。各国中央银行都会通过调控货币政策的松紧去影响经济、调节经济。但是，对这一目标不能用量化的统一标准去衡量，只能以本国的实际经济状况和本国以往某一时期经济增长的经验数据为依据，合理确定本国的经济增长幅度。就目前来看，世界上大多数国家和地区都以人均实际国内生产总值或人均实际国民收入的增长率作为衡量经济增长幅度（速度）的指标。

（4）国际收支平衡。国际收支平衡是指一国在一定时期对其他国家的全部货币收入和全部货币支出基本持平。其中的"基本持平"说明略有顺差或略有逆差，也可以看作实现了国际收支的平衡。另外，"一定时期"一般指1年，把这种以1年为期的国际收支平衡称为静态平衡。这种平衡容易判别，目标明确，较符合习惯做法，所以在货币政策的实践中，大多数国家都以静态平衡作为货币政策的最终目标之一。但是，由于国际收支包括经常项目和资本项目，因此国际收支变动是众多项目总和变动的结果。从世界范围来看，一国国际收支顺差，必然会有其他国家的国际收支逆差，所以应允许一个国家在短期内略有顺差或逆差，然后在较长时期内用1年的顺差去弥补其他年份的逆差。也就是说，定义中的"一定时期"还可以理解为2~3年，甚至3~5年，我们把这种国际收支平衡称为动态平衡。如何选择确定国际收支平衡的标准呢？由于各国的国际收支状况差别较大，处于经济起飞阶段的国家和处于经济调整阶段的国家，其国际收支状况各不相同，因此应根据国家所处的发展阶段来确定国际收支平衡的标准。

2）货币政策目标之间的关系

货币政策目标不是单一的，而是多重的、并存的，所以各项目标之间存在复杂的关系，有些目标之间还存在矛盾性和对立性。各目标之间的关系具体表现在以下方面：

（1）稳定物价与充分就业的矛盾。稳定物价与充分就业之间的矛盾体现在通货膨胀与失业率之间存在此消彼长的关系，即可能是失业率较高的物价稳定或通货膨胀率较高的充分就业。具体来说，当失业率较高时，需要采用扩大信用规模的方法刺激经济增长，增加就业；但同时信用规模扩大又会引起货币供给增加，进而使社会总需求增加，导致物价上涨，出现较高的通货膨胀率，这就是西方经济学中著名的"菲利普斯曲线"（如图12-2所示）。

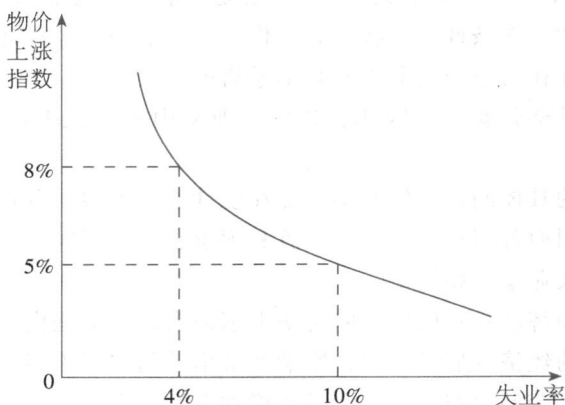

图12-2　菲利普斯曲线

（2）稳定物价与经济增长的矛盾。一般来讲，当投资需求比较旺盛，经济增长率较高时，往往伴随着一般物价水平的上涨，出现较高的通货膨胀率。但如果为了稳定物价而实行紧缩的货币政策，结果是在通货膨胀率下降的同时，因投资缩减，经济增长率也会随之下降，即可能会出现经济增长缓慢的物价稳定或通货膨胀率较高的经济繁荣。

（3）稳定物价与国际收支平衡的矛盾。受国际上其他国家物价变化情况的影响，本国可能会出现通货膨胀（别国相对物价稳定）下的国际收支逆差或物价稳定（别国相对通货膨胀）下的国际收支顺差。在任何一个开放型经济的国家，其经济状况都带有国际化特征，与其他国家的经济状况有着密切的联系，并在一定程度上受其他国家经济状况的影响。在当前世界经济逐步走向自由化和一体化的过程中，这种影响更加显著，稳定物价与国际收支平衡这两项货币政策目标之间的矛盾也就体现得更为充分。

（4）经济增长与国际收支平衡的矛盾。在正常的情况下，随着国内经济的增长、国民收入的增加以及支付能力的增强，通常会增加对进口商品的需求。此时，如果出口贸易不能与进口贸易同步增加，则会使贸易收支出现大量的逆差。尽管有时由于经济繁荣而吸引了若干外国资本，这种外资的注入可以在一定程度上弥补贸易逆差造成的国际收支失衡，但并不一定能确保经济增长与国际收支平衡两项目标的同时实现，尤其是在国际收支出现失衡、国民经济出现衰退时，货币政策很难在两者之间进行合理的选择。因为在国际收支出现逆差的情况下，通常必须压抑国内的有效需求，其结果可能会消除逆差，但也必然带来国内经济的衰退；面对经济衰退，通常要采取扩张性的货币政策，其结果可能会刺激经济增长，但又有可能因输入增加导致国际收支的逆差。

由于货币政策目标之间存在复杂的矛盾冲突，中央银行在货币政策目标的制定及执行过程中要结合实际进行科学分析，从中选择最优的目标组合，从而最大程度地实现货币政策的各项最终目标。

● 小思考 12-1

我国货币政策的最终目标是什么？

答：保持货币币值的稳定，并以此促进经济增长。

12.1.2　货币政策的中介目标

货币政策的中介目标是中央银行为实现货币政策目标而设立的可供观测和调整的中间性操作指标。作为中介目标，要同时符合以下三个条件：一是与货币政策目标具有相关性；二是有被中央银行控制和调节的可控性；三是具有易为中央银行取得数据进行分析的可测性。

中介目标在不同国家因选择标准不同，内容也有所不同。一般来讲，货币政策的中介目标通常包括基础货币、货币供应量、利率和超额准备金四项。

1）基础货币

前已述及，基础货币包括流通中的现金和商业银行等金融机构在中央银行的准备金。它们是货币供应量数倍伸缩与扩张的基础，是市场货币量形成的源头。中央银行提供的基础货币通过货币乘数的作用形成数倍于基础货币量的市场货币供给总量，所以调控基础货币就可以直接实现对货币总供求的调节。

以基础货币作为中介目标的特点是：这项指标对中央银行来说极易监测、控制和操作，即可控性和可测性极强，但它是通过作用于货币供给总量再作用于货币政策的最终目标的，因此其相关性较弱。

2）货币供应量

在经济发展过程中，要使包括各层次货币在内的货币供应量的增长与经济增长相适应，中央银行就必须通过各种货币政策工具来调节、控制市场货币供应量。如果市场货币供应量过多，就可能会出现社会总需求大于社会总供给，导致商品价格上涨、通货膨胀；反之，则会出现需求不足、通货紧缩。如果出现第一种情况，中央银行就要采取缩减货币供应量的做法，以使货币供应量与市场需求相适应，实现商品市场均衡，平抑物价；如果出现第二种情况，中央银行就要采取增加货币供应量的做法，达到货币供求平衡的目的。

以货币供应量作为中介目标是各国最普遍的一种选择，因为它是较理想的中介目标。其特点是：社会总供给与总需求不管因何而引起失衡，都会通过货币供应量的过多或过少体现出来，所以这一中介目标与货币政策的最终目标最为接近，两者之间高度相关。另外，货币供应量的可测性和可控性也较强，中央银行比较容易判断其政策效果。但是，因货币供应量本身包含的范围或统计口径比较复杂，加上当代金融创新使货币供应量的层次内容不断变化，在计算货币供应量时界定较难，计量难度较大。

3）利率

（1）短期利率。短期利率一般指银行同业拆放利率。中央银行可随时在货币市场上观察到短期利率的水平，然后通过公开市场操作和再贴现率等政策工具来影响短期利率的水平和结构。出于资金成本的考虑，银行和金融机构一般会对再贴现率与同业拆借利率之间的差额做出反应。另外，中央银行在公开市场上出售证券，必然会减少银行准备金，从而导致同业拆借利率提高，迫使银行利用再贴现借入中央银行资金或降低其借款的意愿。这必然会对银行的信用扩张产生影响，相应地引起长期利率的追随性变动。

（2）长期利率。长期利率一般指资本市场上的利率水平和结构。中央银行可以随时观察到资本市场的长期利率水平，及时进行分析，并可借助对短期利率的调控来相应影响长期利率产生追随性变化，从而达到对长期利率的控制。利率的变化与经济周期变化有密切关系：当经济处于繁荣阶段时，利率呈下降趋势；当经济转向复苏以至繁荣时，利率则趋于上升。因此，利率作为经济的一个内在因素，总是随着社会经济的发展状况而变动的，可作为观测经济波动状况的一个尺度。

以利率作为中介目标的特点是：长期利率对货币政策的最终目标来说具有较强的相关性和可测性，短期利率对中央银行来说具有较强的可控性，但无论是长期利率还是短期利率，其升降往往易受一些非政策性因素的影响，使其政策性效果和非政策性效果搅在一起，无法真实反映中央银行货币政策是否奏效，因此要注意与其他中介目标结合起来观测。

4）超额准备金

前已述及，商业银行等金融机构的准备金分为两部分：一部分是按照法定准备金率持有的准备金，一般都交存在中央银行的账户上，属基础货币，其数量金融机构无权自己变动；另一部分是超过法定准备数额的准备金，这部分准备金称为超额准备金，金融机构可以自主决定与使用。超额准备金一般也存在中央银行的账户上，还有一部分金融机构自己持有或存入同业。超额准备金的高低，反映了商业银行等金融机构的资金宽松程度。如果此项指标过高，说明金融机构资金宽松，从而证明货币供应量偏多，中央银行应采取紧缩措施；反之，此项指标过低，则证明金融机构资金偏紧，市场货币供应量偏少，中央银行应采取扩张措施。中央银行通过调节，使金融机构的超额准备金保持在适当的水平上，就可保证货币供应量的适中和适度。

超额准备金作为中介目标的特点是：该指标对商业银行等金融机构的资产业务规模有直接作用，与货币政策的最终目标关系密切，同时对中央银行来说也极易观测和判断；但是该项指标不易由中央银行直接控制，其可控性稍弱。

12.1.3 货币政策工具

货币政策工具是中央银行为实现货币政策目标而采取的调节、控制中介目标的具体手段和措施。一般来说，货币政策工具有一般性政策工具和选择性政策工具两大类。

1）一般性政策工具

一般性政策工具是中央银行较为常用的传统工具，具体是指再贴现率、法定存款准备金率和公开市场操作三项工具。

（1）再贴现率。再贴现率作为一种政策工具，是指中央银行通过调高或降低对商业银行以再贴现形式发放贷款的利率来影响银行系统的存款准备金和利率，从而控制和决定市场货币供应量和整体利率水平的做法。当中央银行调高再贴现率时，商业银行的融资成本上升，致使其通过再贴现而融入的资金减少，进而使其收缩对客户的贷款和投资，并提高贷款利率，从而使整个市场的货币供应量缩减，银根收紧，利率上升，社会对货币的需求也会相应减少；反之，当中央银行降低再贴现率时，会出现与上述过程相反的结果。可见，如果中央银行观测到的中介目标情况是利率水平偏高，货币供应量偏少，不能满足最终目标实现的要求，则可使用调低再贴现率的做法；反之，则可使用调高再贴现率的做法。

（2）法定存款准备金率。法定存款准备金率作为一种政策工具，是指中央银行通过调整法定存款准备金率以改变货币乘数来控制商业银行的信用创造能力，从而间接调节利率和货币供应量的做法。当中央银行提高法定存款准备金率时，商业银行交存中央银行的法定存款准备金增加，从而使其存款创造的规模缩小，派生存款数量减少，放款及信用创造能力下降，结果必然是银根收紧，货币供应量减少，利率上升；反之，当中央银行降低法定存款准备金率时，则会出现与上述过程相反的结果。但是，由于法定存款准备金率的升降会使准备金直接减少或增加，从而通过乘数作用多倍地收缩或扩张货币供应量，导致市场货币供应量发生强烈的变化，振荡较大，缺乏调节弹性，因此中央银行一般不经常使用这项货币政策工具。

（3）公开市场操作。公开市场操作作为政策工具，是指中央银行在证券市场买进或卖出有价证券（即第9章中述及的公开市场业务），从而使基础货币发生增减变化，进而调节货币供应量的做法。金融市场资金数量偏多时，为了紧缩银根，中央银行就可以大量卖出有价证券。这种证券无论是被商业银行购买，还是被社会公众购买，都意味着有相应数量的基础货币流回中央银行，从而引起信用规模的收缩和货币供应量的减少；反之，当金融市场资金数量偏少时，为了放松银根，中央银行可买进有价证券，等于向社会注入了基础货币。如果这些证券的出售者是商业银行，则会引起信用扩张、货币供应量的多倍增加；如果出售者是社会公众，则意味着流通中的货币量直接增加。这两种情况的结果都会导致基础货币增加、信用扩张、货币供应量增加。

公开市场操作这项政策工具，可以使中央银行根据货币政策的需要，积极、主动地调节货币供应量，并且可通过买卖证券的数量、种类实现结构性调控。另外，公开市场操作业务可以经常、连续地进行，操纵灵活，不会使整个市场产生特别强烈的振荡。因此，该项政策工具是许多国家中央银行积极推崇和经常使用的一项重要的政策工具。

2）选择性政策工具

随着中央银行宏观调控作用重要性的增强，货币政策工具也趋向多样化。除上述调节货币总量的三大工具在操作内容和技术上更加完备之外，还增加了对某些特殊领域的信用活动加以调节和影响的一系列措施。这些措施一般都是有选择地使用的，所以被称为选择性政策工具。其主要有间接信用控制工具和直接信用控制工具两种。

（1）间接信用控制工具。这类工具的特点是作用过程是间接的，要通过市场供求关系或资产组合的调整才能实现，具体有以下五种：

一是消费者信用控制。它是指中央银行对不动产以外的各种耐用消费品的销售融资予以控制。在消费信用膨胀和通货膨胀时，中央银行使用该项工具可起到抑制消费需求和物价上涨的作用。

二是证券市场信用控制。它是指中央银行通过对使用贷款购买股票的定金或保证金的规定，制约、控制证券市场的放款规模，抑制过度投机。该项工具可保证中央银行在不紧缩其他经济部门的资金需求的情况下，限制对证券市场的放款规模。

三是不动产信用控制。它是指中央银行通过对商业银行等金融机构的房地产放款中贷款最高限额、最长期限、首次付款金额或还款条件等的规定来限制房地产放款规模的一种政策调节工具。

四是优惠利率。它是中央银行对国家重点发展的经济部门或产业，如农业、出口工业等采取的鼓励性措施。

五是预缴进口保证金。它是指中央银行要求进口商预缴相当于进口商品总值一定比例的存款，以抑制进口过快增长。它多被国际收支经常出现赤字的国家所采用。

（2）直接信用控制工具。直接信用控制工具又称行政性控制工具，是指中央银行以行政手段直接干预商业银行等金融机构信用业务的一种做法。其具体有以下几种：

一是利率限额。它通过规定贷款利率的下限和存款利率的上限，防止金融机构为谋求高利而进行风险存贷或过度竞争，是最常见的直接信用控制工具。

二是信用配额。它是指中央银行根据市场资金供求及客观经济需要，分别对各个商业银行的信用规模和贷款规模加以分配，限制其最高数量（贷款最高限额）。一般发展中国家经常使用该项政策工具。

三是道义劝告。它是指中央银行利用自己的地位和声望，经常以发出书面通告或口头通知甚至与金融机构负责人面谈等形式向商业银行等金融机构通报行情，婉转劝其遵守金融法规，自动采取相应措施，自觉配合中央银行货币政策的实施。

此外，直接信用控制工具还有规定金融机构的流动性比率、直接干预等功能。

● 知识链接12-1　　中国人民银行积极发挥结构性货币政策工具作用

积极运用支农支小再贷款、再贴现等工具，引导金融机构加大对国民经济重点领域、薄弱环节和区域协调发展的支持力度。发挥好支农支小再贷款的精准滴灌和正向激励作用，引导地方法人金融机构增加对小微企业、民营企业、"三农"等领域的信贷投放。扶贫再贷款按照现行规定进行展期，支持巩固脱贫攻坚成果同乡村振兴有效衔接。继续引导10个信贷增长缓慢省份地方法人金融机构用好2 000亿元再贷款额度，增强对区域内涉农、小微和民营企业等经济发展薄弱环节的支持力度，促进区域协调发展。加大对市场主体特别是中小微企业纾困帮扶力度，新增的3 000亿元支小再贷款额度充分使用完毕，有效满足受大宗商品涨价、新冠肺炎疫情影响较大的小微企业和个体工商户的融资需求，切实降低融资成本。2021年12月，全国支农再贷款余额为4 967亿元，支小再贷款余额为12 351亿元，扶贫再贷款余额为1 750亿元，再贴现余额为5 903亿元。2021年，中国人民银行对政策性银行和开发性银行净收回的抵押补充贷款共计4 334亿元，其中第四季度净收回827亿元，年末余额为28 017亿元。

继续实施好两个直达实体经济的货币政策工具，持续支持小微企业发展。截至2021年12月，中国人民银行通过普惠小微企业贷款延期支持工具累计提供激励资金217亿元，直接带动地方法人银行对2.17万亿元普惠小微企业贷款实施延期，撬动全国银行业金融机构共对16万亿元贷款本息实施延期，减轻了小微企业阶段性还本付息压力。通过普惠小微企业信用贷款支持计划累计提供优惠资金3 740亿元，直接带动地方法人银行发放小微企业信用贷款1.05万亿元，撬动全国银行业金融机构累计发放普惠小微信用贷款10.3万亿元，有效缓解了小微企业融资难问题。按照国务院常务会议部署，中国人民银行采用市场化方式对两项直达工具进行接续转换，用可持续的方式继续做好金融支持稳企业保就业工作。

资料来源：节选自中国人民银行中国货币政策执行报告（2021年第四季度），有删减。

12.2 货币政策传导机制及政策效应

12.2.1 货币政策的传导机制

货币政策的三项内容要素（即货币政策目标、中介目标、政策工具）之间存在相互依存的密切关系。当中央银行确定了货币政策目标之后，它必须根据最终目标的要求，在最终目标的实现过程中，制定出一些短期内既可实现调控又能促进货币政策目标实现的经济指标，即中介目标，并运用相应的货币政策工具来实现对这些中介目标的调节，从而最终实现货币政策的目标。可以说，中央银行运用各种货币政策工具影响中介目标，进而实现最终目标的过程和途径就是货币政策自身的传导机制。这种传导机制的原理如图12-3所示。

视频12-1

政府是如何"踩刹车"或"踩油门"的？

从货币政策的传导过程来看，通常是由中央银行的货币政策开始，作用于商业银行及其他金融机构，再由商业银行和其他金融机构作用于企业、个人，企业和个人的行为再影响市场，即产出、就业和物价水平等。以中央银行一项政策工具的使用为例，假如降低法定存款准备金率，商业银行和其他金融机构的储备就会增加，它们对企业或个人的贷款规模就会扩大，利率相对会下降，而结果是企业产出增加、就业增加，物价水平也随之发生变化。可见，货币政策的运用及产生政策效果，需要经过几个环节的传导过程，才能最终达到其宏观调控的目标。所以，从实质上来说，货币政策的传导机制是央行根据货币政策目标的要求，运用货币政策工具，通过金融机构的经营活动和金融市场传导到企业和个人，对其投资和消费产生影响的过程。

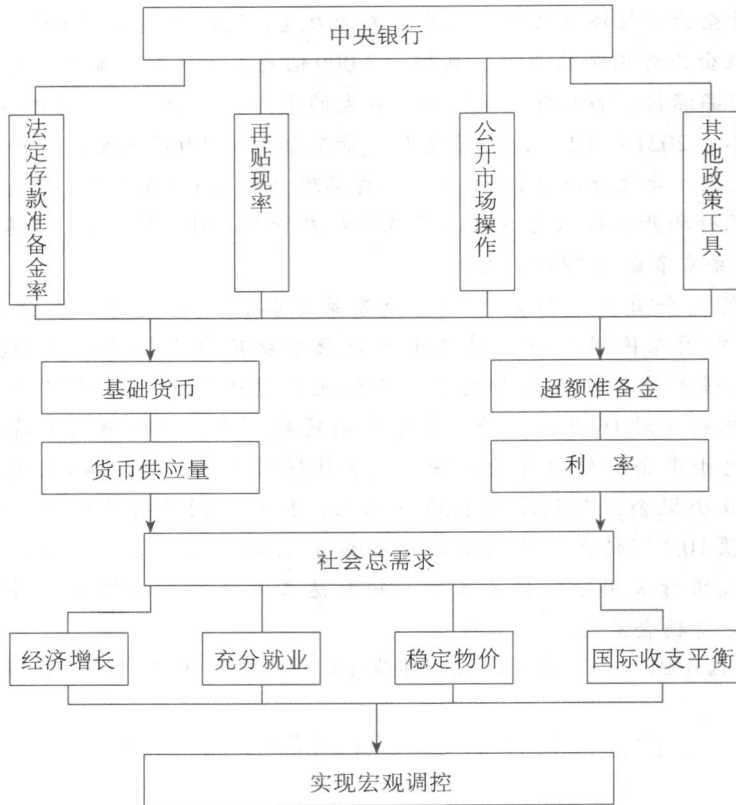

图12-3 货币政策传导机制图

12.2.2 货币政策的时滞效应

由于货币政策的紧缩或放松对经济的影响不是即时产生的，而是要经过一系列的传导环节和传导过程才能产生现实的效力，所以货币政策从制定、执行到奏效，要经过一段时间，这就是货币政策的时滞效应。只有认识到货币政策的时滞效应，才能使其在经济运行中更好地发挥调节作用。

货币政策的时滞效应分为两个部分：一是内部时滞；二是外部时滞，如图12-4所示。

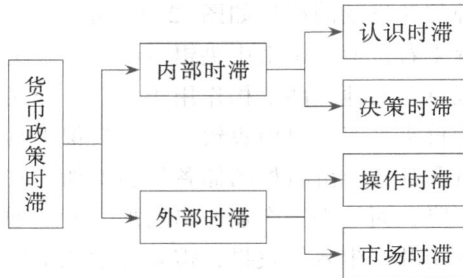

图12-4 货币政策时滞

1）内部时滞

内部时滞是指中央银行从对经济形势变化的认识到需要采取行动再到实际采取行动所

花费的和经过的时间过程。它又分为两个阶段：一是从经济形势变化需要中央银行采取行动到中央银行在主观上认识到这种变化并意识到需要采取行动的时间间隔，这段时滞称为认识时滞；二是从中央银行认识到需要采取行动到实际采取行动的时间间隔，这段时滞称为行动时滞。

内部时滞的长短，取决于中央银行对经济形势发展变化的敏感程度、预测能力以及中央银行制定政策的效率和行动的决心等因素。

2）外部时滞

外部时滞又称影响时滞，是指从中央银行采取行动开始直到对货币政策目标产生影响为止的时间间隔。与内部时滞相比，外部时滞比较客观。一般情况下，外部时滞由社会的经济、金融条件决定，中央银行不能直接控制，不论是货币供应量还是利率，它们的变动都不会立即影响到政策目标。例如，由于客观经济条件的限制，货币供应量的增加与利率下降不会立刻引起总支出与总收入的增加。就投资而言，企业必须对外部经济信息有较强的敏感性，要先做出投资决策，从意向产生到调查再到计划的形成，然后开始订购、运输，再投入生产等，每一步都需要时间。可见，因受客观因素影响，外部时滞是货币政策时滞中的主要时滞效应部分。

总之，时滞是货币政策效应的重要影响因素。如果货币政策产生的影响可以很快表现出来，则中央银行可根据起初的预测值，考察货币政策的奏效情况，并对货币政策的调控幅度作适当的调整，从而更好地实现预期目标。若货币政策的大部分效应要在较长时间后才能产生，即时滞不定且无法预测，则货币政策实施过程中经济形势可能会发生较大变化，使货币政策效果可能违背中央银行的初衷，甚至可能出现相反的调节结果，使经济、金融形势进一步恶化。因此，应重视货币政策的时滞效应，把时滞降到最低程度，才能更好地完成货币政策的预期目标。

12.2.3　影响货币政策效应的其他因素

除了时滞效应以外，影响货币政策效应的因素还有货币流通速度和微观主体预期等。就前者而言，如果在政策制定后货币流通速度发生变动，而政策制定者在制定政策时并未意识到，也未预料到，货币政策的效果就可能会受到严重影响，甚至有可能使本来正确的政策走向反面。恰恰在经济实际中，对货币流通速度的估计很难不发生误差，这就在一定程度上限制了货币政策的有效性。就后者即微观主体的预期而言，当一项货币政策提出时，各种微观主体会立即根据可能获得的各种信息预测政策的后果，从而很快地制定对策，而且时滞较短。但是微观主体广泛采取的对策，对中央银行制定的政策所产生的效果可能会在一定程度上起破坏作用。例如，政府拟采取长期的扩张政策，人们通过各种信息预期社会总需求会增加，物价会上涨，所以此时工人会要求提高工资，企业对此会预期工资成本增加而不愿扩大经营，最后的结果可能是扩张政策使物价上涨了，但却没有使实际产出同步增长。

● 知识链接12-2　　　　　　　　主要经济体货币政策

主要发达经济体货币政策转向加快。美联储货币政策收紧步伐加快，2021年11月和12月每月缩减150亿美元的资产购买规模，2022年1月起每月缩减资产购买规模加码至300亿美元（包括200亿美元国债和100亿美元机构抵押担保证券），最终将在2022年3月结束资产购买。2022年1月美联储表示将会很快开始加息，将在第一次加息后启动缩表，并较以往规模更大、速度更快。欧洲央行2021年12月宣布将放缓抗疫紧急购债计划（PEPP）的资产购买速度，并于2022年3月底结束净购买；同时，将提高资产购买计划（APP）的购债速度，由目前的每月200亿欧元提升至2022年二季度的每月400亿欧元和三季度的每月300亿欧元，2022年四季度起恢复至200亿欧元，最终在加息前结束净购买。英格兰银行2021年12月超预期上调基准利率15个基点至0.25%，2022年2月再次加息25个基点至0.5%，同时宣布开启缩表进程。日本央行将于2022年3月底如期结束对商业票据和公司债的额外购买，使其余额逐步降至新冠肺炎疫情前约5万亿日元的水平。此外，2021年全年韩国、新西兰、挪威央行均加息2次，累计加息幅度均为50个基点；加拿大央行结束量化宽松；澳大利亚央行调降购债规模并退出收益率曲线控制。

部分新兴经济体多次加息。为应对通胀压力、资本外流和汇率贬值风险，2021年主要新兴经济体多次加息。巴西、俄罗斯、墨西哥、南非全年分别加息7次、7次、5次和1次，累计加息幅度分别为725个基点、425个基点、150个基点和25个基点。

资料来源：节选自中国人民银行中国货币政策执行报告（2021年第四季度），有删减。

12.3 金融宏观调控的实施

对经济和金融实施宏观调控，是中央银行的核心任务，是通过货币政策的制定和执行来实现的。在中央银行实施宏观调控的过程中，首先，要把握好制定货币政策的依据，以便制定和选择符合经济客观实际的最优货币政策；其次，要充分考虑货币政策本身的时滞效应及各种影响因素，实施前瞻性货币政策，以便取得更好的货币政策的调控效果。另外，还要注意货币政策与国民经济中其他经济政策的协调配合。只有做到这些，才能真正达到中央银行货币政策的宏观调控目的。

12.3.1 科学制定货币政策

货币政策一个最显著的特征就是，它是一种调节社会总需求的政策。因为社会总需求体现为货币支付能力的需求，货币支付能力是由货币供给形成的，所以制定货币政策的依据就是社会总供求状况，即货币政策就是要通过对总需求的调节去适应总供给的要求，实现社会总供求的平衡，从而实现物价稳定与经济增长的货币政策基本目标。因此，中央银行应根据经济发展对货币供应即社会总需求的要求，制定"松"的（扩张性的）或"紧"的（紧缩性的）货币政策。具体来说有以下三种情况：

一是社会总需求不足，由此引起整个社会经济的萎缩或萧条，资源闲置，经济发展受阻。对于这种情况，中央银行在制定货币政策时应采用扩张性的，即"松"的货币政策，要增加货币供给量，使利率下降，刺激社会总需求，从而使生产恢复并得到充分发展，使社会总需求与总供给趋于平衡。

二是社会总需求过热，由此引起整个社会经济的过度膨胀，生产发展过快，投资急剧增加，市场供给不足，物价上涨。对于这种情况，中央银行在制定货币政策时应采用紧缩性的，即"紧"的货币政策，要缩减货币供给量，使利率回升，抑制社会总需求，从而使物价平稳、经济适度增长，使社会总需求与总供给趋于平衡。

三是社会总需求与总供给在构成上不相适应，使社会经济中的某些部门发展不均衡，一些部门需求不足，商品相对过剩；另一些部门则需求过旺，商品供不应求，经济结构比例失调。对于这种情况，中央银行的货币政策应有松有紧，着重于调整货币供给的构成和流向，从而改变部门经济结构和调节经济发展的比例，使社会经济协调发展。

12.3.2　实行前瞻性货币政策

实行前瞻性货币政策是指货币政策的即期使用要与控制物价或经济增长等中长期目标相结合。它是一个动态过程，即中央银行要根据货币政策的远期（最终）目标，在不同的时点及时采取政策行动，以实现预定的货币政策目标。也就是说，实施传统的货币政策是由中央银行通过一定的政策手段将稳定物价或经济增长等目标控制在一定范围内，而实行前瞻性货币政策是通过现时的货币政策操作来影响未来的经济发展形势。前瞻性货币政策对于中央银行提高货币政策操作的准确性、确保实现宏观调控的目标具有重要意义。

实行前瞻性货币政策的原因是货币政策本身的时滞效应和其他影响货币政策效应的因素的存在。前面讲过，经济运行过程中某一特定的经济变量及作用发生变化，会导致原来的经济运行轨迹发生变化，从而使货币政策操作效应发生相应变化，使货币政策操作目标与最终目标之间产生偏差，有时偏差过大，还会引起相反的政策效应。所以要缩小这一偏差，减少时滞等因素对货币政策预期效果的不利影响，中央银行必须实行前瞻性货币政策，绝不能"走走停停""相机而行"或"头痛医头，脚痛医脚"。

为了实施前瞻性货币政策，更好地实现货币政策的最终目标，中央银行要高度重视和做好对经济和金融的预测，要在科学预测的基础上采取超前预防性策略，针对货币政策面临的主要问题，有针对性地制定有效的前瞻性货币政策，从而提高金融宏观调控的质量。

● 小思考12-2

如何理解我国稳健的货币政策？

答："稳健"强调货币政策应始终坚持稳中求进的总基调，货币政策要松紧适度，增强前瞻性、灵活性、针对性，强化逆周期调节，同时把握好宏观调控的度，保持货币条件与经济平稳增长及物价稳定的要求相匹配，既不能多，也不能少。实施稳健的货币政策，并不意味着货币条件维持不变，而是要根据形势发展变化动态优化和逆周期调节，适度熨平经济的周期波动，在上行期防止经济过热和通货膨胀，在下行期对抗经济衰退和通货紧缩。从数量上来看，M2和社会融资规模增速应与名义GDP增速大体匹配；从价格上来看，利率水平应符合保持经济在潜在产出水平的要求。在总量适度的同时，还要适当运用结构性货币政策工具发挥定向滴灌功能，优化流动性的投向和结构，促进结构性调整和改革。

健全现代货币政策框架，提高货币政策透明度。在现代货币政策框架下，明确保持货币供应量和社会融资规模增速同名义经济增速基本匹配的中介目标，使得货币政策目标锚定方式更加清晰。完善以公开市场操作利率为短期政策利率和以中期借贷便利利率为中期政策利率的政策利率体系，并以此为操作目标，使得机构和公众观察货币政策取向更为直观。深化贷款市场报价利率（LPR）改革，健全从政策利率到LPR再到贷款利率的市场化利率形成和传导机制，既明显提升了政策传导效率，也大大提升了央行信息传导效率。

完善常态化货币政策沟通机制，促进市场形成稳定预期。货币政策的预期管理频率逐步固定，形成每日连续开展公开市场操作、每月月中固定时间开展中期借贷便利（MLF）操作的惯例，并提前发布有关操作安排，稳定市场预期；每季度首月召开金融统计数据新闻发布会，季度中月发布《中国货币政策执行报告》，季度末月召开货币政策委员会季度例会并发布新闻公告，全年12个月全覆盖，逐月阐明货币政策立场，释放货币政策信号；年初和年中召开中国人民银行工作会并发布新闻稿；每年发布《中国人民银行年报》和《中国区域金融运行报告》，客观反映货币政策实施效果。

形成多元化的货币政策沟通方式，有效提升与公众沟通效率。中国人民银行通过参加国务院政策例行吹风会、国新办新闻发布会、在中国人民银行网站发布政策答记者问及新闻发布会（吹风会）文字实录、接受国内外媒体专访和发表署名文章等多种方式回应市场关切；向全国人大财经委和全国政协汇报中国人民银行对经济金融形势的判断和下一步工作思路，召开金融专家咨询会和行业协会专业咨询会，向专家学者介绍货币政策工作情况并交流意见，建立双向互动机制；有效发挥微信公众号、微博等央行政务新媒体矩阵和中国人民银行中英文网站宣传合力，形成了多元化、立体式的预期管理和引导工作体系。

资料来源：节选自中国人民银行中国货币政策执行报告（2021年第四季度），有删减。

分析点评：

构建货币政策预期管理机制是健全现代货币政策框架的重要一环。增强货币政策操作规则性和透明度，建立制度化的货币政策沟通机制，有利于有效管理和引导公众预期，促进市场主体和政策目标的一致性，进而稳定宏观经济。目前，我国货币政策预期管理取得明显成效，货币政策框架更为公开、直观，货币政策操作更具规则性和透明度，货币政策沟通更趋向于定期化、机制化，央行与公众的沟通效率大幅提升，货币政策传导的有效性得到提高。中国人民银行坚持贯彻以人民为中心的执政理念，注重提高货币政策框架的透明度，保持预期管理的效率与公平，进一步增强公众获取信息的公平性，增强货币政策传导的有效性和央行公信力。

12.3.3　货币政策与财政政策的配合

前已述及，实施金融宏观调控，除了货币政策以外，还要注意货币政策与国民经济中其他经济政策的协调配合，尤其是与财政政策的配合。货币政策与财政政策是国家宏观经济政策中的两大政策。货币政策的主要调控机制是货币供应的收缩与扩张，而财政政策的主要调控机制是财政的收入和支出。两大政策都对社会总供求起着重要的、决定性的调节作用，但两大政策调节的侧重点和调节的手段各有不同，单一使用其中的一项达不到最佳的调控效果，所以把货币政策和财政政策组合使用，是当今世界各国实现政策目标的最佳选择。

货币政策和财政政策的组合搭配通常有两种模式，即双松双紧和松紧搭配。双松双紧是指货币政策和财政政策沿同一方向组合运动。"双松"是指松的财政政策和松的货币政策并行。松的财政政策要使用减税、扩大支出、增加投资、增加补贴等财政政策工具；松的货币政策要使用降低准备金率、降低再贴现率、中央银行大量买进有价证券等货币政策工具，以放松银根、增加货币供应量。双松政策可能会出现一方面刺激投资、促使经济增长，而另一方面导致财政赤字、信用膨胀的结果。"双紧"是指紧的财政政策和紧的货币政策并行。紧的财政政策要使用增税、削减开支、发行政府债券、减少补贴等财政政策工具；紧的货币政策要使用提高准备金率和再贴现率，以及大量卖出有价证券等货币政策工具，以抽紧银根、减少货币供应量。双紧政策可能会出现一方面有力地控制总需求，使通货稳定，而另一方面降低经济增长速度的结果。政策工具组合的第二种模式是松紧搭配，即或实行松的财政政策和紧的货币政策，或实行松的货币政策和紧的财政政策。如果财政政策松，实行减收增支出现赤字，则银行抽紧银根，实行紧缩的货币政策；如果财政政策紧，实行增收节支有了节余，则银行可放松银根，实行扩张的货币政策。反之，如果货币政策松，出现贷大于存、货币发行过多，则财政应实行紧缩政策，增收减支；如果货币政策紧，出现存大于贷、货币供应量少，则财政可实行放松政策，适当扩大支出、刺激需求。

除与财政政策配合以外，货币政策还应注意与产业政策、收入分配政策的配合。

● **金融观察**　　　　**坚持扩内需调结构 健全宏观政策协调配合机制**

党的二十大报告提出，健全宏观经济治理体系，发挥国家发展规划的战略导向作用，加强财政政策和货币政策协调配合，着力扩大内需，增强消费对经济发展的基础性作用和投资对优化供给结构的关键作用。专家学者认为，推动高质量发展，需要扩大内需战略与深化供给侧结构性改革相结合，以供给端改革释放需求，增强国内大循环内生动力；同时，也需要宏观财政、货币政策协同配合，灵活用好政策工具箱，重点推动需求恢复。

增强国内大循环内生动力和可靠性

发展是党执政兴国的第一要务。在具体战略部署上，党的二十大报告提出要实施扩大内需战略。

近年来，我国持续实施扩大内需战略，有效应对外部市场收缩，经济发展向内需主导转变。国家发改委数据显示，我国对外贸易依存度从2006年峰值的67%下降到2021年的34.2%，内需对经济增长贡献率有7个年份超过100%。虽然已取得一系列显著成效，但时下我国经济发展仍面临不少挑战。

当前，世界百年未有之大变局加速演进。2022年前三个季度，货物和服务净出口对我国经济增长贡献率为32%，为稳定宏观经济大盘作出积极贡献。进入第四个季度，海外主要发达经济体通货膨胀持续高位运行，海外总需求在海外加息进程下逐步收缩，世界经济衰退风险加大。

社科院世界经济与政治研究所副所长徐奇渊在近期召开的中国宏观经济论坛（CMF）中国宏观经济月度数据分析报告发布会上指出，目前来看，2023年的外部环境不能同2022年一样支持外需，主流观点预期欧美经济将渐入衰退。外需对出口支撑的动力会进一步减小，并拖累制造业投资和生产。他认为，此时一定要把经济增长的动力转移到国内。正如党的二十大报告强调，要增强国内大循环内生动力和可靠性。

结合扩内需与调结构，积极转换增长动力

构建新发展格局，着力推动高质量发展至关重要。党的二十大报告提出，"要坚持以推动高质量发展为主题，把实施扩大内需战略同深化供给侧结构性改革有机结合起来"。

全国政协经济委员会副主任、中国国际经济交流中心副理事长宁吉喆在中国国际经济交流中心第157期"经济每月谈"上指出，过去几年，我国供给侧结构性改革取得阶段性成果，"三去一降一补"收获积极成效，在此基础上，要把调结构与扩内需更好地结合起来。

宁吉喆认为，在当前发展阶段，扩内需、扩消费十分重要。应提高消费能力，增加居民收入，改善消费环境，采取一些促消费政策；尽可能稳定住接触型、聚集型、流动型消费，有效扩大汽车、住房等大宗消费；积极拓展信息、绿色等新型消费。推动部分投资直接或间接转化为消费。在扩消费的同时，还要推进生活性服务业与生产性服务业、制造业比翼齐飞，促进我国经济朝着现代化的目标持续发展。

中国国际经济交流中心副理事长、学术委员会主任王一鸣强调，我国经济增长的模式要从要素驱动转向创新驱动，即转变经济发展方式，优化经济结构，转换增长动力，这是我国供给端必须解决的问题。必须通过创新驱动发展战略、人才强国战略、教育强国战略来解决供给端的经济发展方式转变，通过扩大内需战略来解决人口老龄化带来的需求端的变化问题，通过制度性开放来构建新的全球化红利，来应对逆全球化的思潮。

加强财政政策和货币政策协同，重点推动需求恢复

实施扩大内需战略，离不开宏观经济政策的调控引导。党的二十大报告也对宏观政策提出要求，强调要"健全宏观经济治理体系，发挥国家发展规划的战略导向作用，加强财政政策和货币政策协调配合"。

"未来，实现财政政策与货币政策的协调配合至关重要。"植信投资研究院首席经济学家兼研究院院长连平表示，由于财政政策与货币政策分属不同部门实施，具体锚定的问题与目标不同。在我国现行的宏观调控政策框架下，总量管理以货币政策为主，结构调控更多地体现在财政政策上，两者间的交互影响相对复杂。

他认为，在稳增长过程中，财政政策与货币政策的协调，首先需要把握宏观治理的关键问题，根据财政政策与货币政策工具的各自优势，灵活选择运用政策工具箱，重点推动需求恢复；其次是准确把握财政政策与货币政策的作用机制，动态调整宏观管理部门间的职能划分；再次是关注市场，建立政策协调与市场互动优化机制，加强风险监测，动态调整财政政策与货币政策工具的使用及其调控规模，避免政策交叉过度放大或过度收缩政策实施过程的实际力度。

中金公司首席经济学家、研究部负责人彭文生日前表示，应对当前增长下行压力，需

要加强货币政策与财政政策的协同，通过宽松货币政策来充分发挥财政扩张的结构性优势，尤其是支持能够直达消费的财政政策。相比于单纯地通过信贷或者基建来扩张总需求而言，财政直达消费可绕过产业链传导的阻碍，受预期的影响相对较小，并有助于让市场发现有效需求。

资料来源：贺觉渊. 坚持扩内需调结构　健全宏观政策协调配合机制 [EB/OL]. [2022-11-01]. https://view.inews.qq.com/wxn/20221101A00C3W00. 经过改编。

12.3.4　我国货币政策的实践

1）我国货币政策的目标

根据 2003 年 12 月 27 日全国人大十届六次会议修订的《中华人民共和国中国人民银行法》的规定，我国货币政策的目标是"保持币值的稳定，并以此促进经济增长"。这说明我国货币政策的目标是"稳定币值（物价）、经济增长"的双重目标。

2）我国货币政策的中介目标

我国中央银行在其前十几年的货币政策中虽然没有正式提出调控中介目标的问题，但在实际运用中，银行的信贷规模和现金供应量一直起着中介目标的作用。1994 年深化金融体制改革中，我国明确提出了货币政策的中介目标为货币供应量、信用总量、同业拆借利率和银行备付金率。1996 年，货币供应量（M1、M2）正式成为我国货币政策的主要中介目标，这标志着我国对货币政策中介目标的使用正向国际通用做法靠拢。同业拆借利率是我国利率从管理型向市场化转化的过程中唯一的一种由供求决定的市场利率，该利率既能比较灵敏地反映我国货币市场的资金供求状况，也能反映出公众的预期通货膨胀率，因此该利率成为我国货币政策的中介目标之一。

3）我国的货币政策工具与宏观金融调控

（1）货币政策工具逐步规范。一国中央银行采用怎样的货币政策工具，取决于该国的经济发展和中央银行的自身发展情况。我国的中央银行为适应以往计划经济体制，曾以直接的计划控制工具为主。随着经济体制和金融体制的深化改革，货币政策工具也逐步转向以间接控制为主的规范做法。首先是 1994 年发布的《国务院关于金融体制改革的决定》明确指出，中国人民银行将实行法定存款准备金率、再贴现率、公开市场操作、中央银行贷款、中央银行外汇操作、贷款限额等政策工具。其中，公开市场操作及外汇操作等工具在我国属首次使用的政策工具。后来，随着经济发展客观实际的变化，再贴现率、法定存款准备金率、公开市场操作等间接工具运用得越来越多，直至 1998 年我国取消了贷款限额等直接控制工具的广泛使用，改革了法定存款准备金制度，从而使我国的货币政策工具进一步向规范的国际通用做法靠拢。

按照《中华人民共和国中国人民银行法》的规定，我国目前使用的货币政策工具主要有：法定存款准备金、再贴现、央行基准利率、对金融机构贷款、公开市场操作以及一些指导性、选择性的政策工具。

● **案例分析 12-1　　　　法定存款准备金率的调节作用**

从 2011 年 1 月至 2022 年 4 月，我国央行多次调整法定存款准备金率，详见表 12-1。

表12-1　　2011年1月—2022年4月中国人民银行法定存款准备金率调整情况表（%）

公布时间	大型金融机构			中小型金融机构		
	调整前	调整后	调整幅度	调整前	调整后	调整幅度
2022年4月15日	11.50	11.25	−0.25	9.50	9.25	−0.25
2021年12月6日	12.00	11.50	−0.50	10.00	9.50	−0.50
2021年7月9日	12.50	12.00	−0.50	10.50	10.00	−0.50
2020年1月1日	13.00	12.50	−0.50	11.00	10.50	−0.50
2019年9月6日	13.50	13.00	−0.50	11.50	11.00	−0.50
2019年1月4日（2019年1月25日生效）	14.00	13.50	−0.50	12.00	11.50	−0.50
2019年1月4日（2019年1月15日生效）	14.50	14.00	−0.50	12.50	12.00	−0.50
2018年10月7日	15.50	14.50	−1.00	13.50	12.50	−1.00
2018年6月24日	16.00	15.50	−0.50	14.00	13.50	−0.50
2018年4月17日	17.00	16.00	−1.00	15.00	14.00	−1.00
2016年2月29日	17.50	17.00	−0.50	15.50	15.00	−0.50
2015年10月23日	18.00	17.50	−0.50	16.00	15.50	−0.50
2015年8月25日	18.50	18.00	−0.50	16.50	16.00	−0.50
2015年4月19日	19.50	18.50	−1.00	17.50	16.50	−1.00
2015年2月4日	20.00	19.50	−0.50	18.00	17.50	−0.50
2012年5月12日	20.50	20.00	−0.50	18.50	18.00	−0.50
2012年2月18日	21.00	20.50	−0.50	19.00	18.50	−0.50
2011年11月30日	21.50	21.00	−0.50	19.50	19.00	−0.50
2011年6月14日	21.00	21.50	0.50	19.00	19.50	0.50
2011年5月12日	20.50	21.00	0.50	18.50	19.00	0.50
2011年4月17日	20.00	20.50	0.50	18.00	18.50	0.50
2011年3月18日	19.50	20.00	0.50	17.00	18.00	1.00
2011年2月18日	19.00	19.50	0.50	16.50	17.00	0.50
2011年1月14日	18.50	19.00	0.50	16.50	16.50	0

资料来源：东方财富网。

分析：凡是实行中央银行制度的国家，一般都实行法定存款准备金制度，法定存款准备金率是中央银行调节货币供应量的强有力的手段之一。但由于法定存款准备金率的调整是直接增减流通中的货币供应量，所以一般被认为是货币调控的"猛药"。我国央行频繁使用这一货币政策工具，是针对后危机时期经济实际而采取的强力的政策调整措施。从表12-1中可以看出，2011年1月至2011年6月，我国央行一直在提高法定存款准备金率，其中大型金融机构的法定存款准备金率从18.5%提高到21.5%，这是针对全球性金融危机所引起的经济放缓而采取的刺激经济增长的调节政策。但是从2011年11月到2022年4月，央行又一直在调低法定存款准备金率，其中大型金融机构法定存款准备金率从21.5%调整为11.25%。这是针对我国经济保增长、调结构，进入"新常态"以后的经济发展需要而实行的货币政策调控。

● 知识链接12-3　　　　　　　中国人民银行灵活的公开市场操作

一是灵活开展公开市场操作。2021年第四季度，中国人民银行加强市场监测和流动性跨周期调节，在运用降准、中期借贷便利（MLF）等货币政策工具投放中长期流动性的基础上，通过每日连续不间断开展公开市场操作，灵活调节操作力度，及时对冲财政收支、政府债券发行，以及国庆长假、年末等临时性、季节性因素的影响，保持银行体系流动性合理充裕。

二是引导市场利率围绕央行政策利率合理波动。2021年以来，公开市场操作机制建设取得显著成效。一方面，每日均开展公开市场操作，向市场持续释放央行短期政策利率信号，稳定市场预期；另一方面，明确公开市场操作利率为短期政策利率，引导银行间市场存款类机构7天期回购加权平均利率（DR007）围绕短期政策利率上下波动。季末、年末等关键时点金融机构的流动性预期更为稳定，预防性资金需求显著减少，货币市场利率保持平稳。全年DR007均值为2.17%，贴近2.20%的央行7天期公开市场操作利率。

三是连续开展央行票据互换（CBS）操作。2021年，中国人民银行以每月一次的频率稳定开展CBS操作，对于提升银行永续债的二级市场流动性，支持银行特别是中小银行发行永续债补充资本、增强信贷总量增长的稳定性发挥了积极作用。

四是常态化在香港发行人民币央行票据，推出回购做市机制。2021年，中国人民银行累计在香港发行12期共1 200亿元人民币央行票据。2021年1月，中银香港推出香港人民币央票回购做市机制，2021年全年共达成央票回购交易3 090亿元人民币，参与机构范围不断扩大。

资料来源：节选自中国人民银行中国货币政策执行报告（2021年第四季度），有删减。

（2）金融宏观调控体系逐步完善。

其一，直接调控向间接调控转化。我国自1984年成立中央银行以来，一直采用信贷计划和现金计划管理这种直接调控方式。这一模式在一段时间内对保持币值稳定、促进国民经济发展发挥了积极的作用。但是随着我国经济、金融体制改革的深入，直接调控模式日益暴露出其局限性。随着单一的国家银行体系被多种金融机构并存体系所代替，以前一贯沿用的控制信贷规模就等于控制整个货币供应的模式已不复存在，因为国家银行贷款占广义货币的比重大幅下降，同时国家银行贷款占全部金融机构贷款的比重也大幅下降，在这种情况下，仅仅控制四大银行的贷款规模已不足以调节社会信用总量。另外，随着金融市场的发展和国家银行商业化进程的推进，商业银行资产趋于多样化，各项贷款占其资金运用的比重不断下降。这些都需要中央银行通过市场介入进行管理，其调控也从以往的直接调控转向了间接调控。

其二，间接调控模式的形成与完善。1994年，在市场经济体制不断完善的条件下，金融体制也进行了深化改革。在1994年颁布的《国务院关于金融体制改革的决定》中，明确了我国中央银行以间接调控方式独立执行货币政策，首次确定使用间接调控的三大货币政策工具，建立统一的同业拆借市场，实施再贷款回收。这意味着我国在间接调控和利率市场化方面取得了初步的成果。

1998年，中央银行进一步加快了实现间接调控的步伐：首先，取消了对国有商业银行的贷款限额控制，在推行资产负债比例管理和风险管理的基础上，实行"计划指导、自求平衡、比例管理、间接调控"的新的信贷管理体制；其次，改革存款准备金制度，合并准备金和备付金账户，并相应降低准备金率；最后，在银行间同业拆借市场开展国债买卖和回购，扩大公开市场业务操作范围。此外，央行还连续公布了一些对银行信贷投放进行间接调控的指导性文件。这些措施使我国中央银行货币政策进一步实现了间接的宏观调控，符合我国经济形势发展和市场经济体制完善的需要。

2002年，党的十六大召开以后，我国明确了进一步深化金融体制改革的目标和方向。2003年，我国成立了银行业监督管理委员会，把具体的监管工作从中央银行分离出来，由银监会统一开展系统的银行业金融机构监管工作，保证了中央银行执行货币政策的专一性和权威性，进一步强化了中央银行利用货币政策实施金融宏观调控的力度和效果。

经过上述改革，我国的金融宏观调控体系逐步完善，在此基础上，近年来我国央行又不断加强以市场为基础的调控机制建设，不断完善货币政策工具，创造性地发行中央银行票据，有效对冲了外汇占款增长带来的基础货币投放，形成了具有中国特色的公开市场业务操作框架；发行短期融资券，疏通了货币政策传导机制，同时，利率市场化改革也取得了重大进展，利率的调节作用明显增强。

知识掌握

12.1　重要概念

货币政策　货币政策目标　货币政策中介目标　货币政策工具

12.2　单项选择题

1) 一些国家的经验表明，物价上涨率应控制在5%以下，以（　　　）为宜。

A.1%~2%   B.2%~3%

C.3%~4%   D.4%~5%

2) 菲利普斯曲线反映了（　　　）之间此消彼长的关系。

A.通货膨胀率与失业率   B.经济增长与失业率

C.通货紧缩与经济增长   D.通货膨胀与经济增长

3) 通过影响商业银行借款成本而发挥作用的货币政策工具是（　　　）。

A.公开市场业务   B.再贴现率

C.流动性比率   D.法定存款准备金率

4) 通过影响商业银行放款能力来发挥作用的货币政策工具是（　　　）。

A.公开市场业务   B.再贴现率

C.流动性比率   D.法定存款准备金率

5）在下列货币政策操作中，会引起货币供应量增加的是（   ）。

A.提高法定准备金率   B.提高再贴现率

C.降低法定准备金率   D.中央银行卖出债券

6）中央银行在公开市场上大量抛售有价证券，意味着货币政策（   ）。

A.放松   B.收紧

C.不变   D.不一定

7）在需求膨胀、供给短缺、经济过热、通货膨胀严重的时期，应采用的财政政策和货币政策的配合形式是（   ）。

A.松的财政政策和松的货币政策   B.松的财政政策和紧的货币政策

C.紧的财政政策和松的货币政策   D.紧的财政政策和紧的货币政策

8）2003年12月27日，第十届全国人民代表大会常务委员会第六次会议修订的《中华人民共和国中国人民银行法》以法律形式将我国中央银行货币政策的最终目标确定为（   ）。

A.保持币值的稳定并以此促进经济增长

B.保持经济增长并以此促进币值的稳定

C.经济增长

D.币值稳定

12.3 判断题

1）货币政策目标和国家宏观经济目标往往是矛盾的。   （   ）

2）稳定物价就是使物价在短期内维持不变。   （   ）

3）中央银行在执行紧缩性货币政策时，会降低再贴现率。   （   ）

4）货币政策和财政政策只有合理搭配使用，才能更好地发挥效应。   （   ）

5）当经济增长乏力甚至出现经济衰退时，中央银行应采取宽松的货币政策。 （   ）

12.4 简答题

1）货币政策目标包括哪些内容？它们之间的关系如何？

2）制定货币政策的依据是什么？

3）货币政策与财政政策是如何配合使用的？

知识应用

□ 案例分析

打好货币政策与财政政策"组合拳"

稳健的货币政策与积极的财政政策，是当前驱动经济金融稳健运行的重要引擎。两者更紧密的协同配合，对于更好地进行逆周期调节具有重要意义。要让政策组合发挥出合力，首先需要确保货币政策与财政政策各自的方向正确。

实施稳健的货币政策，保持流动性合理充裕和社会融资规模合理增长，重在保持流动性与实体经济需求的适配。同时，要疏通货币政策传导机制，用好结构性工具，并用改革办法降低实体经济的融资成本。落实贷款市场报价利率（LPR）改革，引导融资成本降低。疏通货币政策传导机制，"最后一公里"还在于金融机构。要做好改革完善LPR形成机制的各项工作，报价行要健全报价机制，确保报价的科学性和真实性，各金融机构要抓紧推动LPR运用，尽快实现新发放贷款主要参考LPR定价，坚决打破贷款利率隐性下限，推动贷款实际利率进一步下降。由此可见，稳健的货币政策要释放更大效力，需把握好利率市场化改革的成果，做好对金融机构、中小银行的流动性支持，鼓励银行利用创新型工具多渠道补充资本，促使其优化信贷结构，将更多金融资源用于支持小微企业、民营企业、制造业、服务业发展。

作为财政政策，积极加力是目前应有的内涵。2019年以来，宏观经济形势稳中有变，下行压力有所加大，更需坚持实施积极的财政政策，着力减税降费、补短板调结构。结合最近的宏观杠杆率看，财政政策也有条件、有空间进一步加力。目前，我国宏观杠杆率已趋于稳定，这给财政政策留出了发力空间。财政政策可以把支持地方政府专项债发行、基建补短板、提高减税降费执行力度作为着力点，继续沿着补短板、调结构的路径发力。这既能保证财政政策对稳增长维持足够力度，也能有的放矢，不使国企、地方政府等部门的杠杆率大幅攀升。

打好政策"组合拳"，最大化货币政策与财政政策的合力。一方面，货币政策要把握好总量与结构的平衡，合理充裕的流动性总量与滴灌薄弱环节的信贷结构，能为财政政策创造更广阔的发挥空间。在金融政策配合财政政策的具体路径上，金融部门要继续做好支持地方政府专项债发行相关工作。另一方面，财政政策保持足够积极，也有利于货币政策显效。财政政策的微观传导更为直接和畅通，在调结构方面更具优势。要充分挖掘投资需求潜力，探索建立投资项目激励机制，高度重视基础设施、高新技术、传统产业改造、社会服务等领域和新增长极地区的发展。可见，财政政策需在基建补短板、支持关键领域和重点地区等调结构工作上发挥更大效力，与货币政策一道，让政策协同融合的力量作用于实体经济，共促经济高质量发展。

资料来源：王一彤. 打好货币政策与财政政策"组合拳"［EB/OL］.［2019-09-03］. http：//www.financialnews.com.cn/gc/ch/201909/t20190903_167240.html.有改动。

问题：1）积极的财政政策和稳健的货币政策在什么情景下适用？

2）现阶段我国应如何处理财政政策和货币政策的关系？

分析提示：

1）2016年以来，中国政府大力实施供给侧结构性改革，强调"去产能、去库存、去杠杆"，与此同时积极"降成本、补短板"，"三去"之实质，是市场出清，释放那些锁闭在落后、过剩领域的宝贵的要素资源，其中包括由央行系统总量调控为主的货币即"流动性"。经济工作的三大攻坚战把"防风险"列为第一，为此，货币政策定调为"稳健"。与之相配合，财政政策则定调为"积极"，以"一稳一松"的搭配，共同迎战风险，以求度过中国经济的新的考验期。

2）财政政策和货币政策作为最重要的两大宏观经济政策，其本质上具有经济运行共同目标决定的协调要求。两大政策及其实施系统自身的完善程度对优化两者协调配合状况具有基础条件的意义，同时由于财政政策和货币政策具有很强的互补性，两者协调配合状况又反过来影响它们各自的有效性。

□ 实践训练

实训项目：我国的货币政策

实训目的：理解现行货币政策，预测未来货币政策的走向。

实训步骤：

1）将同学们分组，查找资料；

2）各组讨论，分析现行货币政策宏观调控的过程和结果；

3）各组分别写出对货币政策的实施和预测报告。

主要参考文献

［1］刘肖原，李中山. 中央银行学教程［M］. 4版. 北京：中国人民大学出版社，2020.

［2］吴金旺. 漫话通货膨胀［M］. 北京：中国金融出版社，2015.

［3］李健. 金融学［M］. 3版. 北京：高等教育出版社，2018.

［4］刘智英，刘晓宇，何鬼，等. 货币银行学［M］. 2版. 北京：清华大学出版社，2018.

［5］丁志国，赵晶. 金融学［M］. 2版. 北京：机械工业出版社，2019.

［6］钱水土. 货币银行学［M］. 2版. 北京：机械工业出版社，2013.

［7］陈学彬. 金融学［M］. 4版. 北京：高等教育出版社，2017.

［8］魏文静，牛淑珍. 金融学［M］. 3版. 上海：上海财经大学出版社，2015.

［9］张庆君. 货币银行学［M］. 3版. 大连：东北财经大学出版社，2017.

［10］王广谦. 中央银行学［M］. 4版. 北京：高等教育出版社，2022.

［11］宋清华. 商业银行经营管理［M］. 2版. 北京：中国金融出版社，2021.

［12］庄毓敏. 商业银行业务与经营［M］. 5版. 北京：中国人民大学出版社，2019.

［13］马亚. 商业银行经营管理学［M］. 3版. 大连：东北财经大学出版社，2017.

［14］朱明儒. 商业银行经营管理学［M］. 3版. 大连：东北财经大学出版社，2018.

［15］关伟，王子良. 金融机构信用管理［M］. 北京：高等教育出版社，2015.

［16］盛松成，翟春. 现代中央银行与货币供给［M］. 2版. 北京：中国金融出版社，2020.

［17］郑荣年. 金融机构风险管理［M］. 北京：中国金融出版社，2015.

［18］曹凤岐，贾春新. 金融市场与金融机构［M］. 2版. 北京：北京大学出版社，2014.

［19］博迪 Z. 金融学［M］. 2版. 曹辉，曹音，译. 北京：中国人民大学出版社，2018.

［20］王常柏. 金融学概论［M］. 3版. 北京：中国人民大学出版社，2020.

［21］鲍静海. 金融学［M］. 2版. 北京：科学出版社，2018.

［22］何光辉. 货币银行学［M］. 2版. 上海：复旦大学出版社，2020.

［23］姚长辉，吕随启. 货币银行学［M］. 5版. 北京：北京大学出版社，2018.

［24］朱新蓉. 货币金融学［M］. 5版. 北京：中国金融出版社，2021.

［25］孙黎. 金融学基础［M］. 2版. 北京：中国人民大学出版社，2022.

［26］黄达，张杰. 金融学［M］. 5版. 北京：中国人民大学出版社，2020.

［27］张强，乔海曙. 金融学［M］. 3版. 北京：高等教育出版社，2018.

［28］王晓光. 货币银行学［M］. 6版. 北京：清华大学出版社，2022.

［29］戴国强. 货币银行学［M］. 4版. 北京：高等教育出版社，2019.

［30］康书生，鲍静海．货币银行学［M］．3版．北京：高等教育出版社，2018.

［31］张亦春，许文彬．金融学［M］．2版．北京：高等教育出版社，2017.

［32］曹龙骐．金融学［M］．6版．北京：高等教育出版社，2019.

［33］易纲，吴有昌．货币银行学［M］．上海：上海人民出版社，2014.

［34］卞志村．金融学［M］．3版．北京：人民出版社，2018.

［35］蒋先玲．货币金融学习题集［M］．3版．北京：机械工业出版社，2021.

［36］朱淑珍．金融风险管理［M］．4版．北京：北京大学出版社，2020.

［37］中国互联网金融协会．商业银行互联网金融业务法律法规汇编［M］．北京：中国金融出版社，2019.

［38］帅青红，李忠俊，彭岚，等．互联网金融［M］．2版．大连：东北财经大学出版社，2020.

［39］周雷．互联网金融理论与应用（微课版）［M］．3版．北京：人民邮电出版社，2022.

［40］林强．互联网金融教程［M］．北京：中国人民大学出版社，2017.

［41］郭福春，陶再平．互联网金融概论［M］．2版．北京：中国金融出版社，2018.

［42］周虹．电子支付与网络银行［M］．4版．北京：中国人民大学出版社，2019.

［43］艾永芳，孔涛．金融学基础［M］．北京：清华大学出版社，2020.